Jochen Hering

Heimat und Zuhause im Bilderbuch

Klett | Kallmeyer

Bei der Arbeit an diesem Buch war ich glücklicherweise nicht allein. Ich danke meiner Frau Ilonka und meinem Freund Werner für Spaziergangsgespräche und erste Rückmeldungen zum Manuskript, meiner Freundin Gudrun Spitta, der ich immer Fragen stellen konnte, dem Geschichtenerzähler Marco Holmer für praktische Anregungen, meiner Freundin Jenny Reiske für ihre didaktische Fantasie, meiner Tochter Jule für ihre Genauigkeit bei politischen Begriffen und meinem Redakteur Stefan Hellriegel unter anderem für seine geduldigen und strukturierenden Eingriffe. Besonders bedanken möchte ich mich bei Gabriela Holzmann und Hubertus Rollfing vom Friedrich Verlag für ihre Offenheit dem Konzept dieses Buches und dem ja auch umstrittenen Begriff „Heimat" gegenüber.

Bildquellen
S. 21: © winterbilder/stock.adobe.com
S. 47: © Anneke Pitz
S. 58 (interkulurelles Memory): oben © wavebreakmedia/shutterstock.com; © Glen Berlin/shutterstock.com; unten © Rostislav_Sedlacek/shutterstock.com; © Lucian Coman/shutterstock.com
S. 74: © Anneke Pitz
S. 77: © Kinderspiele Welt / Ariane Rieger
S. 81 (Bildkarten): © istock.com/ huraykazan; © istock.com/ Grafner; © istock.com/ voyata; © Robert Kneschke/shutterstock.com; © Thomas Bethge/shutterstock.com; © istock.com/man_kukuku
S. 98: mit freundlicher Genehmigung des Urhebers
S. 130, 132, 133, 136 (Zeichnungen): Hendrik Kranenberg, Drolshagen
Alle nicht nachgewiesenen Abbildungen stammen aus dem privaten Archiv des Autors.

Bibliografische Information der Deutschen Nationalbibliothek
Die Deutsche Nationalbibliothek verzeichnet diese Publikation in der Deutschen Nationalbibliografie; detaillierte bibliografische Daten sind im Internet über http://dnb.d-nb.de abrufbar.

Impressum

Jochen Hering
Heimat und Zuhause im Bilderbuch
Anregungen und Vorschläge für Grundschule und Kita

1. Auflage 2021

Das Werk und seine Teile sind urheberrechtlich geschützt. Jede Nutzung in anderen als den gesetzlich zugelassenen Fällen bedarf der vorherigen schriftlichen Einwilligung des Verlages.

© 2021. Kallmeyer in Verbindung mit Klett
Friedrich Verlag GmbH
D-30159 Hannover
Alle Rechte vorbehalten.
www.friedrich-verlag.de

Redaktion: Stefan Hellriegel, Berlin
Umschlag-Illustration: © twinsterphoto/stock.adobe.com
Realisation: Nicole Neumann
Druck: Beltz Grafische Betriebe GmbH, Bad Langensalza
Printed in Germany

ISBN: 978-3-7727-1464-1

Jochen Hering

Heimat und Zuhause im Bilderbuch

Anregungen und Vorschläge für Grundschule und Kita

Klett | Kallmeyer

Einleitung: Zu diesem Buch ... 6

1 Nachdenken über Heimat und Zuhause ... 8
1.1 Heimat und Zuhause im kindlichen Erleben – Gedanken und Geschichten ... 9
1.1.1 Was ist Heimat? ... 9
1.1.2 Heimat und Zuhause – eine persönliche Annäherung ... 10
1.1.3 Heimat – Muster und Gewissheiten, die uns prägen ... 13
1.1.4 Heimat im Spiegel des Fremden. Das Fremde als Chance ... 16
1.1.5 Heimweh: Verlust von Zuhause und Heimat ... 18
1.2 Flucht aus der Heimat ... 21
1.2.1 Fluchtursache Europa! Warum Menschen anderer Länder zu uns kommen ... 21
1.2.2 Kinder ohne Zukunft: Eine Erzählung aus Ghana ... 23
1.2.3 Angst vor Flüchtlingen ... 24

2 Lebensmittel Bilderbuch ... 28
2.1 Zu Besuch auf dem Bilderbuchmarkt ... 28
2.1.1 Der Mensch lebt nicht vom Brot allein ... 28
2.1.2 Entdecke die Welt! ... 29
2.1.3 Jeder ist anders! Du auch! ... 30
2.1.4 Niemand ist gern ohne Heimat und Zuhause ... 32
2.2 Heldinnen und Helden: Auch du brauchst Vorbilder! ... 33
2.3 Was ist ein gutes Bilderbuch? ... 39
2.3.1 Die Darstellung der Welt im Bilderbuch: Ausschnitt oder Vielfalt ... 39
2.3.2 Die Offenheit des Erzählten als wichtiger Teil einer Geschichte ... 41
2.3.3 Erzählende Bilder ... 43

Praktische Arbeit mit Bilderbüchern in Grundschule und Kita ... 46

3 Die Welt ist groß und dein Zuhause: Du bist ein Teil davon ... 48
3.1 *Hier sind wir – Anleitung zum Leben auf der Erde* ★ ... 49
3.2 *Zuhause:* Vielfalt und Abenteuer ★ ... 52
3.3 *Mein erster Kuchen:* Zutaten aus aller Welt ★ ... 53
3.4 *Zusammen unter einem Himmel:* Verschieden und doch gleich ★★ ... 57

4 Wann sind wir zuhause? Vertrautheit, Geborgenheit ... 60
4.1 *Haus:* Philosophisches Nachdenken mit Kindern ★ ... 61
4.2 *Die Rabenrosa:* Wann fühle ich mich zuhause? ★★ ... 63
4.3 *Der Junge und der Fisch:* Kein Glück ohne das richtige Zuhause ★★ ... 66
4.4 *Post vom Erdmännchen:* Auf der Suche nach dem perfekten Zuhause ★★ ... 68

5 Wo das Herz zuhause ist ... 72
5.1 *Heimat ist da, wo das Herz zu Hause ist!* ★ ... 73
5.2 *Nasengruß & Wangenkuss – So macht man Dinge anderswo* ★★ ... 76
5.3 *Gordon und Tapir:* Von den Schwierigkeiten des Zusammenlebens ★★ ... 79

6 Heimweh und Heimatweh — 84
- 6.1 *Pip und Posy sagen Gute Nacht:* Das erste Mal woanders schlafen ★ — 85
- 6.2 *Timo und Pico ziehen um:* Kuscheltier-Heimweh? ★★ — 87
- 6.3 *Meine liebsten Dinge müssen mit:* Umzug in eine neue Heimat ★★★ — 89
- 6.4 *Neues Zuhause gesucht!* Eine Geschichte vom Ankommen ★★ — 91
- 6.5 *Nusret und die Kuh:* Von der Schwierigkeit, zweifach zuhause zu sein ★★★ — 94

7 Flüchtlinge! Ohne Heimat und Zuhause — 96
- 7.1 *Alle sind willkommen!* Flucht und Geborgenheit ★ — 97
- 7.2 *Pudel mit Pommes:* Happy End trotz Klimawandel ★ — 99
- 7.3 *Willibarts Wald:* Naturzerstörung als Fluchtursache ★ — 102
- 7.4 *Ramas Flucht:* Eine Geschichte in Steinbildern ★★ — 105

8 Begegnungen mit dem Fremden — 108
- 8.1 *Schokolade und Sahne:* Verschieden und doch gleich ★ — 109
- 8.2 *Der blaue Fuchs:* Aufstehen gegen Ausgrenzung ★★ — 111
- 8.3 *Frosch und der Fremde:* Offenheit gegen Fremdenfeindlichkeit ★★★ — 113
- 8.4 *Kleines Nashorn, wo fährst du hin?* Die Fremde als Sehnsucht und Bereicherung ★ — 117

9 Neue Heimat Deutschland: Freundschaft beheimatet — 120
- 9.1 *Zuhause kann überall sein:* Wörter sind wie warme Decken ★★ — 121
- 9.2 *Am Tag, als Saída zu uns kam:* … als hätte sie die Sprache verloren ★★★ — 123
- 9.3 *Mein Weg mit Vanessa:* Füreinander eintreten ★ — 125

10 Wie willst du leben? Nicht alles ist willkommen — 128
- 10.1 *Aufräumen ist Mädchensache* ★ — 130
- 10.2 *Das erledigen wir selbst* ★★ — 132
- 10.3 *Das machen doch die Müllmänner!* ★★ — 133
- 10.4 *Ein Liebespaar* ★★ — 135

11 Arbeitsmethoden im Überblick — 138

11.1 Bilderbuchbetrachtung • 11.2 Textentlastung • 11.3 Bildentlastung • 11.4 Dialogisches Mit-Erzählen einer Geschichte • 11.5 Mit-Erzählen mit Erzählpantomimen • 11.6 Mit Bildern nacherzählen • 11.7 Dialogisches Mit-Erzählen – Vorausdenken • 11.8 Weiterdenken im szenischen Spiel • 11.9 Bilderbuchgespräche • 11.10 Interview mit einer literarischen Figur • 11.11 Erzählen mit Erzählkarten • 11.12 Eigene Episoden erfinden • 11.13 Analoge Geschichten erzählen • 11.14 Assoziatives Schreiben (und Erzählen) • 11.15 Erzählen mit dem Erzähltablett • 11.16 Nach Vorlage eines Textmusters schreiben • 11.17 Philosophisches Nachdenken mit Kindern • 11.18 Dilemmageschichten • 11.19 Gesprächs-Bilder – Offene Gespräche bündeln • 11.20 Handwerklich-künstlerischer Ausdruck • 11.21 Erzählen zu eigenen Bildern • 11.22 Szenisches Erzählen mit Tiermasken und Stabfiguren • 11.23 Standbildarbeit • 11.24 Mit allen Sinnen – Hörspaziergänge, Klangteppiche und Geruchspfade • 11.25 Recherchieren

Schlusswort: Die Welt, wie sie ist, und eine (un-)beschwerte Kindheit — 156

Literatur — 158

Einleitung: Zu diesem Buch

Meinland (Franz Wittkamp)
Hier ist mein Zimmerland,
bis jetzt mein Immerland,
mein Himmelblauland,
mein Irgendwieland,
mein Fantasieland,
Kleinabermeinland,
mein Kommdochreinland,
mein Land ist dein Land.

Anton G. Leitner[1]

Zuhause sein und *Heimat haben!* Beides hat mit Geborgenheit und Vertrautsein zu tun. Gleichzeitig beschreiben die Begriffe Unterschiedliches. Als *Zuhause* bezeichnen wir den uns umgebenden Nahraum, der in der Kindheit den Horizont unseres (Er-)Lebens bestimmt. Im nebenstehenden Bild Rotraut Susanne Berners ist dieser Gedanken auf den Punkt gebracht. Zum kindlichen Nahraum gehören zunächst Familie, Nachbarschaft, nahe wohnende Freunde, später der Schulweg und das Stadtviertel, wenn wir nicht auf dem Land wohnen. *Heimat* dagegen bezieht sich auf einen größeren Raum, beschreibt die Verbundenheit mit einer Landschaft, einer Mentalität, einer Sprache. Ein liebevolles annehmendes Zuhause ist die Basis für unsere Entwicklung in der Kindheit. Der Begriff *Zuhause* spricht Alltagserfahrungen an. *Heimat* dagegen ist selbstverständlicher Rahmen und wird in der Kindheit erst sichtbar als Verlust. Wer in ein ihm fremdes Land kommt, macht die Erfahrung, dass Vertrautes wie Sprache, Feste, Gewohnheiten auf einmal nicht mehr vorhanden und durch Neues und Fremdes abgelöst worden ist. Mein Zuhause habe ich als Kind einmal wechseln müssen, das war der Umzug von den Großeltern, bei denen ich zunächst aufwuchs, zu meinen Eltern. Aber meine Heimat blieb dieselbe. Das geht vielen Kindern heute anders. Sie haben ihr Zuhause und ihre Heimat verloren und kommen als Flüchtlinge zu uns. Einen Teil ihres Zuhauses (Eltern, Geschwister) haben sie vielleicht mitgebracht. Aber sie müssen sich neu beheimaten.

Mit den Geflüchteten sind ihre Wörter und Feste, ihre Träume und Ängste zu uns gekommen. Flüchtlingskinder gehen in Grundschulklassen und Kitagruppen, treffen dort auf Kinder anderer Herkunft mit anderen Hintergründen und Gewohnheiten. Kaum eine Grundschulklasse oder Kita, in der nicht unterschiedliche Herkunftsländer versammelt sind. So treffen *Heimaten* bzw. Kinder mit ihren auch heimatlich geprägten Lebensgeschichten aufeinander, und damit werden *Heimat haben* und *Zuhause sein*, *Fremdes* und *Fremde* früh und allgegenwärtig zum Thema.

Der Umgang damit mit ist kein einfacher, weder für die zu uns Kommenden noch für die hier bereits Lebenden. Rasch kann es um Bewertungen gehen, um richtig und falsch, besser oder schlechter. Ausgrenzungen und Diskriminierungen sind die Folge. Wie können wir als Lehrer und Lehrerinnen, Erzieher und Erzieherinnen stattdessen einen Prozess der gemeinsamen Verständigung fördern? Wie begleiten wir Kinder dabei, gemeinsam eine vielfältige, aber auch vorurteilskritische Gesellschaft zu gestalten? Und mit dieser Frage sind wir beim Bilderbuch.

R. S. Berners Illustration verdeutlicht die Bedeutung des „Zuhauseseins" für Kinder[2]

Mit Bilderbüchern erweitern Kinder ihren Horizont. Sie können an fremden Erfahrungen teilnehmen, Neues und Anderes kennenlernen. Das hilft ihnen dabei, aus dem Blickwinkel anderer auf die Welt zu schauen und mit anderen zu fühlen. Psychologische Studien weisen darauf hin, wie sehr „eine hohe Kompetenz in sozial-kognitiven Fertigkeiten (Perspektivübernahme und Empathie) im Grundschulalter zu geringeren Vorurteilen im späteren Leben beiträgt".[3]

Die Arbeit an diesem Buch war zu Beginn konfliktträchtig, und daran war das Wort *Heimat* schuld. „Das Wort Heimat solltest du streichen. Das benutzen Rechte zur Ausgrenzung", bekam ich zu hören. Aber genau diesen Leuten wollte ich das Wort *Heimat* nicht überlassen. Also habe ich weitergemacht und entstanden ist ein Arbeitsbuch für Grundschule und Kita, mit Aufgaben für Kopf, Herz und Hand (Pestalozzi).

In den ersten beiden Kapiteln dieses Buches stelle ich – erzählend – meine Grundgedanken zum Thema vor. Was unterscheidet Heimat und Zuhause? Welche Rolle spielen beide im kindlichen Erleben? Was ist prägend an unserer jeweiligen Heimat? Wieso fliehen so viele Menschen zu uns? Was haben wir selbst mit ihrer Flucht zu tun? Auf solche Fragen werden Sie im ersten Kapitel Antworten finden. Im zweiten Kapitel geht es dann ums Bilderbuch als wichtiges Lebensmittel der Kindheit. Es geht um Heldinnen und Helden mit Vorbildcharakter, um die *Rabenrosa* beispielsweise und Max Velthuijs' berühmten *Frosch*. Und es geht um die Frage, was ein gutes Bilderbuch ausmacht. Es ist ja nicht beliebig, mit welchen Geschichten und Bildern Kinder früh Freundschaft schließen.

Der anschließende Teil dieses Bandes ist der praktischen Arbeit mit Bilderbüchern und Geschichten zum Thema *Zuhause sein und Heimat haben* gewidmet. Insgesamt 8 Kapitel bieten Ihnen Ideen und Anregungen zu *Vielfalt*, *Heimweh und Heimat-Weh*, zu *Begegnungen mit dem Fremden,* zu *Flucht und Geflüchteten* und zu *Neue Heimat Deutschland*. Im Kapitel 11 finden Sie dann noch eine knappe und übersichtliche Darstellung der für die praktische Arbeit vorgestellten Methoden.

Auf eine Schwierigkeit bin ich gestoßen. Nicht in allen Ländern, aus denen Flüchtlinge zu uns kommen, ist zum Beispiel die Gleichberechtigung der Geschlechter selbstverständlich. Bilderbücher dazu habe ich jedoch nicht gefunden. Ich habe daher für das letzte Praxiskapitel eigene Geschichten geschrieben.

Ich wünsche Ihnen eine bereichernde Reise durch dieses bebilderte Arbeitsbuch,

Ihr Jochen Hering

1   Aus: Anton G. Leitner (Hrsg.): *Heimat. Gedichte.* Stuttgart 2017, S. 18.
2   Aus: Rotraut Susanne Berner/Edmund Jacoby: *Dunkel war's, der Mond schien helle. Verse, Reime und Gedichte.* Hildesheim 1999, S. 25 (Bildausschnitt)
3   Vgl. Andreas Beelmann: Entwicklung und Prävention von Vorurteilen bei Kindern, Universität Jena, Institut für Psychologie, http://www.marc-coester.de/daten/module/media/27/HannoverNPT-Entwicklung-und-Praevention-Vorurteile-Handout_1885-82.pdf [16.12.2020].

1 Nachdenken über Heimat und Zuhause

Der Begriff *Heimat* ist uns heute recht fremd geworden. Er scheint rückständig, nicht mehr angemessen in einer Zeit, in der wir in größeren Kategorien denken, uns als Europäer verstehen oder – dank Internet und Warenaustausch über die Kontinente hinweg – als Teil eines „globalisierten Dorfes". Aber unsere Kindheit verbringen wir meist im Nahbereich. Heimat und Zuhause umgeben uns bewusst oder unbewusst als etwas Selbstverständliches. Allerdings haben nicht alle Kinder das Glück, in der ihnen vertrauten näheren Umgebung aufzuwachsen. In den Jahren 2015 und 2016 haben etwa 350.000 Kinder und Jugendliche ihre Heimat verlassen und sind – meist in Begleitung ihrer Eltern – nach Deutschland gekommen. Auf der Suche nach einem neuen Zuhause müssen sie sich auf Neues und Ungewohntes einlassen. Genauso geht es den hier bereits lebenden Kindern, für die manches im Leben der Neuankömmlinge anders und fremd erscheint. In Kita und Grundschule begegnen sich diese Kinder mit ihren unterschiedlichen Gewohnheiten und Bildern von der Welt.

Zur Aufgabe der Erzieher und Erzieherinnen, Lehrer und Lehrerinnen in Kita und Grundschule gehört es, die Begegnung unterschiedlicher Kinder freundlich und für alle bereichernd zu gestalten. Damit das gelingt, ist es wichtig, das Nachdenken über Heimat und Zuhause, über Gewohntes und Selbstverständliches, über Vertrautes und Fremdes, einzubeziehen. Dieses Kapitel will den Rahmen klären und abstecken für eine literarisch-pädagogische Arbeit, die sich um *Heimat* und *Zuhause* heute dreht und in der die Kinder im Mittelpunkt stehen.

1.1 Heimat und Zuhause im kindlichen Erleben – Gedanken und Geschichten

1.1.1 Was ist Heimat?

Du sagst:
Norden, das sei doch dieser Ort langweiliger Landschaft, / durchsetzt von hässlichen Städten in ewigem Regen. / Nichtssagende Wiesen, irgendwo im Nebel gelegen, / da sei das Bestreben vergebens, sich nicht dem Nass zu ergeben, / da sei man stets von Kälte, von Klämme und Stürmen umgeben.

Mona Harry, *Ein Nordtext*[1]

Kein Tag vergeht, ohne dass das Wort *Heimat* mit seinen schillernden Bedeutungen in den Medien auftaucht. Und wer jeden Tag mit Kindern unterschiedlichster Herkunft arbeitet, ist ganz real mit Themen wie *Heimat, Heimatverlust, zuhause sein, ein neues Zuhause finden* konfrontiert. *Heimat,* was genau soll damit gemeint sein? Der Begriff ist politisch besetzt, er wird umkämpft, instrumentalisiert und mal so, mal so verstanden.

Da gibt es einmal diejenigen, die ausgesprochen skeptisch auf den Begriff *Heimat* schauen. Für sie ist Heimat etwas von vorgestern, etwas, das sie nicht brauchen. Sie verstehen sich als Europäer oder Weltbürger. Heimat ist klein, eng, peinlich. Für andere, Ältere, ist Heimat das „heimtückisch Harmlose", hinter dem sich Gewalt und Ausgrenzung verbergen, ein Wort, bei dem man „zuerst die Süße (schmeckt), und danach entstehen die Brandblasen auf der Zunge" (Helga Königsdorf).[2] Für die Heimat Österreich brauchte man – so Christine Nöstlinger in einem biografischen Rückblick – ein „Partisanentraining", um, unverstanden in „Feindesland", den Zumutungen der heimatverbundenen Bürger zu entgehen, die „so schnell als nur immer möglich und hurtig wiederaufbauend – die Heimat kaputt(-machten). Bedenkenlos rissen sie alte Häuser ein (...), brutal gegen jeden Hektar ‚Hoamatland'".[3]

Zu den Skeptikern gehören auch diejenigen, die bei Heimat sofort eine rückwärtsgewandte kitschige Verklärung (Heimatvereine, Trachten) wittern. Sie verbinden mit Heimat die kompensatorische Flucht aus der Gegenwart in eine angeblich bessere Vergangenheit, in der eine Idylle beschworen wird, die mit der Wirklichkeit nichts zu tun hat und nie etwas zu tun hatte („Warum ist es am Rhein so schön?"). Sie fremdeln mit dem Begriff *Heimat,* lehnen ihn ab, benutzen stattdessen Worte wie „regionale Verwurzelung" oder „Herkunftsland".[4]

Andere dagegen wollen mit dem Wort *Heimat* gerade ihre Verbundenheit mit einer Region, einer Landschaft, einer Mentalität zum Ausdruck bringen. „Denn ich mag dieses Herbe, das Graue, / das salzige Raue, / das Wasser, den Nebel, / den prasselnden Regen", slammt Mona Harry in *Ein Nordtext.*[5] Und: „Et hätt noch immer jot jejange" und „Wat fott es, es fott" lauten zwei Regeln aus dem sogenannten Kölner Grundgesetz, das typische – heimatliche – Eigenarten der dort lebenden Menschen beschreiben will.[6]

Und dann sind da noch diejenigen, die sich laut in den Vordergrund drängeln und das Wort *Heimat* als Kampfbegriff nutzen, zur Abgrenzung gegenüber denen, die hier nicht geboren, das heißt ursprünglich beheimatet sind, die Fremden, die hier nichts verloren haben. „Dein Land. Deine Heimat. Hol sie Dir zurück", be-

Akim rennt (Dubois) thematisiert eine Fluchtgeschichte (siehe S. 107)

schrieb ein Wahlkampfslogan der AfD aus dem Jahr 2017 einen Verlust, der gar nicht stattgefunden hatte.[7]

Was tun also mit diesem umstrittenen Begriff *Heimat*? Ihn durch andere scheinbar neutrale Begriffe wie *regionale Verwurzelung* zu ersetzen, scheint mir keine Lösung zu sein. Fremdenfeindlichkeit und die Ausgrenzung von Menschen werden nicht dadurch verhindert, dass wir das Wort *Heimat* aus unserem Wortschatz streichen. Mir scheint es auch nicht richtig, ein fest in unserer Sprache verwurzeltes Wort denen zu überlassen, die es für ihre Zwecke missbrauchen. Mit dem Wort *Heimat* verbindet sich etwas, das mit dem Verzicht auf ebendieses Wort nicht verschwunden ist. Offensichtlich gibt es beim Menschen ein grundlegendes Bedürfnis danach, beheimatet zu sein. Wir möchten uns vertraut, zugehörig und geborgen fühlen. Niemand ist gern heimatlos.

Die Kinder und Jugendlichen, die zu uns geflüchtet sind, suchen Schutz vor Hunger, Krieg und Gewalt. Gleichzeitig sind sie auf der Suche nach einer lebenswerten Zukunft.[8] In ihrem Land waren sie nicht mehr sicher und geborgen. Jetzt sind sie notgedrungen in die Heimat anderer gekommen. Hier treffen sie mit Kindern zusammen, die mit einem Verlust ihres Zuhauses, wenn sie ihn je erlebt haben, anderes verbinden: Da gibt es den Umzug, ausgelöst durch einen Arbeitsplatzwechsel oder eine Trennung der Eltern. Vielleicht ist auch die Großmutter gestorben, bei der das Kind bislang tagsüber gelebt hatte.

Unterschiedliche Lebensgeschichten von unterschiedlichen Kindern treffen aufeinander. Und alle müssen hier in Deutschland jetzt und in Zukunft in einem gemeinsamen Raum miteinander leben. Ob sie diesen Raum zu ihrer aller Heimat machen? Es wäre unsere Aufgabe als Erwachsene, sie dabei zu begleiten. Und dazu gehört auch die Klärung dessen, was wir unter Heimat verstehen wollen. Mit Bildern, Geschichten und Gesprächen dazu können wir Kinder unterstützen, frühzeitig über ein wesentliches Grundbedürfnis und Grundrecht[9] des Menschen nachzudenken. Und mit anschaulichen und an der Erfahrung von Kindern orientierten Vorstellungen zu diesem Menschenrecht erschweren wir gleichzeitig die Arbeit der fremdenfeindlichen Menschenfänger, die von den tatsächlichen Ursachen globaler Flüchtlingsströme (zum Beispiel dem Export billiger europäischer Überschussprodukte in afrikanische Länder, vgl. Kap. 1.2.1) nur ablenken und Unschuldige zu Sündenböcken machen.

1.1.2 Heimat und Zuhause – eine persönliche Annäherung

Zuhause kann ich mich an verschiedenen Orten mit verschiedenen Menschen fühlen, aber das Heimatgefühl nach meinem Ursprungsort scheint bisher einmalig.
Studentin, Seminartagebuch, Bremen 2018

In zahlreichen Texten werden die Begriffe *Heimat* und *Zuhause* austauschbar verwendet. Und die Wörter *Heim* und *Haus* liegen in ihrer Bedeutung ja auch nah beieinander. Wir sagen *nach Hause kommen* oder *heimkehren*. Dennoch liegen für mich die Unterschiede auf der Hand. Ich war schon an vielen Orten zuhause. Meine Heimat Deutschland habe ich dagegen bislang noch nicht verlassen, schon aber das Ruhrgebiet, für das ich besondere heimatliche Gefühle hege. Wenn ich an vergangene Zuhause denke, dann sind die Erinnerungen verknüpft mit konkreten Menschen und Lebensphasen (Kindheit, erste Liebe, Studium). Komme ich in Kontakt mit meiner früheren Heimat Ruhrgebiet, reicht schon eine Telefonstimme mit ihrer ruhrgebietstypischen Färbung, um eine leichte Sehnsucht auszulösen. Zuhause und Heimat sind offensichtlich nicht austauschbar, sondern bezeichnen Unterschiedliches. Es macht daher für eine Klärung unseres Themas Sinn, die beiden Begriffe gegenüberzustellen und sie auf ihre Gemeinsamkeiten und Unterschiede hin anzuschauen.

Als ich meine Frau nach einer frühen Erinnerung zum Wort *Zuhause* frage, sagt sie sofort: „Der Kiesweg beim Haus meiner Oma, auf dem ich oft saß und spielte." Gefragt nach einer frühen Erinnerung zum Wort *Heimat* überlegt sie eine Weile: „Die Mohn- und Kornblumenlandschaft, die Hügel, da, wo meine Oma wohnte (Schleswig-Holstein, J.H.)." Das Wort *Heimat* löst einen Blick auf eine Landschaft, einen größeren Raum aus. Im *Kiesweg am Haus* dagegen spiegelt sich die Nähe eines vertrauten Raumes mit vertrauten Menschen.

Das Wort *Zuhause* weckt auch ohne langes Nachdenken anschauliche Bilder und Erinnerungen in uns. In einer meiner frühesten Erinnerungen kommt meine Großmutter vor, bei ihr bin ich aufgewachsen. War ich krank und konnte nicht zu den Spielfreunden nach draußen auf die Straße, fand ich mit meinen Ritterfiguren auf dem Sofa in der Küche Trost. Ich konnte spielen, meine Großmutter war um mich herum. Ich war zuhause.

Zu meinen Eltern – ab meinem 11. Lebensjahr wohnte ich bei ihnen – hatte ich ein distanziertes Verhältnis. Ich fühlte mich bei ihnen nicht zuhause. Zu unterschiedlich waren unsere Lebensvorstellungen. Offensichtlich umfasst das Wort also auch einen inneren Zustand von Geborgenheit und Angenommensein.

Mein Elternhaus trieb mich zur Flucht in ein neues Zuhause, in die Literatur. Hier fand ich früh Gleichgesinnte. Tom Sawyer und Huckleberry Finn (Mark Twain), Lederstrumpf (James Fenimore Cooper), Winnetou (Karl May) und Tarzan (Hal Foster) bevölkerten mein virtuelles Zuhause. Mit ihnen konnte ich die Gespräche führen, die mir mit meinen Eltern nicht möglich waren.

Zuhause fühlte und fühle ich mich auch bei mir vertrauten Freundinnen und Freunden. Und wenn diese mich über einen längeren Zeitraum besuchen, reagiere ich beim Abschied noch heute mit einer merkwürdigen Wehmut, so als hätten diese Besucher ein Stück meines Zuhauses mitgenommen.

Im *Zuhausesein* steckte auch immer die Verbindung zu mir selbst. Und es gab Zeiten, in denen ich diese Verbindung verloren hatte. Der Besuch des Gymnasiums beispielsweise löste dieses Verlustgefühl aus. Als einziger Junge aus dem Arbeiterviertel, in dem ich aufwuchs, ging ich aufs Gymnasium. Im Kreis meiner Spielfreunde und ihrer Eltern galt ich seitdem als jemand, der wohl „etwas Besseres" sein wollte. Und Freunde und Freundinnen auf der neuen Schule fand ich auch nicht so rasch. Ich kam aus den falschen Verhältnissen. Das löste Selbstzweifel aus. Mei-

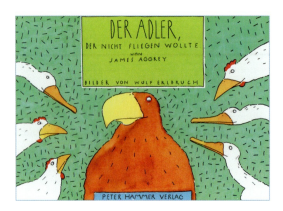

Das Bilderbuch *Der Adler, der nicht fliegen wollte* (Aggrey/Erlbruch) erzählt von einem Adler, der unter Hühner gesteckt wird und so sein „Zuhausesein bei sich selbst" verliert.

In *Meine liebsten Dinge müssen mit* (Sahiri/Völk) erzählt die im Iran geborene Sepideh Sarihi von einem Mädchen, das mit seinen Eltern aus einem orientalischen in ein westliches Land zieht und vergeblich versucht, sein vertrautes Zuhause mitzunehmen (vgl. Kap. 6.3).

ne Herkunft wurde mir zweifelhaft. Ich wusste nicht mehr, wo ich *zuhause* war.

Krisen, was unser Zuhause-Gefühl betrifft, durchziehen unser Leben, ausgelöst zum Beispiel durch den Tod eines nahestehenden Menschen, den Bruch einer (Liebes-)Beziehung. Wir verlieren den Boden unter den Füßen, unser Zuhause kommt uns abhanden. Sind wir irgendwo, warten wir auf den Moment, woanders zu sein, nur um festzustellen, dass es uns dort genauso geht. Wie heilsam, wenn wir wieder bei uns zuhause sind und dieses Gefühl von Verlorenheit hinter uns lassen können. Offensichtlich gibt es auch das Bedürfnis, bei sich selbst und mit sich selbst zuhause zu sein – und wir leiden, wenn wir es nicht sind.

Beim kleinen Wort *zuhause* werden viele Geschichten – schöne wie schlimme – aus meiner Kindheit und auch aus späteren Lebensphasen lebendig. Aber habe ich als Kind Heimatgefühle gehabt? Ich kann mich nicht erinnern. Auch einen so elementaren Einschnitt wie den Umzug von meinen Großeltern zu meinen Eltern verbinde ich in der Erinnerung sofort mit dem Verlust des Zuhauses, der vertrauten Umgebung, der Freunde. Aber Heimatverlust? Nein! Ich habe als Kind und auch noch als Jugendlicher dieses Wort für persönliche Erlebnisse und Erfahrungen nicht benutzt. Ich habe nie Anlass gehabt, über den Begriff *Heimat* nachzudenken.

Warum war das so? Zunächst: Kindheit ist geprägt von Nahraumerfahrungen. Die Familie, Spielfreunde in der Nachbarschaft, dann die nahe gelegene Kita und schließlich die Schule im Stadtteil machen den kindlichen Kosmos aus. Kindliche Bedürfnisse – was den Lebensraum angeht – sind auf Geborgenheit und Vertrautheit gerichtet.

Selbst wenn mit dem Umzug auch ein Heimatwechsel verbunden ist, für Kinder geht es zunächst um ihr Zuhause (siehe auch den Kasten mit Antworten von Viertklässlern). Solange Heimat als räumlich umfassenderer Raum fraglos ist (solange alle anderen auch meine Sprache sprechen, dieselben Feste feiern usw.), rückt Heimat als selbstverständlicher Rahmen des Zuhauses bei Kindern nicht ins Bewusstsein.

Unser Zuhause, das ist der Ort (es können auch mehrere Orte sein), der unseren alltägli-

Was ist Heimat? Viertklässler antworten

Im Projekt ZISCH (Zeitung in der Schule) fragt die *Badische Zeitung* Viertklässler: „Was ist Heimat?" Die im Internet veröffentlichten Antworten zeigen: Der Großteil der Kinder versteht das als Frage nach seinem Zuhause und antwortet entsprechend:

„Ich fühle mich in Vogelsheim wohl, weil ich dort meine Tiere habe (Mimi und Easy). Und wenn ich nach Hause komme, fühle ich mich beschützt und wohl, denn ich weiß, dass meine Familie jederzeit für mich da ist."
(Junge, 10 Jahre)

„Mir geht es daheim gut. Warum? Weil ich alles habe, was ich brauche. Ich habe ein Haus, einen kleinen Bruder, Eltern, drei Katzen, einen Hund und viele Fische! Was will man mehr?" (Mädchen, 10 Jahre)

Und selbst da, wo Kinder in dieser Umfrage den Begriff *Heimat* benutzen, meinen sie ihr *Zuhause*:

„Ich habe zwei Heimatorte", schreibt eine Neunjährige. „Die erste Heimat ist bei meinem Papa und meiner Stiefmutter in Munzingen und die zweite Heimat bei meiner Mutter in Kirchzarten."
(Mädchen, 9 Jahre; Munzingen und Kirchzarten liegen gerade einmal 26 Kilometer auseinander!)

Quelle: http://www.badische-zeitung.de/neues-fuer-kinder/heimat-ist-da-wo-ich-mich-auskenne--30976332.html

Das Bilderbuch *Neues Zuhause gesucht!* (Chambers/Wilson) erzählt anschaulich vom Unterschied zwischen Heimat und Zuhause (vgl. auch Kap. 6.4). Von Haifischen bedroht, sind die Pinguine übers Meer geflüchtet. Viele finden dort eine neue Heimat und ein neues Zuhause. Aber einigen ist die neue Heimat zu fremd.

chen Lebensrahmen absteckt, der uns das Gefühl von Geborgenheit gibt. Zuhause verbinden wir als Kinder mit einer Wohnung, einem Haus, einer Straße. Später als Erwachsene sind wir vielleicht auch in einer Stadt zuhause, unser Lebensraum hat sich erweitert.

Heimat ist etwas anderes, räumlich größer, weniger abhängig von konkreten Menschen und einer konkreten Umgebung. Der Duden definiert Heimat als „Land, Landesteil oder Ort, an dem man (geboren und) aufgewachsen ist" und spricht von einem „gefühlsbetonten Ausdruck enger Verbundenheit gegenüber einer bestimmten Gegend".[10] Grundlage dieser Verbundenheit sind die Sprache als besondere Sprache ebendieser Gegend (der Sing-Sang des „Ruhrpott-Slangs" zum Beispiel), sind landschaftliche Eigenheiten (im Ruhrgebiet die überall gegenwärtige industrielle Prägung) und die Mentalität der dort lebenden Menschen (die lebendige Wertschätzung körperlicher Arbeit).

1.1.3 Heimat – Muster und Gewissheiten, die uns prägen

Heimat ist nicht nur der Ort, an dem wir leben und der uns räumlich bindet, sondern auch der Ort, an dem wir emotional, sozial und kulturell verankert sind. Wir müssen „Heimat" dann als eine Sammlung von Mustern und Prägungen verstehen, die uns leiten und die uns das Gefühl von „Heimischsein" vermitteln. „Muster" sind das eigene Handeln leitende positive oder negative Vorbilder, Vorlagen für alltägliches Handeln, Muster stellen kein Wissen dar, sondern

»Ist mir egal« oder »Das interessiert mich nicht!«, heißt diese Geste in Italien. Italiener nehmen im Gespräch oft ihre Hände zu Hilfe. Sie haben eine eigene Gestensprache entwickelt. Viele Handzeichen kennt man im ganzen Land – und die Menschen verstehen sie ganz ohne Worte.

Aus: *Nasengruß & Wangenkuss* (Kostrzewa/Vigh)

Gewissheiten. Ein Zuhause können wir relativ leicht wechseln, die Heimat so einfach nicht.

Unsere Heimatprägung ist uns oft gar nicht deutlich bewusst. Was sich von selbst versteht, nehmen wir nicht wahr. Wir wachsen in unsere Welt hinein. „Prägende Erlebnisse", schreibt der Philosoph Christoph Türcke in *Heimat – Eine Rehabilitierung*, „sind überwältigende Erlebnisse." (S. 25)[11] Wer als Hindu geboren wird, für den ist die Heiligkeit der Kühe fraglos. Er wird als Kind kaum darüber nachdenken. Wie wird er sich aber später verwundern oder erschrecken, wenn er feststellt, dass Menschen das Fleisch dieser Tiere essen. Einem Japaner zur Begrüßung die Hand zu geben, gilt als Eingriff in dessen Privatsphäre. Die Inuit praktizieren den Nasenkuss, ein Riechkuss, in dessen Verlauf neben der Nase auch die Wangen sowie der Hals berochen werden. Diese Liste lässt sich beliebig fortsetzen. Wir nehmen das, was unsere Heimat ausmacht – sei es die Landschaft, die Wohnform, das Essen oder auch zeichenhafte Gesten (siehe Abbildung) – nicht als etwas Besonderes, sondern als selbstverständlich und schön wahr.

Nicht weil etwas schön ist, wird es uns vertraut, sondern was uns vertraut ist, finden wir schön. Genau diese Erfahrung machen in *Heimat ist da, wo das Herz zuhause ist* (Jones/Walden; siehe Kap. 5.1) Stadtmaus und Landmaus, als sie, für einen Urlaub in der Fremde, miteinander die Wohnung tauschen. Am Schluss der Geschichte müssen beide feststellen: Schön ist es da, wo alles vertraut und wo das Herz zu Hause ist!

Aber natürlich ist Heimat nicht immer schön oder „nur" schön. Heimat kann auch als eng, bedrückend und schmerzhaft erinnert werden. Das Vertraute ist manchmal nur im idealisierenden Rückblick schön. Vergessen werden die Kränkungen und Zurichtungen, die oft mit prägender Kindheit und Heimat verbunden sind. Nur in Ausnahmefällen ist unsere Kindheit, in der unser Heimatgefühl als Selbstverständliches entsteht, ja eine heile Welt gewesen. Für mich zum Beispiel bleibt Heimat im Rückblick auch mit den sogenannten „einfachen Verhältnissen" und dem arroganten Blick der „Bessergestellten" darauf verbunden. Ich habe ein Gespräch des stellvertretenden Direktors des Unnaer Jungengymnasiums mit meinem Vater aus dem Jahr 1961 noch als O-Ton im Ohr: „Sie sind also Bergmann. Und was macht ihr Sohn dann auf dem Gymnasium hier? Warum wird er nicht auch Bergmann?" Dass ich diese Zuweisung früh im Einklang mit der Mentalität des Ruhrgebietes zu einem positiven Teil meines Selbstbildes und meiner Geschichte (Respekt vor körperlich anstrengender und gesellschaftlich notwendiger Arbeit!) machen konnte, hat diesen Teil heimatlicher Prägung später versöhnlich aufgelöst.

In meinen Erinnerungen taucht das Wort *Heimat* erst spät in meinem Wortschatz und meinen Gedanken auf. Als etwa 25-Jähriger kehrte ich nach einigen Wochen Spanien aus der dort trockenen Hitze in einen regennassen Herbst in

Deutschland zurück. Wie heimisch dieser Regen und der damit verbundene Geruch und diese Farben an den Bäumen waren!

Eine ähnliche Erfahrung von Heimatgefühl stellte ich bei meiner jüngsten Tochter, damals 16-jährig, im Anschluss an ihren Aufenthalt in Australien fest. Wir fuhren mit dem Auto durch die Wesermarsch, im Vergleich zu den Natureindrücken in Australien eine eher bescheidene, für manche auch eintönige Landschaft, flach bis zum Horizont, Grünland, besiedelt von Kühen und Schafen, unterbrochen von Zäunen und Wassergräben. Meine Tochter, in Bremen geboren und aufgewachsen, schaute aus dem Autofenster und sagte – beinahe staunend: „Ich hab gar nicht mehr gewusst, wie schön das hier ist!"

Mona Harry drückt das in ihrem bereits zitierten Poetry-Slam-Liebesgedicht an den Norden poetisch aus: „Mag die Kühe und Deiche mit Schafen aus Watte./Mag die Dünen, das Weiche der schlafenden Watten./Mag die Weite der Felder und den endlosen Blick,/wo der Himmel nur eine Handbreit über den wandernden Horizonten liegt."[12]

An ein befreiendes Heimatgefühl erinnere ich mich nach der Rückkehr von einer Reise per Bus und Autostopp durch Tunesien. Ich hatte dieses Land kennenlernen wollen und merkte erst dort, wie schwer das war. Eine sprachliche Verständigung war nur auf Französisch möglich. Mein Alltagsfranzösisch reichte aber nicht aus, um anhand der Sprache Menschen und Situationen verlässlich einzuschätzen. Auch sonst aufschlussreiche Signale wie Kleidung, Gestik und Mimik waren fremd, für mich nicht zu entziffern. Hinzu kam die Schwierigkeit, dass in Deutschland übliche Verhaltensweisen hier unüblich und konfliktträchtig waren. Dass es heikel sein könnte, eine unbekannte Frau anzusprechen, obwohl es nur um die Frage nach dem Weg zum Bahnhof ging, wurde mir erst klar, als ein Mann wütend hinzueilte. Meine Gewohnheiten und Selbstverständlichkeiten, meine kulturellen Muster hatten hier keine Gültigkeit. Ich kannte die Spielregeln nicht, es gab kein „Zwischendenzeilenreden"[13]. Ich war in der Fremde. Wie geborgen, aufgehoben und wieder in der Heimat habe ich mich in Deutschland gefühlt! Mit unserer Sprache und in unserer Sprache (Körpersprache und die Sprache der Requisiten eingeschlossen) sind wir beheimatet.

Eine meiner Töchter erzählte mir kürzlich folgende Geschichte von einer interkulturellen politischen Tagung, auf der es um Klimawandel und Klimaziele ging. Ein Teilnehmer aus Ghana wirkte in der Begrüßungsrunde zunehmend unglücklich. Während alle anderen schon nach knapper Namensnennung ihre Positionen und erste Argumente vorstellten, blieb der Mann aus Ghana stumm, ohne sich zu beteiligen. In der Pause ging meine Tochter auf ihn zu, setzte sich zu ihm, fragte ihn nach seinem Namen. Das Gespräch lief etwa folgendermaßen ab:

Sie: „Und wie geht es Ihrer Mutter?"
Er erzählte, fragte dann ebenso nach.
Sie: „Und wie geht es Ihrem Vater?"
Er erzählte, fragte nach.
Sie: „Und haben Sie Kinder?"
Er erzählte, fragte wieder nach, und so weiter.

Nach diesem Gespräch hatte auch der Teilnehmer aus Ghana Lust, über das Thema der Tagung zu reden.

Um uns heimisch und vertraut fühlen zu können, brauchen wir – zumindest ein Stück weit – das, was uns geprägt hat, unsere „Muster". Das sind diejenigen Umgangsformen, Gewohnheiten, Routinen, die unser tägliches Verhalten steuern. Es sind innere (uns meist gar nicht bewusste) Gewissheiten. Sie sind so selbstverständlich, dass wir gar nicht über sie nachdenken. Ahmad aus Syrien, 14 Jahre, schreibt:

„In Syrien tragen die Kinder Schuluniformen. In jeder Stufe eine andere, so erkennt man, wer wie weit ist. Bis zur 7. Klasse gehen alle gemeinsam in die Schule. Ab der 7. Klasse bis zum Schulabschluss werden Mädchen und Jungen getrennt unterrichtet."[14]

In unseren von der Heimat mitgeprägten Mustern kommen auch gesellschaftliche Verhältnisse (zum Beispiel das Verhältnis von Frauen und Männern) zum Ausdruck. Und diese gesellschaftliche Wirklichkeit geht den Individuen „in Fleisch und Blut" über, Wissen wird zur Gewissheit und die von Menschen gemachten Verhältnisse werden zur nicht mehr hinterfragten „zweiten Natur"[15]. Im Umgang mit einer neuen Situation kann diese „zweite Natur", die Gesamtheit des uns Selbstverständlichen, Wahrnehmung und Handlungsmöglichkeiten einschränken. Das „Muster" wird dann zum Problem, wenn etwa ein arabischer Vater nicht mit der Klassenlehrerin (einer Frau!) seines Sohnes sprechen möchte oder eine nationalistisch gesinnte junge Frau mit Blinddarmdurchbruch die Behandlung durch den diensthabenden Chirurgen (ein Schwarzer Arzt[16] in einem Berliner Krankenhaus) verweigert.[17] Die Berufung auf die eigenen Erfahrungen („So kenne ich das nicht!" – „Das hat's ja noch nie gegeben!" – „Das gehört nicht hier hin!") drängt rücksichtslos und diskriminierend auf die Beibehaltung des Gewohnten und ist ein alle Veränderungen behinderndes Element. Als Lehrer an einer Dortmunder Hauptschule unterrichtete ich türkische Jugendliche, die ihre ersten Schuljahre in der Türkei verbracht hatten. Rasch wurde sichtbar, dass sie aus einer *Kultur des Auswendiglernens* kamen. Eigene Fragen zu entwickeln, dann Antworten zu suchen, also interessengeleitet zu lernen, schien ihnen mühsam. „Sagen Sie uns doch, was wir aufschreiben sollen!", lautete einer der eher freundlichen Kommentare zu meinem Unterricht. Sie kannten es nicht anders und waren diesem hinderlichen Lernverständnis verhaftet. Solche Beschränkungen finden sich als Muster allerdings auch nach wie vor bei deutschen Schülerinnen und Schülern und deutschen Schulen. Eine Studentin des Lehramtes Grundschule notiert in ihrem Seminartagebuch:

„Ich habe es früher nie so gesehen, dass der Unterricht mit durch die Fragen der Schüler gestaltet werden könnte. Bei uns (im eigenen Schulunterricht, J. H.) wurden Themen festgelegt, dazu Arbeitsblätter bearbeitet und in den seltensten Fällen Versuche durchgeführt und noch viel seltener eine Besichtigung oder Exkursion unternommen. Ich kann mich nicht daran erinnern, dass irgendjemand von uns mal 'ne Frage von zu Hause in den Unterricht mitgebracht hätte."[18]

1.1.4 Heimat im Spiegel des Fremden: Das Fremde als Chance

Lerne, diejenigen zu lieben, die dir nicht ähnlich sind, die anders erscheinen, deiner eigenen Kultur und deiner eigenen Geschichte fremd. Sie sind die anderen Spiegel deiner selbst.

Drukpa Rinpoche[19]

Zur Wahrnehmung des uns Selbstverständlichen gehört notwendig das Fremde, die Erfahrung von Unterschiedlichkeit. Was sich von selbst versteht, bemerken wir erst, wenn es uns fehlt. „Es ist mit dieser Selbstverständlichkeit wie mit der

Luft zum Atmen. Solange sie vorhanden ist, bemerkt man sie kaum; geht sie aber aus, so wird sie unversehens zum kostbaren Gut", schreibt Christoph Türcke (S. 26).[20] So hält uns das Fremde einen Spiegel vor und bietet die Chance, neu auf die eigenen Muster und Gewissheiten zu blicken, Verlorenes neu zu entdecken, Unbekanntes in den eigenen Alltag zu integrieren. Dazu muss man die Heimat nicht einmal verlassen. Durch die – manchmal freiwillige, oft unfreiwillige – Mobilität der Menschen durchdringen sich Orte und Räume.

In den 1970er Jahren gebe ich einer meiner türkischen Schülerinnen ihre Deutscharbeit zurück. Ich freue mich für sie. Ihr Aufsatz ist sehr gut. Sie beginnt zu weinen. Ich bin irritiert, frage nach. Es stellt sich heraus: Wenn sie aus der Schule bessere Zensuren mitbringt als ihr ein Jahr älterer Bruder, wird sie bestraft. Die Gespräche mit dem Vater beginne ich vorsichtig. Sie erstrecken sich über beinahe ein Schuljahr. Am Ende hat der Vater seinen Blickwinkel gewechselt. Er ist zunehmend stolz geworden auf die Leistungen einer Tochter, deren Lehrer ihn regelmäßig mit Besuchen „beehrt".

In einer 10. Klasse unterrichte ich Giuseppe, einen Schüler sizilianischer Herkunft. Giuseppe macht – im Anschluss an seinen qualifizierten Hauptschulabschluss – Abitur und beginnt dann ein Germanistik-Studium. Als ich ihn treffe, hat er sein Studium gerade ausgesetzt. Seine in Deutschland verheiratete Schwester ist Mutter geworden. Um weiter arbeiten zu können – sie ist Berufsanfängerin und will ihren Einstieg nicht unterbrechen, ihr Mann arbeitet auf Montage – kümmert sich Giuseppe tagsüber um das Kind. Auf meinen wohl etwas erstaunten Kommentar, da bringe er ja ein großes Opfer, antwortet er ebenso erstaunt: „Aber wieso? Das ist doch Familie!"[21]

Ein paar Jahre später arbeite ich als Lehrer an einer Dortmunder Gesamtschule. Mit einer 5. Klasse – 32 Kinder, davon sieben Mädchen und ein Junge aus türkischen Familien – bin ich auf Klassenfahrt in einem Naturfreundehaus im Sauerland. Wir verpflegen uns dort selbst. Am zweiten Tag nach dem Frühstück fällt mir auf, dass die Mädchen aus den türkischen Familien draußen auf der Wiese Blumen pflücken, dann geeignete Gläser zu Vasen machen, die Tische im Gemeinschaftsraum dekorieren. Auf meine Frage, was sie da machen, antworten sie: „Heute kommt doch der Leiter unseres Hauses zu Besuch. Dann ist er doch unser Gast. Und für einen Gast muss es doch schön sein." Keines der deutschen Kinder und auch ich selbst nicht hatte dieses Selbstverständnis vom Umgang mit einem Gast.

In Bremen arbeite ich schließlich an einer Grundschule in einem sogenannten Brennpunktstadtteil. Bei Frühstücken bringen die Kinder ausländischer Familien Selbstgemachtes mit. Die Kinder aus deutschen Familien haben – bis auf seltene Ausnahmen – Nutella und Süßkram eingekauft. Eine Schülerin aus Sri Lanka führt regelmäßig Tänze aus ihrer Heimat auf. Andere Kinder ausländischer Herkunft kennen Lieder aus der Heimat ihrer Eltern. Die deutschen Kinder kennen weder Lieder noch Tänze.

Erfahrungen können dazu herhalten, das Positive der eigenen Heimat herauszustreichen, bei Menschen anderer Herkunft nur Negatives zu sehen und sich gegenüber denen, die anders sind, strikt abzugrenzen. Positives – wie ein solidarischer Familiensinn – wird ausgeblendet oder weniger wertgeschätzt. Genauso ausgeblendet wird beim geringschätzigen Blick auf die anderen oft die eigene Geschichte. In meiner ersten 5. Klasse als Hauptschullehrer (1975) habe ich mich dafür eingesetzt, dass schließlich acht oder neun der deutschen Kinder nach den ersten Wochen noch die Schule wechselten und auf ein Gymnasium gingen (Gesamtschulen gab es damals in erreichbarer Nähe nicht). Diese Kinder waren ausschließlich Mädchen, und der anfängliche Widerstand der Eltern gründete sich in Aussagen wie: „Warum denn eine höhere Schule, wo sie dann ja doch heiratet!" Solche mädchen- bzw. frauenfeindlichen Vorstellungen waren und sind auch in Familien deutscher Herkunft lebendig.

Konstruktiv ist es, Fremdes als Spiegel und Herausforderung zu begreifen und das eigene Heimatverständnis offenzuhalten für neue Erfahrungen und Blickwinkel. Wer über sogenannte Südländer schimpft, die – man verweist dann auf Italien, Spanien, die Siesta dort tagsüber – „ja nur auf der faulen Haut liegen", könnte schon eher, als er ahnt, zu ihnen gehören. Klimawandel und die Zunahme heißer Sommer werden es in Zukunft vielleicht auch bei uns sinnvoll machen, in der glühenden Mittagszeit „auf der faulen Haut zu liegen" und die Arbeitszeit am Siesta-Modell (Arbeitsruhe in der heißen Mittagszeit) südlicher Länder zu orientieren.

Der 11-jährige Ramin aus Afghanistan schreibt in einer Sammlung von Kindheitserinnerungen *Das Ohr vom Opa* über seine Heimat: „Was mir in Deutschland am meisten aufgefallen ist? Hier wird in der Schule niemand geschlagen. Wenn man in Afghanistan eine Aufgabe nicht lösen konnte, wurde man oft geschlagen. Und es gefällt mir sehr gut, dass alle Kinder hier meine Freunde sind. In der Schule lachen alle und sind freundlich, das ist toll."[22] Sich auf neue Sichtweisen und Wertvorstellungen einzulassen, ist manchmal einfach (wer wird schon gern geschlagen?), manchmal schwieriger (als Mädchen gegen den Widerstand der muslimischen Familie am Schwimmunterricht teilzunehmen!). Die Begegnung mit fremden Heimaten fördert jedenfalls die Fähigkeit, gegen sich selbst (als angebliche Krone der Schöpfung) zu denken. Ein dazu passendes Beispiel für alle, die unser Denken und Wirtschaften für alternativlos halten, bietet das Königreich Bhutan (siehe Kasten).

Glück in Bhutan

Aus der Glücksforschung wissen wir, dass materialistische eingestellte Menschen weniger glücklich sind, Materialismus ist glücksdestruktiv. Lebenssinn, Zukunftshoffnung und Glaube dagegen erhöhen den Glücksspegel nachhaltig. Auch Freundschaften und ein reiches soziales Netzwerk (womit kein virtuelles mit imaginären Freunden und Followern gemeint ist) stehen in einem deutlichen Zusammenhang mit unserem Glück.[23] Trotzdem richten wir als Gesellschaft unsere Anstrengungen überwiegend an Dingen und ihrem Konsum aus.[24] Wie anders dagegen das Königreich Bhutan! Dort ist nicht materieller Wohlstand oberstes Ziel, sondern das Bruttosozialglück.[25] Das Glück aller ist die zentrale Richtschnur überall dort, wo es um Entwicklung geht. Und Entwicklung wird gedacht als zunehmendes Wissen und persönliche Erleuchtung. Dieser Weg ist für die Bhutaner unabdingbar, um die drei Grundübel Unwissenheit, Hass und Habgier zu überwinden.[26]

1.1.5 Heimweh: Verlust von Zuhause und Heimat

Bis hück han isch misch dat nit jetraut:
en Jedischt in minger Moddersproch.
Ulla Hahn[27]

Es kann für manche Kinder schon eine bestürzende Erfahrung sein, wenn ihr *Zuhause* auch nur „zwischendrin" verloren geht, auf einer Klassenfahrt beispielsweise oder während der Übernachtung bei Freund oder Freundin (vgl. *Pip und Posy sagen Gute Nacht*, siehe Kap. 6.1). Vertrautes fehlt, das Gefühl von Geborgensein will sich nicht einstellen. Das löst kindliches Heimweh, das Bedürfnis nach *Zuhausesein*, aus. Wie einschneidend, wenn Kinder ihr *Zuhause* immer wieder oder auf Dauer verlieren. Das löst Ängste aus, das *Zuhause* als Basis eines sicheren Lebensgefühls ist brüchig geworden. Der 10-jährige Mohamad aus Syrien schreibt: „Als ich vier Jahre alt war, bin ich mit meinen Eltern in die Türkei gegangen. Ich bin erst mit sechs Jahren in die Schule gekommen, nachdem ich mit meiner Mutter und meinen Geschwistern zu meinem Vater nach Deutschland kommen durfte. Ich habe immer noch Angst, meine Schulfreunde zu verlieren, weil ich alle paar Jahre in einem anderen Land war."[28]

„In Syrien", schreibt die fünfzehnjährige Melodie, „hat mir besonders gut gefallen, dass ich immer mit meinem Vater reden konnte. (…) Dann sind meine Mutter, meine Schwester und ich nach Deutschland geflohen. Er ist nicht mitgekommen. Er hat uns gesagt, dass wir in Sicherheit sein sollen. (…) Jetzt kann ich nur noch über Skype mit meinem Vater reden (…). Ich möchte so gerne wieder von ihm in den Arm genommen werden. Wann wird das sein?"[29]

Das ist kein Heimattext, auch wenn die Erzählerin ihre Heimat verloren hat. Im Kern geht es um den Verlust des Zuhauses als Zusammensein mit einem geliebten Menschen, dem Vater. Solange ein Leben im neuen Zuhause mit vertrauten und geliebten Bezugspersonen weitergeht, ist ein Ortswechsel für Kinder meist rasch verschmerzt und überwunden. Genau das aber ist bei der Erzählerin nicht der Fall. Mit dem Vater fehlt ein wichtiges Stück *Zuhause*.

Der Verlust des *Zuhauses*, ein Leben ohne Geborgenheit und Vertrautheit, kann zerstörerisch wirken. Und der Verlust der Heimat?

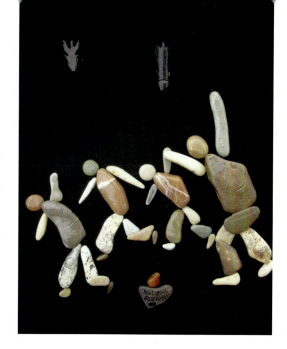

Aus: *Ramas Flucht* (Ruurs/Badr; vgl. Kap. 7.4). In Ramas Geschichte gelingt es der gesamten Familie, ein neues Zuhause zu finden.

Wir werden uns der Dinge immer noch einmal besonders bewusst, wenn wir sie verloren haben. „Am intensivsten" – schreibt Bernhard Schlink – „wird sie (die Heimat, J. H.) erlebt, wenn man weg ist und sie einem fehlt; das eigentliche Heimatgefühl ist das Heimweh."[30] Heimweh und die Sehnsucht nach Rückkehr beziehen sich geografisch betrachtet auf Städte, Landschaften („Ich brauche Berge um mich herum, um mich heimisch zu fühlen!"), Länder. Hinzu kommt kulturell Geprägtes, zum Beispiel landestypische Essgewohnheiten und die Sprache. „Am meisten vermisse ich das Meer", schreibt die siebenjährige Tokha aus Syrien. „Das wäre schön, wenn es in Deutschland ein Meer gäbe. Hier in Deutschland ist der Reis immer weiß. Bei uns ist der so orange und super lecker."[31]

Heimat ist der Raum, in den wir hineingeboren werden und in dem wir frühe und oftmals prägende Erlebnisse haben. Dieser Raum mit den darin lebenden Menschen und ihrer Mentalität formt unsere Auffassung von der Welt, unsere Vorlieben und Abneigungen, unsere Sprache mit ihren heimatlichen Eigentümlichkeiten. Wir teilen das mit anderen und entwickeln so das Gefühl von selbstverständlicher Zugehörigkeit und

Teilhabe. Ein Teilnehmer einer Umfrage zum Thema „Was ist für dich Heimat" schreibt: „Was Heimat wirklich bedeutet, weiß ich erst, seitdem ich 4 Jahre in Bayern wohne. Obwohl ich meine Familie bei mir habe, stellt sich kein Gefühl von ‚Heimat' ein. Die Leute sind, vornehm ausgedrückt, komplett anders und ich vermisse das Ruhrgebiet und meine Heimat Bochum sehr. Es ist ungewöhnlich, sich in seinem eigenen Land so fremd zu fühlen."[32]

Eine zentrale Rolle spielt unsere Sprache. Wir wohnen – auch – in unseren Worten (vgl. Kap. 9.1)! Eine Freundin erzählte mir, wie schockierend es für sie zu Beginn ihrer Grundschulzeit war, den so selbstverständlichen Wohnort „Sprache" zu verlieren. Aufgewachsen in einem kleinen Flecken außerhalb der Stadt Varel in Friesland kannte sie als Sprache bis dahin nur das plattdeutsche Friesische, das ganz fraglos zuhause gesprochen wurde. Als die Stadtkinder in der Schule ihre Sprache nicht verstanden und sie auslachten und ausgrenzten, als sie von der Lehrerin dazu angehalten wurde, richtig zu sprechen, merkte sie, dass ihre Heimat und Herkunft nicht nur anders, sondern auch unerwünscht waren. Für das Gefühl, fremd und nicht beheimatet zu sein – und unsere Sprache birgt wie nichts anderes unser Heimatgefühl –, muss man offensichtlich nicht aus einem anderen Land kommen. Ein Dialekt kann da schon ausreichen.

Kommen wir aus einem anderen Herkunftsland, gehört der Verlust der eigenen Sprache zuallererst zum Heimatverlust. Die vertrauten Worte und die mit ihnen einhergehenden Gefühle fehlen uns und zumindest anfänglich müssen wir mit begrenzten Ausdrucksmöglichkeiten leben. Eine Neu-Beheimatung fällt hier Kindern leichter als Erwachsenen. Begleitet von Kita und Schule wachsen sie beiläufig in die neue Sprache hinein.

Auch der Verlust vertrauter Selbstverständlichkeiten wiegt schwer. Wie fühlt es sich an, wenn einen aus der Heimat Gewohntes in den Augen anderer zu einer Fremden macht? Katharina, als junges Mädchen aus Russland nach Deutschland gekommen, im Jahr 2018 23 Jahre alt, schreibt: „Als Kind habe ich mich oft fremd gefühlt – ich war mit deutschen Kindern im Kindergarten, und wenn ich nach Hause kam, war dort immer alles so anders: wie man sich an den Tisch setzt, die Musik, das Essen, die Feiern. Wenn wir Gäste empfangen oder bei russischen Verwandten zu Besuch sind, wird immer extrem viel gekocht. Und es wird alles selbst gemacht, auch bei großen Feiern (…). Damals habe ich noch das R gerollt und hatte einen ganz langen Zopf, der mich auch äußerlich als ‚russisches' Mädchen gekennzeichnet hat."[33]

Was sich von selbst versteht, nehmen wir nicht wahr. Wir wachsen in unsere Welt hinein und werden uns – auch schon als Kinder – der Dinge dann bewusst, wenn wir sie verloren haben. Das löst Heimweh als Heimatgefühl aus.

Heimat haben wir da, wo wir selbstverständlich sind. Der 9-jährige Klaidi, in Deutschland geboren, sehnt sich nach dem ihm selbst unbekannten Kosovo, der Heimat seiner Eltern, in der Hoffnung, dort selbstverständlich und kein Flüchtling mehr zu sein:

„Alle sagen, ich bin ein Flüchtlingskind. Aber ich wurde in Deutschland geboren. Ich war noch nie in meiner Heimat. Aber ich liebe sie. Sie ist wunderschön, nur nicht das Zerstörte. Ich habe Fotos und Filme im Internet gesehen. Wir bekommen immer eine Verlängerung, weil mein Vater eine schwere Behinderung hat. Aber bald müssen wir wieder zurück. Dort werden wir bei meinem Onkel und meiner Oma leben. Dann bin ich kein Flüchtlingskind mehr."[34]

1.2 Flucht aus der Heimat

Flüchtlinge aus Syrien, Afghanistan, dem Irak und afrikanischen Ländern wie Ghana, Mali, Marokko und Nigeria suchen Schutz in Europa. Viele fliehen vor Bürgerkriegen, andere erhoffen sich von ihrer Flucht zu uns ein Leben, das ihnen und ihren Kindern eine auch wirtschaftlich sichere Zukunft bietet. Bei uns begegnen sie zum einen einer helfenden Willkommenskultur, sie stoßen aber auch auf Ablehnung und werden als *Wirtschaftsflüchtlinge* verunglimpft.

Zum Verständnis von Flüchtlingen und ihrer Flucht gehört die Kenntnis von Fluchtursachen. Und was diejenigen, die gern eine Mauer um Deutschland und Europa errichten würden, nicht wissen oder nicht wissen wollen: Wir selbst gehören mit zu den Ursachen, warum Menschen aus anderen Ländern zu uns flüchten. Um diese Hintergründe geht es am Beispiel afrikanischer Flüchtlinge in diesem Kapitel.[35]

1.2.1 Fluchtursache Europa! Warum Menschen anderer Länder zu uns kommen

Die gefährlichste aller Weltanschauungen ist die Weltanschauung der Leute, welche die Welt nicht angeschaut haben.

Alexander von Humboldt[36]

Die Flucht aus der ursprünglichen Heimat hat Ursachen. Menschen aus Syrien fliehen vor Krieg und Gewalt in ihrem Land. Sie bekommen Asyl bei uns, da sie aus einem „unsicheren Herkunftsland", in dem ihr Leben bedroht ist, zu uns geflohen sind. Auch in afrikanischen Ländern gibt es Kriege, zum Beispiel die gewalttätigen Auseinandersetzungen zwischen Christen und Muslimen in Nigeria.[37] Viele Afrikaner, die zu uns kommen, sind aber auch Armutsflüchtlinge, sogenannte Wirtschaftsflüchtlinge. Damit sind Menschen gemeint, die ihr Heimatland aufgrund materieller Armut und Hunger, Obdachlosigkeit und fehlender medizinischer Versorgung, fehlender Ausbildungsmöglichkeiten, Perspektivlosigkeit und zunehmend auch wegen des Klimawandels verlassen. Sie suchen ihr Glück in der Flucht in den reichen Norden. In Nigeria beispielsweise ist mehr als die Hälfte der 15- bis 34-Jährigen arbeitslos oder geringfügig beschäftigt. Von den 186 Millionen Einwohnern dieses Landes gaben in Umfragen zwei Drittel an, ihr Land verlassen zu wollen. In Kenia, dem Senegal und Ghana ist die Situation nicht anders.[38]

„Wenn wir weitermachen wie bisher, haben die Menschen in vielen Teilen Afrikas gar keine andere Chance, als sich zu uns auf den Weg zu machen", warnt Bundesentwicklungsminister Gerd Müller am 18.6.2017.[39] *Wenn wir weitermachen wie bisher?* Was genau haben wir mit der millionenfachen Flucht von Menschen aus afrikanischen Ländern zu uns zu tun?[40] Die Beispiele im Kasten zeigen, was gemeint ist.

Warum fliehen Menschen eigentlich aus ihrer Heimat?

Europas Anteil an der Flucht aus Afrika:
Beispiele aus der Agrarwirtschaft

- Tomaten sind in Ghana ein Grundnahrungsmittel. Der Tomatenanbau bot in der Vergangenheit Tausenden Bauern Lohn und Brot. Jetzt stapeln sich auf den Wochenmärkten Dosen mit Tomaten und Tomatenmark aus Europa, vor allem aus Italien. Europäische Konzerne produzieren einen Überschuss an Tomatenkonserven. Vernünftigerweise müsste die Produktion gedrosselt werden. Das kostet aber Profite und Arbeitsplätze. Also bekommen die Konzerne von der EU Zuschüsse für jede Dose Tomaten, die sie außerhalb Europas verkaufen. Damit werden europäische Tomatenkonserven so billig, dass sie trotz des Transportes nach Afrika dort weniger kosten als frisch gepflückte Früchte und heimische Konserven. So wird der Tomatenanbau in Ghana zerstört.[41] Die Arbeitslosen sind jetzt ein Teil des Flüchtlingsstroms nach Europa und Deutschland.
- In Kamerun haben einmal viele Menschen vom Zwiebelanbau gelebt. Seit die EU dem Land einen Freihandelsvertrag aufgezwungen hat, dürfen die Kameruner keinen Einfuhrzoll mehr erheben. So fahren nun jeden Tag unzählige Lastwagen auf die afrikanischen Märkte. Sie bringen billige Zwiebeln aus den Niederlanden und berauben die einheimischen Produzenten ihrer Lebensgrundlage.
- Immer mehr und immer billiger heißt das Prinzip der europäischen Geflügelkonzerne. Etwa 600 Millionen Masthühnchen werden allein in Deutschland jährlich geschlachtet. Das ist viel mehr, als die Deutschen selbst essen können. Hinzu kommt: Deutsche Verbraucher essen vom Hühnchen am liebsten das magere Brustfleisch und die Keulen. Flügel, Hälse, Füße, Knochen, Innereien will in Europa kaum einer kaufen und essen. Das wird nach Afrika verschifft.[42] Seit 2010 hat Deutschland seine Geflügelfleischreste-Exporte nach Afrika fast verdreifacht. Und mit den Ramschpreisen für gefrorene Geflügelreste können die afrikanischen Hühnerzüchter nicht mithalten. Arbeitslos werden die Hühnerfarmer und ihre Arbeiter, die Händler und Marktfrauen, die Schlachter und Futtermittelhersteller.[43]

Das Bilderbuch *Ginting und Ganteng* (Frey/Rappo) beschreibt für Kinder nachvollziehbar die Zerstörung eines heimatlichen Lebensraumes (Regenwald) durch Wirtschaftsinteressen (Palmölanbau) am Beispiel der in Sumatra lebenden und bedrohten Orang-Utans.

- Die Deutschen trinken mit 21 Tassen pro Woche mehr Kaffee denn je. Zum Glück ist Kaffee billig. Im Jahr 2011 kostete ein Pfund Röstkaffee im deutschen Einzelhandel im Durchschnitt etwa 4 Euro. Dieser Billigpreis ist rasch erklärt. Der offizielle Mindestlohn Ghanas auf den Kaffeeplantagen liegt bei ungefähr 6 GHS (Ghana-Cedi) pro Tag.[44] Das entspricht etwa 1,10 Euro Tageslohn oder einem Stundenlohn (bei 8 Stunden Arbeit) von knapp 0,14 Cent. In Äthiopien sind es nur 7,5 Cent.[45] Das reicht nur für ein (Über-)Leben in Armut. Unser Wohlstand – zum Beispiel die Möglichkeit, jeden Tag Kaffee, Tee oder Kakao zu trinken – ist, was jeder wissen kann und viele nicht wissen wollen, die eine Seite der Medaille. Die andere Seite ist die Armut derjenigen, die für Hungerlöhne für uns arbeiten.
- Die Überproduktion deutscher und europäischer Konzerne und deren subventionierte Billigexporte nach Afrika gehören mit zu den Fluchtursachen. Hinzu kommen die Armutslöhne in den Rohstoffländern, die unseren Wohlstand mit sichern. Bleiben wir bei unserer Politik und unserer Art des Wirtschaftens, werden wir die Konsequenzen dafür in Kauf nehmen müssen: Die Massenflucht zu uns aus Ländern, die wir ausbeuten und deren Wirtschaft und Lebensgrundlagen wir mit ruinieren.[46]

1.2.2 Kinder ohne Zukunft: Eine Erzählung aus Ghana

Die folgende, vom Verfasser geschriebene Geschichte ist fiktiv, könnte sich aber genau so zugetragen haben.

Kofi ist in einem kleinen Dorf im Südosten Ghanas zusammen mit fünf Geschwistern inmitten von Tomatenfeldern aufgewachsen. Kofis Familie lebte vom Tomatenanbau. Tomaten wachsen in seiner Heimat das ganze Jahr über. Nach der Schule arbeitete Kofi mit auf den Feldern. Tomaten wässern, ernten, in Körbe legen. Oder er half beim Verkauf der Früchte, direkt am Straßenrand oder auf dem Markt.

Aber das ist schon lange her. Irgendwann saßen Kofi und seine Mutter tagelang auf dem Markt und ihre Tomaten blieben auf den Brettern ihres Standes liegen. Die Leute kauften die billigeren Tomatenkonserven und das Tomatenmark aus Italien. Die Konserven haben eine weite Anreise mit Schiffen und Lastwagen. Trotzdem sind sie billiger als die Tomaten direkt aus Kofis Dorf.

Im Dorf wohnt auch Kofis Freund Kwesi. Kwesis Eltern hatten eine kleine Hühnerfarm. Sein Vater und seine Mutter, zwei Geschwister und vier Männer aus dem Dorf arbeiteten da. Auch Kwesi hatte nach der Schule mitgeholfen. Es gab immer etwas zu tun: Mais füttern, die Ställe ausfegen, Hühner einfangen und in Käfige packen. Am liebsten ist Kwesi mit seiner Mutter auf den Markt gefahren. Erst wurden die Hühner verkauft. Danach haben sie Kelawele gegessen, leckere scharf gewürzte Kochbananen, die in heißem Öl gebacken werden.

Aber dann wollte auf dem Markt niemand mehr ihre Hühner kaufen. Im Supermarkt gab es viel billigeres tiefgefrorenes Hühnerfleisch aus Deutschland. Das Hühnerfleisch wird mit Tiefkühllastwagen auf Schiffe gebracht. Da kommt es in Kühlräume. Anschließend wird es wieder auf Tiefkühllastwagen verladen, nach mehreren Tagen Fahrt kommt es in die Supermärkte Afrikas. Und trotzdem ist das Fleisch dann billiger als die Hühner aus dem Dorf. Wie geht das?, hat Kwesi sich gefragt.

Dann wurden Kofi und Kwesi 12 Jahre alt. Zur Schule gingen sie nicht mehr. Aber Arbeit, um Geld zu verdienen, gab es auch nicht. Es gab keine Zukunft mehr für sie in ihrem Dorf. Deshalb saßen die beiden dann irgendwann zusammen auf einem Lastwagen. Der fuhr nach Westen, dahin, wo es heiß und feucht ist, dahin, wo Kakao angebaut wird. Verwandte von Kwesi haben dort eine Kakaoplantage. Sie hatten den beiden Jungen Arbeit versprochen.

Und also arbeiteten Kofi und Kwesi im Kakao.[47] Eigentlich durften sie nur leichte Arbeiten verrichten, weil sie noch keine 18 Jahre alt waren. Und eigentlich ist Arbeit für Kinder unter 13 Jahren sowieso verboten. Aber so funktionierte das hier nicht. Die Hälfte der Arbeiter war unter 13 Jahren. Sie zupften Unkraut aus dem Boden und brachten Wasser auf die Felder. Sie sammelten Kakaobohnen und trugen sie in Körben zu den Sammelplätzen. Acht Stunden und mehr arbeiteten Kofi und Kwesi jeden Tag. Sie bekamen weniger Lohn als die Erwachsenen, 40 Cent für jeden vollen Arbeitstag. 20 Cent gaben die beiden jeden Tag bei Kwesis Verwandten für Wohnen und Essen ab. 20 Cent konnten sie sparen. Aber ab und zu leisteten sie sich eine Leckerei. Und Kofi brauchte ein neues Hemd und eine neue Hose. Auf dem Markt bekam er beides gebraucht, zusammen für 3 Euro. Da war die Ersparnis eines halben Monates wieder weg. Sandalen gab es auch auf dem Markt. Die kosteten 4 Euro. Und ein klei-

nes Glas Nutella hätte er gern gekauft. Aber das kostete 3,50 Euro. Das war mehr, als er in einem Monat sparen konnte.

Kofi rechnete. Wenn er hart arbeitete, sparsam war, wenig ausgab und weiter barfuß lief, konnte er in einem Jahr vielleicht 20 Euro sparen. Er träumte davon, Taxifahrer zu werden. Der Führerschein kostete in Ghana 180 Euro. Er würde 9 Jahre für seinen Traum brauchen.

Kofi ist jetzt 20 Jahre alt. Und er sitzt wieder auf einem Lastwagen. Der bringt ihn nach Norden, in den Hafen von Tripolis. Von dort aus will Kofi mit dem Schiff übers Mittelmeer und nach Europa. Er ist ein Armutsflüchtling, der dahin will, wo er sich Schuhe leisten kann und Schokolade. Und vielleicht erfüllt sich sogar sein Traum von einem Taxischein.

1.2.3 Angst vor Flüchtlingen

„Durch die vielen Muslime fühle ich mich manchmal fremd im eigenen Land" – dieser Aussage stimmen nach einer aktuellen Studie 17,5 Prozent der Deutschen zu.

faz.net (2015)[48]

Die Angst unter Deutschen und Europäern vor dem weiteren Zuzug von Flüchtlingen und Migranten ist ein Dauerthema in den Medien. Umfragen zeigen die Sorge, fremd im eigenen Land zu werden. Berichte über kriminelles Verhalten Zugezogener verunsichern die einen. Andere sind bestürzt über sexistisches Verhalten von Flüchtlingen Frauen gegenüber. Ich möchte diesen letzten Aspekt genauer in den Blick nehmen.

An der latenten bis offenen Frauenfeindlichkeit junger Flüchtlinge vor allem aus dem Nahen Osten und Nordafrika gibt es nichts zu beschönigen. Die Süddeutsche Zeitung stellt am 13. September 2017 für Bayern fest: „Für Verdächtige bei Sexualstraftaten zeigt sich innerhalb der Gruppe der Zuwanderer: 70 Prozent der Verdächtigen kommen aus dem Nahen und Mittleren Osten, ein beträchtlicher Teil aus Zentralafrika (…). Unter den Flüchtlingen sind überdurchschnittlich viele junge Männer, diese Gruppe wird unabhängig von der Herkunft häufiger straffällig. Doch das relativiert kaum, dass eine Gruppe von Personen, deren Anteil an der Gesamtbevölkerung allenfalls im niedrigen einstelligen Prozentsatz liegt, bei fast 20 Prozent der Vergewaltigungen im ersten Halbjahr als mutmaßliche Täter galten."[49]

Man kann diese Zahlen, wenn man will, relativieren. Überall auf der Welt sind junge Männer die Bevölkerungsgruppe, die die meisten Straftaten begeht. Und ein großer Teil der jungen Flüchtlinge, die zu uns kommen, ist noch dazu allein, losgelöst von Familienstrukturen und gewohnten Autoritäten.[50]

Das ist eine Erklärung, aber natürlich keine Entschuldigung. Wer nach Deutschland kommt, trifft auf andere Verhaltensweisen als die aus der Heimat gewohnten. Und er kann natürlich nicht den Machismus (Verherrlichung der Dominanz des Mannes und Unterordnung der Frau) seiner Heimat bei uns leben. Er hat die hier geltenden Regeln und Gesetze zu befolgen, und das fängt als Mann mit respektvollem Verhalten gegenüber anderen und dem anderen Geschlecht an.

Allerdings ist es in diesem Kontext wichtig, sich weitere Fakten und Zahlen anzuschauen. „Frauen (sollten) vermeiden, sich wie Schlampen anzuziehen, um nicht zum Opfer zu werden", lautete 2011 das Statement eines kanadischen Polizisten, der damit die Slut-Walk-Bewegung auslöste.[51] Auch ein Teil der westlichen Männer hält kurze

Das Bilderbuch *Schmutzige Füße* (Izagirre/Olariaga; hier ein Bildausschnitt) erzählt davon, dass viele Flüchtlinge ihren Traum von einem besseren Leben auch in der neuen Heimat nicht verwirklichen können.

Das eher für Ältere geeignete Bilderbuch *Die Insel* (Greder; hier ein Bildausschnitt) beschreibt auf drastische Weise Auswirkungen von Fremdenfeindlichkeit.

Röcke und ausgeschnittene Blusen für provokant und macht ihre Trägerinnen zu Mitschuldigen an Übergriffen. Gewalt gegen Frauen ist auch unter deutschen Männern weit verbreitet. „Jeden einzelnen Tag versucht ein Mann in Deutschland, seine Partnerin umzubringen, an jedem dritten gelingt es", schreibt der Tagesspiegel im August 2018.[52] Eine repräsentative Studie des Bundesministeriums für Familie, Senioren, Frauen und Jugend zu „Gewalt gegen Frauen" kommt zu folgenden zentralen Ergebnissen: „Insgesamt haben (…) 40 Prozent der befragten Frauen (…) körperliche oder sexuelle Gewalt oder beides seit dem 16. Lebensjahr erlebt. (…) 42 Prozent aller befragten Frauen haben Formen von psychischer Gewalt wie systematische Abwertung, Demütigung, Ausgrenzung, Verleumdung, schwere Beleidigung, Drohung und Psychoterror erlebt. (…) Rund 25 Prozent der in Deutschland lebenden Frauen haben Formen körperlicher oder sexueller Gewalt (oder beides) durch aktuelle oder frühere Beziehungspartner erlebt. (…) Gewalt gegen Frauen wird überwiegend durch Männer und dabei überwiegend durch den Partner und im häuslichen Bereich verübt."[53] Die Täter heißen also in der Mehrzahl nicht Ali, Omar oder Tarik, sondern Andreas, Mario und Sven.

Gewalt gegen Frauen ist kein Flüchtlings- oder Ausländerproblem, sondern ein Männerproblem. Und damit sind wir bei einer Zukunftsaufgabe, Deutschland zu einem Land zu machen, in dem Frauen keine männliche Gewalt fürchten müssen. Lassen wir dazu eine junge Deutsche zu Wort kommen:

„Eigentlich lebe ich gern in Deutschland. Ich kenne nichts anderes. Aber manchmal fühle ich mich in meinem eigenen Land nicht mehr wohl. Manchmal geben mir andere Menschen das Gefühl, nicht hierher zu gehören. (…) Wenn ich in Berlin durch die Straßen gehe, sprechen mich junge Männer an. Meistens arabischer Herkunft. ‚Na, Süße', sagen sie. Wenn ich sie abblitzen lasse, werden sie wütend. Weil sie glauben, dass sie sich bei mir alles erlauben können."[54]

Und weiter heißt es im Bericht der jungen Frau: „Wenn ich mit meinem Freund durch die Stadt gehe, bleiben die Blicke der Menschen an uns kleben. Ich schaue zurück und sie fühlen sich ertappt. Eine ältere Dame sagte einmal zu uns: ‚Ihr seid ja ein nettes Pärchen, so unterschiedlich, irgendwie süß.'"

Die junge Deutsche heißt Fatmata Abu-Senesie. Sie ist hier geboren. Ihre Eltern kommen aus Sierra Leone. Und rassistische Kommentare begleiten sie schon ihr Leben lang. Wer Frauen oder Männer aus Familien mit einem oder zwei ausländischen Elternteilen in seinem Bekannten- und Freundeskreis hat, kennt die Problematik, die – je nach Stadt, Land oder Landesteil – in Deutschland unterschiedlich verbreitet ist. Die junge Frau fühlt sich – wie viele Deutsche mit fremdländischem Aussehen – manchmal fremd im eigenen Land.

Unsere Gesellschaft ist von Migration geprägt. Das macht eine kritische Auseinandersetzung mit Verhaltensmustern und Wertvorstellungen dringlich und bedeutet auch, die eigenen Werte zu verteidigen, wo sie gefährdet sind. „Männer und Frauen sind gleichberechtigt. (…) Niemand darf wegen seines Geschlechtes, seiner Abstammung, seiner Rasse[55], seiner Sprache, seiner Heimat und Herkunft, seines Glaubens, seiner religiösen oder politischen Anschauungen benachteiligt oder bevorzugt werden", heißt es in unserem Grundgesetz.[56] Wer bei uns lebt, egal ob seit seiner Geburt, als Zugewanderter oder als Flüchtling, muss sich an Regeln und geltendes Recht halten, auch wenn das den Vorstellungen seines Freundeskreises oder seiner ursprünglichen Heimat nicht entspricht.

Anmerkungen

1. Mona Harry: Ein Nordtext. https://www.harrislee.de/media/custom/1902_1095_1.PDF?1479107252 [10.9.2018].
2. Helga Königsdorf: *In Wirklichkeit war alles ganz anders*, in: Wilhelm Solms (Hrsg.): *Dichtung und Heimat. Sieben Autoren unterlaufen ein Thema.* Marburg 1990, S. 21.
3. Christine Nöstlinger, Mein Partisanentraining in Sachen Heimat, in: Wilhelm Solms (Hrsg.)ebd., S. 63f.
4. In einem Text aus der systemischen Beratung und Therapie habe ich den Begriff „Identitätsgehäuse" gefunden. Vgl. Katarina Vojvoda-Bongartz: „Heimat ist (k)ein Ort. Heimat ist ein Gefühl": Konstruktion eines transkulturellen Identitätsraumes in der systemischen Therapie und Beratung. In: *Kontext*, Heft 3/2012, S. 252.
5. Mona Harry, Ein Nordtext, a. a. O.
6. Aus dem Kölner Grundgesetz, vgl. unter: https://www.koelsch-woerterbuch.de/das-koelsche-grundgesetz [28.7.2018].
7. Vgl. Fritz Reusswig, Claus Leggewie: Die Heimatlosen Gesellen der AfD. Warum die Klimaleugner nicht gut für unser Land sind. https://www.vr-elibrary.de/doi/abs/10.13109/inde.2018.7.4.49 [21.6.2020].
8. Vgl. hierzu und zum Folgenden: *Kindheit im Wartezustand*, Berlin 2017, https://www.unicef.de/informieren/aktuelles/presse/2017/studie-fluechtlingskinder-in-deutschland/137440 [28.7.2018].
9. Ein einklagbares Recht auf Heimat als international verankertes Recht, was ein Vertreibungsverbot (z. B. bei indigenen Völkern) und ein Rückkehrrecht (z. B. nach ethnischen Vertreibungen) einschließt, gibt es bislang nicht.
10. https://www.duden.de/rechtschreibung/Heimat [28.1.2019].
11. Christoph Türcke: *Heimat. Eine Rehabilitierung*, Springe, 2. Aufl. 2015, S. 25.
12. Mona Harry: *Ein Nordtext*, a. a. O.
13. Helga Königsdorf: *In Wirklichkeit war alles ganz anders*, a. a. O., S. 26.
14. Deutscher Kinderschutzbund Landesverband NRW e.V. (Hrsg.): *Das Ohr vom Opa & andere Geschichten. Kinder erzählen von ihrer Heimat – der alten und der neuen.* Essen 2017, S. 18.
15. Vgl. Peter L. Berger/Thomas Luckmann: *Die gesellschaftliche Konstruktion der Wirklichkeit. Eine Theorie der Wissenssoziologie.* Frankfurt/Main 1980, Vorwort, S. XII.
16. Die Schreibweise „Schwarz" mit großem Anfangsbuchstaben soll deutlich machen, dass es hier nicht um eine Farbbezeichnung, sondern einen politischen Begriff geht.
17. Aus einem mündlich mitgeteilten Bericht einer Ärztin aus Berlin.
18. Aus einem Seminar des Verfassers zu „Reformpädagogik und Entdeckendem Lernen", Universität Oldenburg 2000.
19. Tibetischer Meister der Neuzeit, Vertrauter des Dalai Lama, gestorben 1989. Zit. n.: http://www.sasserlone.de/tag/481/fremd/ [19.6.2020].
20. Christoph Türcke: *Heimat. Eine Rehabilitierung*, a. a. O., S. 26.
21. Zu diesem Familiensinn gehörte auch, dass seine Schwester und ihr Mann später sein Studium mitfinanzierten.
22. Deutscher Kinderschutzbund Landesverband NRW e.V. (Hrsg.): *Das Ohr vom Opa & andere Geschichten*, a. a. O., S. 109.
23. Vgl. hierzu Martin E. P. Seligman: Der Glücksfaktor. *Warum Optimisten länger leben.* Ehrenwirth, 8. Aufl., 2011. Außerdem: Jochen Hering (Hrsg.): Vom Glück der Kinder. In Bilderbüchern dem Glück begegnen. In: *Betrifft Kinder Extra*, Weimar 2019.
24. In Umfragen stehen merkwürdigerweise Freundschaften und eine glückliche Beziehung ganz oben, was ja ein Gespür für das Wichtige im Leben spiegelt. Real ist aber der alltägliche Überflusskonsum. Ein Beispiel: 40 Prozent unserer Kleidung werden so gut wie gar nicht getragen oder nach

25 Vgl. z. B. https://www.bhutan-travel.de/index.php/koenigreich-bhutan/bruttosozialglueck [14.8.2018].
26 https://www.berliner-zeitung.de/panorama/zentrum-fuer-bruttonationalglueck-warum--bhutan-arm-aber-gluecklich-ist-1212794 [21.8.2018].
27 Ulla Hahn: *Muttersprache* (Ausschnitt), in: Anton G. Leitner (Hrsg.): *Heimat. Gedichte,* Stuttgart 2017, S. 26.
28 Deutscher Kinderschutzbund Landesverband NRW e. V. (Hrsg.), *Das Ohr vom Opa & andere Geschichten,* a. a. O., S. 85.
29 Deutscher Kinderschutzbund Landesverband NRW e. V. (Hrsg.), *Das Ohr vom Opa & andere Geschichten,* a. a. O., S. 81.
30 Bernhard Schlink: *Heimat als Utopie.* Hamburg 2000. Zit. n. https://www.deutschlandfunkkultur.de/plaedoyer-fuer-bleibende-werte.950.de.html?dram:article_id=133326 [11.6.2020].
31 Deutscher Kinderschutzbund Landesverband NRW e. V. (Hrsg.), *Das Ohr vom Opa & andere Geschichten,* a. a. O. S. 136.
32 https://www.allesgelingt.de/blog/umfrage_was_ist_fur_dich_heimat_interessante_ergebnisse.html [17.8.2018].
33 https://www.zeit.de/campus/2018-05/russlanddeutsche-junge-menschen-identitaet-deutsch-russische-beziehungen/seite-2 [14.8.2018].
34 Deutscher Kinderschutzbund Landesverband NRW e. V. (Hrsg.), *Das Ohr vom Opa & andere Geschichten,* a. a. O., S. 69.
35 Der Klimawandel als Fluchtursache wird in Kap. 7.2 (Bilderbuch *Pudel mit Pommes*) angesprochen. Vgl. zum Thema auch das Interview mit Entwicklungshilfeminister Gerd Müller (2018) unter https://www.maz-online.de/Nachrichten/Politik/Gerd-Mueller-Klimaschutz-ist-die-Ueberlebensfrage-der-Menschheit [5.7.2020].
36 Humboldt zugeschrieben, Quelle: https://www.aphorismen.de/zitat/67331 [20.6.2020].
37 Der sogenannte Scharia-Konflikt bezeichnet die gewalttätigen Auseinandersetzungen zwischen Christen und Muslimen. Siehe https://de.wikipedia.org/wiki/Scharia_in_Nigeria [3.7.2020].
38 Vgl. https://www.focus.de/politik/ausland/flucht-aus-afrika-millionen-menschen-bereiten-sich-darauf-vor-afrika-zu-verlassen_id_8661378.html [5.7.2020].
39 https://www.welt.de/politik/fluechtlinge/article165652245/Entwicklungsminister-warnt-vor-riesiger-Fluchtbewegung-aus-Afrika.html [5.7.2020].
40 Vgl. Ulrike Lerche, Miteinander. Fair. Gerecht. Unterrichtsmaterialien zum Thema Aufbau einer globalen Entwicklungspartnerschaft für die Grundschule, hrsg. von Gemeinsam für Afrika e.V. im Netz unter: https://www.gemeinsam-fuer-afrika.de/wp-content/uploads/2013/04/DFC-SK2013-UM-GS-RZ4-Web.pdf [10.9.2019].
41 https://www.fluchtgrund.de/2018/08/freihandelsabkommen-mit-afrika-bekaempfen-keine-fluchtursachen/ [6.12.2020]; vgl. auch das Video unter https://www.zdf.de/nachrichten/heute-in-europa/videos/tomaten-ghana-100.html [3.07.2020].
42 Vgl. https://www.greenpeace-magazin.de/das-globale-huhn [6.12.2018].
43 Vgl. https://www.sueddeutsche.de/politik/fluchtursachen-fairness-statt-hilfe-1.3205686-2; https://www.sueddeutsche.de/wirtschaft/lebensmittel-toedliche-tomaten-und-billige-haehnchen-1.218502; https://monde-diplomatique.de/artikel/!313481 [19.9.2018].
44 http://www.easyexpat.com/de/guides/ghana/accra/arbeit/arbeistplatz.htm [3.07.2020].
45 Zahlen von 2019; https://www.focus.de/politik/ausland/nicht-mehr-als-ein-hungerlohn-kaum-lohn-fuer-12-stunden-arbeit-der-bittere-nachgeschmack-des-adventskaffees_id_11413907.html [3.07.2020].
46 Vgl. Stephan Lessenich: *Neben uns die Sintflut. Wie wir auf Kosten anderer leben.* München 2018.
47 Vgl. zur Kinderarbeit im Kakao: https://de.makechocolatefair.org/themen/menschen-und-arbeitsrechtsverletzungen [3.7.2020]. Ghana hat keine Kakaoindustrie. Es führt nur den Rohstoff aus. Die ghanaischen Kakaobauern erhalten für diesen Rohstoff etwa 2 Milliarden Dollar im Jahr. Die Schokoladindustrie in den reichen Ländern macht daraus einen Umsatz von 98 Milliarden Dollar. Vgl. https://suedwind-institut.de/files/Suedwind/Publikationen/2011/2011-04%20Ghana%20Vom%20bitteren%20Kakao%20zur%20suessen%20Schokolade.pdf [5.9.2018].
48 http://www.faz.net/aktuell/politik/die-gegenwart/jeder-5-deutsche-fuehlt-sich-fremd-im-eigenen-land-13546960.html [22.8.2019].
49 https://www.sueddeutsche.de/bayern/kriminalitaet-zahlen-die-verstoeren-1.3664705 [3.07.2020].
50 Vgl. hierzu den Kriminologen Christian Pfeiffer unter http://www.faz.net/aktuell/politik/inland/begehen-fluechtlinge-mehr-sexualstraftaten-15299322-p2.html [3.7.2020].
51 Vgl. https://de.wikipedia.org/wiki/Slutwalk [3.7.2020].
52 https://www.tagesspiegel.de/meinung/gewalt-gegen-frauen-wenn-der-taeter-heinz-heisst/22933002.html [10.9.2018].
53 https://www.bmfsfj.de/blob/84384/5ca54bf32901232f07ab4ff4132000b6/pressemat-studie-gewalt-frauen-lebenssituation-data.pdf [3.7.2020].
54 https://www.huffingtonpost.de/2015/02/12/warum-ich-mich-als-junge-deutsche-fremd-in-meinem-eigenen-land-fuhle_n_6671172.html.
55 Aktuell (Juni 2020) formiert sich eine parteiübergreifende Bewegung, die den Begriff der „Rasse" aus dem Grundgesetz streichen will. Robert Habeck: „Es gibt eben keine ‚Rassen'. Es gibt Menschen." https://www.tagesschau.de/inland/gruene-grundgesetz-rasse-streichen-101.html [11.6.2020]. Vgl. zu „Rasse und Rassismus" auch den Artikel von Ulrich Kattmann unter: https://zukunft-braucht-erinnerung.de/rassismus-biologie-und-rassenlehre/ [11.6.2020].
56 https://www.gesetze-im-internet.de/gg/art_3.html [5.7.2020].

2 Lebensmittel Bilderbuch

Bilderbücher sind mehr als Vergnügen und Zeitvertreib. Sie sind ein für Jüngere hervorragend geeignetes, entschleunigtes Medium, die Welt kennenzulernen und über sie nachzudenken. Bilderbücher überschreiten die kindliche Erfahrungswelt, zeigen Dinge neu und anders, erweitern den Horizont, regen die Fantasie an. Für die kindliche Entwicklung stellen sie ein anregendes „Lebensmittel" dar. In diesem Kapitel besuchen wir einen virtuellen Bilderbuchmarkt und schauen, was wir dort zu unserem Thema „Heimat und Zuhause" finden. Anschließend betrachten wir Kriterien zur Frage, was ein Bilderbuch zu einem *guten* Bilderbuch macht: Worauf sollten wir bei der Auswahl achten?

2.1 Zu Besuch auf dem Bilderbuchmarkt

2.1.1 Der Mensch lebt nicht vom Brot allein

Kinderbücher bedürfen ja keineswegs eines Happy-ends oder gar der Schönfärberei, Verharmlosung oder Verbiegung von Wirklichkeit. Doch Kinderbücher sollen, meiner Meinung nach, Hoffnung transportieren.

Christine Nöstlinger[1]

Zusammen mit seiner Familie lebt Mäuserich Frederick (Lionni: *Frederick*) in einer alten Steinmauer auf dem Land. Während alle Mäuse den Sommer über fleißig Nüsse, Stroh und Weizen sammeln, scheint Frederick zu faulenzen. Aber das ist nur scheinbar so. Auch Frederick bereitet sich auf die kalte Jahreszeit vor. Er sammelt Sonnenstrahlen, Farben und Wörter für die kalten, dunklen Wintertage.

Der Winter kehrt ein, Schnee fällt und eines Tages sind alle Vorräte aufgezehrt. Niedergeschlagenheit macht sich breit unter den Mäusen. Und da erinnern sie sich, wie Frederick von Sonnenstrahlen, Farben und Wörtern gesprochen hatte. *„Frederick!"*, riefen sie, *„Was machen deine Vorräte?"* Und Frederick erzählt den frierenden Mäusen von der Sonne und den blauen Kornblumen im gelben Kornfeld: *„Jetzt schicke ich euch die Sonnenstrahlen. Fühlt ihr schon, wie warm sie sind? Warm, schön und golden?"* Und während Frederick so von der Sonne erzählte, wurde den vier kleinen Mäusen schon viel wärmer. (…)

„Und was ist mit den Farben, Frederick?", fragten sie aufgeregt. *„Macht die Augen zu"*, sagte Frederick. Und als er von blauen Kornblumen und roten Mohnblumen im gelben Kornfeld und von grünen Blättern am Beerenbusch erzählte, da sahen sie die Farben so klar und deutlich vor sich, als wären sie aufgemalt in ihren Mäuseköpfen.

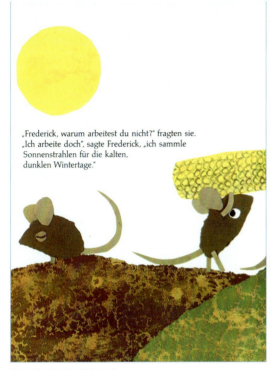

Aus: *Frederick* (Lionni)

Die Maus lebt nicht vom Brot allein. Frederick weiß, dass Wörter, Verse und Geschichten Kraft und Zuversicht geben, trösten und Mut machen. Geschichten sind ein Lebensmittel. Mit ihnen nehmen wir an fremden Erfahrungen teil und überschreiten unseren eingeschränkten Erfahrungsraum. Sie machen Mut und nehmen Ängste, sie trösten und stellen die Welt auf den Kopf. Mit Geschichten können Kinder innerlich wachsen. Dabei die Perspektive anderer zu verstehen (soziale Kognition), mit anderen zu fühlen (Empathie) sind Fähigkeiten, die grundsätzlich im Umgang mit Literatur gefördert werden. Literatur hilft uns, die Erfahrungen anderer verstehend nachzuvollziehen und das eigene „Blickfeld" zu erweitern, was Piaget Dezentrierung nennt, die Überwindung der Egozentrik, mit der wir auf die Welt kommen. Das ist das Prinzip Hoffnung, das mit dem Lebensmittel Literatur bzw. Bilderbuch verbunden ist. Und wie vielfältig dieses Lebensmittel schon für die Jüngeren ist, zeigen die nächsten Bücher auf dem Bilderbuchmarkt.

2.1.2 Entdecke die Welt!

Lernen ist Erfahrung.
Alles andere ist einfach nur Information.
Albert Einstein[2]

Alles Weltverstehen beginnt ja damit, den Dingen einen Namen zu geben. Direkt am Markteingang stoßen wir als Erstes auf einen Stand mit dem Schild: „Entdecke die Welt!" Das Bilderbuch *Haus* (Horstschäfer / Vogt; vgl. Kap. 4.1) liegt dort aus. Die Bilder zeigen Häuser von überallher, riesige und solche mit nur einem Zimmer. Das ist eine Hütte, das ein Iglu, das ist ein Haus, das ein Schloss. Wo gibt es solche Hütten? Wo solche „Schneehäuser"? Wer mag dort wohnen? Und: Wie sieht dein Zuhause aus? Gleich daneben geht es um einen ersten selbstständigen Ausflug in die Welt. In *Bus fahren* (Dubuc) ist Clara das erste Mal allein unterwegs zur Oma. Und aus der Geschichte erfahren wir, worauf es bei so einer Busreise ankommt: *Ich fahre zum ersten Mal mit dem Bus. Mama hat mir Plätzchen mitgegeben. Und meine Jacke, falls mir kalt wird. Mir wird aber nicht kalt. Mir ist nie kalt. Wie oft der Bus wohl hält? Ich kann ja die Haltestellen zählen (…).*

Zum Entdecken der Welt gehören auch die vielen verschiedenen Gesichter, die Menschen machen können. *Wir* (Wolfsgruber) heißt ein Buch mit 45 Porträts von Menschen aus aller Welt. *Grantig* und *quirlig*, *verliebt*, *schön*, *zerstreut*, *zugeknöpft*, *begabt* und *stolz* sind die Gesichter unter anderem betitelt. Auf den ersten Blick leuchten die Zuschreibungen ein, aber bei längerer Betrachtung werden sie fragwürdig. So erreicht das Buch zweierlei: Es zeigt einmal eine Vielfalt menschlicher Eigenschaften und Gefüh-

Ein Porträt aus: *Wir* (Wolfsgruber). Im Buch hat das Porträt den Titel *Unwiderstehlich*.

Aus: *Was wird aus uns? Nachdenken über die Natur* (Damm)

cker sind. Denn, so erklärt es im Buch der blaue Vogel der kleinen Maus: *„Die meisten Mauern baust du dir selbst."*

Andere Bücher an diesem Stand fördern entdeckendes Handlungswissen. *Rosie pflanzt Radieschen* (Scheffler/Petty) erzählt, wie dieses gesunde Gemüse gesät wird und wächst. Und in *Mein erster Kuchen* (Brière-Haquet/Barroux) erfahren wir in kleinen Episoden, was es braucht, um einen Kuchen zu backen (vgl. Kap. 3.3).

Bevor wir diesen Stand verlassen, nehmen wir noch *Was wird aus uns? Nachdenken über die Natur* (Damm) in die Hand. Irritierende Bild-Text-Kombinationen werfen Fragen auf: *Sind giftige Pflanzen böse? Macht es Tieren Spaß, wenn wir mit ihnen spielen?*

2.1.3 Jeder ist anders! Du auch!

Freude an der Freude und Leid am Leid des Anderen, das sind die besten Antriebe des Menschen.

Albert Einstein[3]

le und zum andern, wie unbedacht Urteile aufgrund des Äußeren sind. Was trifft zum Beispiel für das abgebildete Porträt zu? Ist der Mann *zickig*, *einfallsreich* oder *unwiderstehlich*?

Britta Teckentrup zeigt uns in *Die kleine Maus und die große Mauer*, wie wichtig Neugier, Beharrlichkeit und Angstfreiheit für alle Weltentde-

Wir laufen an den Auslagen von Gute-Nacht-Geschichten, Freundschafts- und Mutmach-Geschichten vorbei. Ein Schild mit der Aufschrift „Jeder ist anders! Du auch!" zieht uns an. *Der Hase mit der roten Nase* (Heine) liegt hier aus. Auf nur 5 Doppelseiten rollt eine dramatische Geschichte vor uns ab. Ihr Held, ein Hase mit roter Nase und blauem Ohr, ist anders, und das setzt ihm zu. Bekümmert und niedergeschlagen zieht er sich von der Welt zurück. Dann taucht plötzlich der Fuchs auf. Er füllt mit seinem roten Fell (Rot als Signalfarbe für Mut, Kraft, Energie und Gefahr) fast das gesamte Bild. Am Bildrand

Aus: *Als die Raben noch bunt waren* (Schreiber-Wicke/Holland)

links sehen wir den Hasen, die Hände – um nicht zu schreien – vor den Mund geschlagen, im Gesicht böse Ahnungen erkennbar. Aber während das Bild so die Spannung für die kleinen Leserinnen und Leser – die zumindest innerlich auch die Hände vor den Mund halten – auf die Spitze treibt, erzählt der Text bereits die überraschende Wende: *Und als der Fuchs vorbeigerannt, hat er den Hasen nicht erkannt.* Wie freuen wir uns mit dem Hasen über die Auflösung seiner Ängste und Selbstzweifel im letzten Bild. Die Beschämung über das eigene Anderssein schlägt um in Freude über das eigene Besonderssein. Wie er sich freut, tanzt und singt: *Da freute sich der Hase. / „Wie schön ist meine Nase / Und auch mein blaues Ohr, / das kommt so selten vor."*

Anderssein birgt Konfliktpotenzial. Davon erzählt auch *Als die Raben noch bunt waren* (Schreiber-Wicke/Holland). Das Titelbild zeigt ein farbenprächtiges Rabenvolk einträchtig auf einem Zaun sitzend. Aber dann stellt eines Tages ein Schneemann eine folgenreiche Frage: *Welche Farbe ist für eueeins eigentlich richtig?*

Und damit entbrennt ein erbitterter Streit zwischen den Vögeln. Vorher noch stolz auf die gemeinsame farbliche Abkunft vom Regenbogen rotten sie sich jetzt in gleichfarbigen Gruppen zusammen und gehen, Parolen krächzend, aufeinander los: *Nieder mit Flieder! Es gilt als erwiesen: Echt sind nur die Türkisen! / Wir lassen nicht locker – ein Rabe ist ocker!*

Zum Glück greift der Regen in diesen ethnischen Konflikt ein. Dicke schwarze Tropfen fallen vom Himmel, und die Streitraben sind mit einem Mal rabenschwarz. Alle sind gleich und der Krieg der Farben findet ein abruptes Ende. Die Geschichte macht nachdenklich. Gibt es *richtige* und *falsche* Farben? Wieso rufen die Raben nicht Parolen wie: „Wir werden nicht weich: Alle Farben sind gleich!" / „Ob rot, ob schwarz ob braun! Wichtig ist nur Selbstvertraun!" / „Was sind das für Fragen? Alle Farben kann man tragen?"[4]

Zwei Mädchen laufen auf dem Titelbild der textlosen Bildergeschichte *Mein Weg mit Vanessa* (Karascoe; vgl. Kap. 9.3) einträchtig nebeneinanderher, eines im gelben, eines im blauen Kleid. Aber die Geschichte selbst beginnt düster. Das Mädchen im blauen Kleid ist neu zugezogen und wird in der Schule Opfer aggressiver Ausgrenzung, was zum Glück dank der tatkräftigen Heldin im gelben Kleid von solidarischem Miteinander aufgelöst wird. Die Geschichte endet mit einem berührenden Blick ins Klassenzimmer: Das neue Mädchen gehört jetzt dazu!

In *Eul doch!* (Baltscheit) geht es um eine kleine Eule, die – anders als ihre Eltern und Geschwister – keine Eulsuse ist und einfach nicht eult, also weint. Aus Kummer über ihr Anderssein verlässt sie ihr Zuhause und geht in die Fremde. Aber ihre Familie holt sie zurück. *Danach spielten sie ein neues Spiel: „Wer zuerst eult, hat verloren." Die kleine Eulsuse spielte mit und verlor. Denn sie weinte … vor Freude.*

2.1.4 Niemand ist gern ohne Heimat und Zuhause

*Jedes Wasser hat seine Quelle,
jeder Baum hat seine Wurzel.*

Volksweisheit

Schon ist unser Blick auf den nächsten Stand gefallen. Und wir geben dem Schild dort sofort recht: „Niemand ist gern ohne Zuhause! Niemand ist gern heimatlos!" *Die kleine Spinne spinnt und schweigt* (Carle) liegt hier aus – ein Longseller, vor mehr als dreißig Jahren erschienen. Was sucht die kleine Spinne an diesem Stand? Auf der ersten Doppelseite finden wir die Antwort: *Die Sonne scheint. Es weht der Wind. Er nimmt schon am frühen Morgen die kleine Spinne mit sich übers Feld. Am Zaunpfahl eines Bauernhofes bleibt sie mit ihrem feinen, silberhellen Faden hängen (…) und fängt gleich an, ihr Netz zu spinnen.* Eben. Genau deshalb hat sie keine Zeit. Nicht für das Pferd (*„Willst du reiten?"*), nicht für das Schaf

Aus: *Steht im Wald ein kleines Haus* (Bauer)

(*„Gehst du mit mir auf die Wiese?"*) und für niemanden sonst. Sie muss erst ein Netz spinnen für ein neues Zuhause.

Die kleine Spinne hat – was ein Glück – ihr Schicksal selbst in der Hand. Da ist der kleine Drache aus *Zuhause gesucht* (Freund/Schulz) in einer schwierigeren Situation. Er sitzt in einem Tierheim und wartet darauf, von jemandem nach Hause mitgenommen zu werden. Ein kleines Mädchen sucht ein Tier zum Kuscheln – und nimmt das Kaninchen mit. Ein Ehepaar sucht ein Tier, das keinen Dreck macht – und geht mit dem Goldfisch. Schließlich, als der kleine Drache schon keine Hoffnung mehr hat, kommt eine vierköpfige Familie. Und alle rufen, kaum dass sie den Drachen gesehen haben: *Der ist genau richtig!* Kein Zuhause zu haben ist für Kinder eine beängstigende Vorstellung. Und da ist es befreiend, wenn jemand gegen so viele Widerstände doch noch eine liebevolle Bleibe findet.

Auch das nächste Buch ist eines für Jüngere: *Steht im Wald ein kleines Haus* (Bauer). Die erste Doppelseite zeigt links eine warme, behagliche Wohnung. Ein Reh schaut durchs ge-

Aus: *Zuhause gesucht* (Freund/Schulz)

öffnete Fenster nach draußen in eine karge, kalte Winterlandschaft. Damit ist schon zu Beginn das Thema der Geschichte – Geborgenheit versus Bedrohung – ins Bild gesetzt. Der Sicherheit einer Behausung steht die Gefährdung draußen gegenüber, draußen, wo der Jäger auf der Jagd ist. Das Zuflucht suchende Kaninchen ist auch alles andere als niedlich gemalt. „Hilfe, Hilfe, große Not! Bald schießt mich der Jäger tot!", ruft es verzweifelt. Mit aufgerissenem Mund und nach oben ausgebreiteten Armen steht es da. Wir fühlen mit ihm und können schon vor dem Umblättern Hoffnung schöpfen, dazu geben jedenfalls die warmen Farben von Reh und Haus Anlass. Und richtig! „Häschen, Häschen, komm herein, reich mir deine Hand", spricht das Reh. Das Häschen ist gerettet, es bekommt Asyl. Die Geschichte schafft Vertrauen, gibt es doch in großer Not offensichtlich andere, die den Schwächeren helfen.

Die Geschichte des *Mädchens von weit weg* (Thor/Jönsson) beginnt märchenhaft: *Es war Abend, als sie kam. Alle Sterne leuchteten, und der Schnee blinkte im Mondlicht.* Durch einen verschneiten Wald stapft das Mädchen auf ein Häuschen zu und bittet um Einlass. Eine alte Frau öffnet widerstrebend, unfreundlich die Tür. Für eine Nacht darf das Mädchen bleiben. Am nächsten Morgen macht es sich wieder auf den Weg. Aber die Alte vermisst die Kleine und folgt ihr. Zusammen kehren sie ins Haus zurück. Hier könnte die Geschichte enden, aber noch einmal wendet sich das Geschehen. In der Nacht träumt das Mädchen von seinem früheren Zuhause, die Graue von einem Sehnsuchtsort, an dem Kinder und Erwachsene zusammen lachen und spielen. Am nächsten Morgen machen beide sich voller Zuversicht auf den Weg.

Neue Heimat Deutschland (vgl. Kap. 9) hängt als Plakat über dem nächsten Stand. Aber belassen wir es bei den bisherigen Beispielen. Beim Verlas-

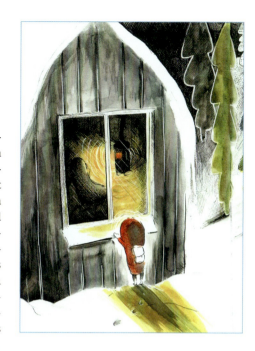

Aus: *Das Mädchen von weit weg* (Thor/Jönsson)

sen der Halle drückt uns eine freundliche ältere Dame eine Broschüre in die Hand. „Bitte zuhause etwas Zeit nehmen und lesen. Wird Sie interessieren", sagt sie. Der Titel der Broschüre lautet: *Heldinnen und Helden! Auch du brauchst Vorbilder!*

2.2 Heldinnen und Helden: Auch du brauchst Vorbilder!

Wir Menschen sind Mängelwesen. Ohne angeborenes Wissen und angeborene Fähigkeiten kommen wir auf die Welt. Wir müssen von klein auf lernen: Praktisches (Schuhe zubinden), Kognitives (den Schulweg einprägen) und auch den Umgang mit Gut und Böse. Hilfreich sind dabei von früh an Vorbilder. Auch die fiktiv-lebendigen Heldinnen und Helden unserer Kinderbücher gehören dazu.

Dieses Kapitel erzählt (auch anhand der Lektüreerinnerungen des Verfassers) von qualitativ unterschiedlichen Heldinnen und Helden. Es endet mit einer kleinen Sammlung von „Steckbriefen" mit aktuellen Vorbildern zu unserem Thema „Heimat und Zuhause".

Kindheitserinnerungen:
Bücher sind Kinder ihrer Zeit

Es gibt kein Alter, in dem alles so irrsinnig intensiv erlebt wird wie in der Kindheit. Wir Großen sollten uns daran erinnern, wie das war.

Astrid Lindgren[5]

Die nigerianische Schriftstellerin Chimamanda Adichie hat ihre literarische Kindheit in einem Vortrag mit der Überschrift *Die Gefahr der einen einzigen Geschichte*[6] überschrieben. Sie wuchs auf einem Universitätscampus in Ostnigeria auf. Und sie las als Kind britische und amerikanische Kinderbücher. „Und als ich, mit etwa 7 Jahren, anfing zu schreiben, mit Bleistift geschriebene Geschichten mit Buntstiftbildern, die meine arme Mutter gezwungen war zu lesen, schrieb ich genau die Art von Geschichten, die ich las. All meine Charaktere waren weiß und blauäugig. Sie spielten im Schnee. Sie aßen Äpfel. Und sie sprachen viel über das Wetter, wie schön es war, dass die Sonne herauskam. Nun, und dabei lebte ich in Nigeria. Ich war niemals außerhalb Nigerias gewesen. Wir hatten keinen Schnee. Wir aßen Mangos. Und wir sprachen niemals über das Wetter, weil das nicht nötig war."

Mit dieser Erinnerung an die irreal-einseitige literarische Kost ihrer Kindheit will Chimamanda Adichie uns warnen: „Ich denke, diese Geschichte zeigt, wie beeinflussbar und schutzlos wir angesichts einer Geschichte sind, besonders als Kinder. Da alles, was ich gelesen hatte, Bücher waren, in denen die Personen Ausländer waren, war ich überzeugt, dass Bücher, von Natur aus, Ausländer enthalten mussten. Und sie mussten von Dingen handeln, mit denen ich mich nicht identifizieren konnte. Nun, dies änderte sich, als ich afrikanische Bücher entdeckte. Es gab nicht viele davon. Sie waren nicht so einfach zu finden wie ausländische Bücher."

Die Geschichte hat ihre komischen Seiten. Aber sie zeigt, wie sehr Geschichten das Weltbild von Kindern gerade in der frühen Kindheit prägen und stereotypisieren können. Wie sah das in meiner Kindheit in den 1950er Jahren aus? Mit welchen Geschichten bin ich aufgewachsen?

Einen reichhaltigen Bilderbuchmarkt wie heute gab es nicht. Bildgeschichten, an die ich mich erinnere, waren die von Lurchi und Mecki. Der Salamander Lurchi war und ist Werbeträger für die gleichnamigen Salamander-Schuhe. Dass er alle seine Abenteuer (bis heute sind etwa 150 Bildgeschichten erschienen) glücklich bestand, dafür sorgten unter anderem die Schuhe. In der Abbildung macht dem Frosch Hopps der Fuß Sorgen. Auch der Doktor weiß keinen Rat, *bis sich flott der Lurchi naht. Dieser ruft: „Hier hilft im Nu / nur ein Salamanderschuh."* Konkretes ist mir von Lurchis Abenteuern nicht im Gedächtnis geblieben. Das geht mir auch so mit den märchenhaften Reiseberichten Meckis und seiner Freunde. Der Igel Mecki selbst war in seiner spießigen Erscheinung keine rechte Identifikationsfigur. Inhaltlich waren die Bände – wenn es um fremde Länder ging – einem kolonialistischen und rassistischen Blick verhaftet, wie beispielsweise das nebenstehende Titelbild *Mecki bei den Negerlein* (Wilhelm Petersen, 1957) zeigt. Und die Texte waren nicht besser: *„Ach", jammerte die Ente Watsch, „wir landen in der Hölle." „In der Hölle?", fragte ich erstaunt. „Wie kommst Du denn darauf?" „Ja", stammelte sie und klapperte aufgeregt mit dem roten Schnabel, „ich sehe nichts als schwarze Teufel." „Aber das sind doch keine Teufel, sondern kleine Negerkinder."*

Heinz Schubert: *Lurchis Abenteuer*
(Bd. 1 und 2, Stuttgart, 3. Aufl. 2017, S. 21)

Wilhelm Petersen: *Mecki bei den Negerlein*
(Hamburg, 1957)

Mecki war – in den 50er und 60er Jahren – eine bundesweit bekannte und beliebte Figur, zum Glück aber nicht die eine (Bild-)Geschichte, die meine frühe Lese-Kindheit prägte. Etwa ab meinem 5. Lebensjahr las ich die damals populären querformatigen Piccolo-Comics, deren Helden Akim, Tibor und Tarzan (allesamt heldenmütige Beschützer des Dschungels und seiner Tiere), Sigurd und Falk (Ritter mit ritterlichem Verhalten) hießen.

Mit diesen Comic-Helden, später mit den Erzählungen Karl Mays *(Winnetou)* und James Fenimore Coopers *(Lederstrumpf)*, wurde ich schon als Kind mit der (auch mörderischen) Rücksichtslosigkeit des sogenannten „weißen Mannes" konfrontiert. Natürlich wird in vielen dieser Geschichten (zum Beispiel mit Winnetou) ein romantisches Bild des edlen Wilden gezeichnet. Aber gesellschaftskritisch und antirassistisch war diese frühe Lektüre allemal.[7] In den Geschichten Tarzans zum Beispiel tauchte der weiße Mann als Gegenentwurf zur Schöpfung auf, verschlagen, gierig, indigene Völker, Natur und Tiere missachtend, letztendlich ein Bild, das in der Gegenwart täglich in den Nachrichten bestätigt wird. Glücklicherweise wurden (anders als in der Realität) die Bösen in diesen Geschichten immer bestraft. Das gab Trost, wie ich ihn ähnlich in den Grimm'schen Märchen finden konnte, in denen das Böse scheiterte und das Gute belohnt wurde.

Auch Tom Sawyer und Huckleberry Finn haben einen festen Platz in meinen literarischen Erinnerungen. Es gibt aber keine Geschichte, die mich als Kind so beeindruckt hat wie Andersens Märchen *Das kleine Mädchen mit den Schwefelhölzern*. Über viele Jahre bis heute habe ich diese kurze Erzählung immer wieder gelesen.

In einer entsetzlich kalten Silvesternacht ist ein kleines Mädchen barfuß und ohne Mütze noch auf der Straße, um Schwefelhölzchen zu verkaufen. Niemand hat ihm seit Tagesbeginn etwas abgekauft. Es schneit und das Mädchen friert. Aber nach Hause traut es sich nicht. Der Vater würde es schlagen, hätte es kein Geld für ihn. Wie gut müsste jetzt ein Schwefelhölzchen tun, denkt es und zündet eines an. Im Licht der Flamme scheint es dem kleinen Mädchen, als säße es vor einem großen eisernen Ofen. Wie wohl die Wärme tut. Aber schon ist das Schwefelhölzchen erloschen. Rasch zündet das Mädchen das nächste an, dann noch eines und noch eines. Immer sind die Flammen von wunderschönen Bildern begleitet.

Mit den letzten Schwefelhölzern erscheint der Kleinen die Großmutter: „‚Großmutter!', rief die

Heldinnen und Helden in aktuellen Bilderbüchern

Der Philosoph

Der Frosch ist die Hauptfigur einer ganzen Reihe von Bilderbuchgeschichten, und diesen einfachst gezeichneten Kerl kann man sofort in sein Herz schließen. In *Frosch und der Fremde* (Velthuijs; vgl. Kap. 8.3) misstraut er Vorurteilen, die seine Freunde Schwein und Ente gegenüber dem neu zugezogenen Fremden, einer Ratte, haben: *„Also, wenn ihr mich fragt, er sieht aus wie eine schmutzige dreckige Ratte"*, sagte Schwein. Und Ente unterstützt ihn in seinen Vorurteilen: *„Mit Ratten muss man vorsichtig sein"*, sagte Ente. *„Die stehlen."* Frosch als sympathische Hauptfigur schaut sich den Fremden selbst an und stellt fest: *„Er schaut wie ein netter Kerl aus."*
Frosch ist ein nachdenklicher Held, der die Urteile anderer überprüft, kritisch mit Vor-Urteilen umgeht und sich dann seine eigene Meinung bildet. *Frosch ist* ein Held, der schon für Jüngere anschaulich und nachvollziehbar in dieses Denken einübt.

Die Überlebensmutige

Den Namen der Heldin erfahren wir nicht. *Das Mädchen von weit weg* (Thor/Jönsson; vgl. Kap. 2.1.4) ist unterwegs, allein, vielleicht auf der Flucht, verlassen und bedürftig. Aber trotzdem nimmt es selbstbewusst sein Schicksal in die Hand. Es klopft in seiner Not beherzt an der Tür einer alten Frau an, bittet um Einlass, bekommt eine Tasse warme Milch, soll dann wieder gehen, fragt trotzdem nach: *„Ich könnte auf dem Boden schlafen (…) falls du noch eine Matratze hast. Oder einfach nur ein Kissen."*  Diese Heldin ist – anders als das *Mädchen mit den Schwefelhölzchen* – wehrhaft, das Ende der Geschichte zeigt das. Das Mädchen ist allein weitergezogen. Die Alte merkt, dass sie es liebgewonnen hat, und folgt ihr. Gemeinsam machen sie sich auf die Suche nach einer neuen lebenswerten Heimat. Unsere Heldin ist ein Vorbild für alle, die auch in schwierigen Situationen nicht rasch aufgeben wollen.

Die vorurteilsfrei Empathische

In *Stromer* (V. / Dubois) geht es um ein Leben ohne festes Zuhause. Wir begleiten einen Obdachlosen durch seinen tristen Tag. Die ungeschönten Szenen und Bilder nehmen uns in dieses andere Leben mit, zeigen Belastungen und Gefühle, die bei der bloßen Begegnung nicht sichtbar werden.

Was aber, wenn der negative Blick auf Obdachlose (die Penner!!!) so übermächtig ist, dass ein Perspektivwechsel überfordert und misslingt? Wenn sich kein Mitgefühl einstellt? Zum Glück gibt es in Bilderbüchern und auch in dieser Geschichte Figuren, die stellvertretend für die Leserinnen und Leser diesen Perspektivwechsel bewältigen.  In *Stromer* ist es ein kleines Mädchen, das mit seiner Empathie die unsichtbare Grenze zu den Obdachlosen überschreitet und damit einen Wendepunkt einleitet. Es geht mit einem Keks zu Stromer, der am Straßenrand sitzt und sich ausruht. *„Magst du meinen Keks?"*, fragt es. *„Du siehst ja komisch aus. Wie ein Teddy!"*

Die Lebensmutige

Eine wirklich taffe Heldin ist die *Rabenrosa* (Bansch; vgl. Kap. 4.2). Die Rabeneltern haben das Mädchen wie selbstverständlich in ihre Familie aufgenommen (ein wichtiger Faktor zur Förderung von Zuversicht und Widerständigkeit[8]) und ziehen es wie ihre anderen Kinder groß. In eine Krise gerät das Mädchen erst, als andere Tiere sie mitleidig und abschätzig betrachten, weil sie so anders aussieht. Und auch das Fliegen gelingt ihr nicht. Während ihre Geschwister schon bald das Nest verlassen, muss sie noch von ihren Rabeneltern durch die Luft getragen werden.
Aber das ändert nichts an Rabenrosas ansteckendem Lebensmut. Statt zu fliegen, klettert sie eben. Sie ist eine Heldin, die uns zeigt: Wo ein Wille ist, da öffnen sich Wege und Möglichkeiten. Dazu haben allerdings auch ihre Rabeneltern beigetragen, die sie in ihrem Anderssein bedingungslos annehmen.

Der Träumer

Mit der märchenhaften Formel *Es war einmal ein kleines Nashorn, das wollte sich die große weite Welt ansehen* beginnt die Geschichte *Kleines Nashorn, wo fährst du hin?* (McKinlay/Rudge; vgl. Kap. 8.4). Und während die großen Nashörner all das machen, was Nashörner eben so machen *(sich wälzen, schubbern, fressen)* schaut unser abenteuerlustiger Held den Booten am Fluss hinterher und träumt von der Ferne. Und gegen alle Einwände der Großen macht sich das kleine Nashorn eines Tages auf den Weg, und es

sieht mehr, als sich ein Nashorn jemals hätte erträumen können. Unser Held steht für all die träumerischen und sehnsüchtigen Kinder, die sich nicht von klein auf dem Alltagstrott der Erwachsenen beugen, stattdessen aber unbedingt wissen wollen, was hinter der nächsten Ecke noch kommt. Er spiegelt ihre unbefangene Neugier auf die Vielfalt in der Welt.

Ein friedlich unbeirrbarer Held

Achtung Ziesel (Bansch; vgl. Kap. 2.3.2) beginnt mit einem Abendkonzert am See. Frosch, Kröte, Fisch, Möwe und viele andere sind dabei. Auch das Ziesel möchte mitmachen. Das wird aber schwierig, denn schon bei der ersten Begegnung wird es von den Chormitgliedern als feindlicher Eindringling ausgemacht: *„Ein Ziesel, bringt euch in Sicherheit!"* Und was das Ziesel fortan zur Kontaktaufnahme auch unternimmt, immer werden ihm Hindernisse in den Weg gelegt.

Unbeirrbar bleibt unser Held trotzdem bei seinen freundlich zugewandten Besuchen. Die Gemüter erhitzen sich immer mehr, der Biber ruft schließlich zur Schlacht auf, da platzt auch dem Ziesel der Kragen: Es will sich doch nur zum Chor anmelden. Bewundernswert, wie freundlich sich unser Held bei all der Ablehnung noch zeigt. Und wie er sich damit unbeirrbar durchsetzt.

Der emphatisch Einsichtige

Der Junge und der Fisch (Velthuijs; vgl. Kap. 4.3) erzählt die Geschichte einer beinahe misslungenen Freundschaft. Der Junge angelt eines Tages den lange erträumten großen Fisch, nimmt ihn mit nach Hause und versucht, ihm ein guter Freund zu sein, liest ihm abends zum Beispiel Geschichten vor. Aber in der ungewohnten Umgebung wird der Fisch krank. Für ihn ist es *unmöglich, in einer Badewanne glücklich zu sein*. Auch Medizin und ein Verband helfen nicht. Zum Glück hat unser Held Verständnis für seinen Freund. Er ist zwar traurig, bringt den Freund aber zurück zum See. „Und als der Junge sag, wie vergnügt der Fisch mit den Flossen schlug und … herumschwamm, da war auch er glücklich."

Der Gierige – ein Antiheld

Beim Antihelden ist es gerade seine Schwäche, die sympathisch wirkt und zur Identifikation einlädt. Und Schwächen hat der Held in *Das ist mein Baum* (Tallec), ein Eichhörnchen, allemal – und nicht zu wenige. Gierig umfasst das Tier *seinen* Baum und *seine* Zapfen. Zwanghaft und besessen stellt es sich vor, wie andere auf seinen Besitz Anspruch erheben. Aber mit nichts und niemandem möchte es teilen. Eine Mauer muss her, so hoch, dass man nicht hinaufkommt, und so lang, dass man nicht drum herumlaufen kann. Ob der überraschende Schluss zur Umkehr führt? Auch abschreckende Vorbilder sind Vorbilder, umso mehr, als das Eichhörnchen wirklich sympathisch gezeichnet daherkommt. So wird eindringlich klar, wie einsam Besitzgier machen kann.

Kleine, ‚oh, nimm mich mit dir! Ich weiß, dass du verschwindest, sobald das Schwefelholz ausgeht, verschwindest, wie der warme Kachelofen, der köstliche Gänsebraten und der große flimmernde Weihnachtsbaum!' Schnell strich sie den ganzen Rest der Schwefelhölzer an, die sich noch im Schächtelchen befanden, sie wollte die Großmutter festhalten; und die Schwefelhölzer verbreiteten einen solchen Glanz, dass es heller war als am lichten Tag. So schön, so groß war die Großmutter noch nie gewesen. Sie nahm das kleine Mädchen auf ihren Arm, und hoch schwebten sie empor in Glanz und Freude; Kälte, Hunger und Angst wichen von ihm – sie war bei Gott.

Aber im Winkel am Hause saß in der kalten Morgenstunde das kleine Mädchen mit roten Wangen, mit Lächeln um den Mund – tot, erfroren am letzten Tage des alten Jahres. Der Morgen des neuen Jahres ging über der kleinen Leiche auf, die mit den Schwefelhölzern, wovon fast ein Schächtelchen verbrannt war, daß. ‚Sie hat sich wärmen wollen', sagte man."[9]

„Geschichten treiben uns um", schreibt Manfred Spitzer in seinem Buch *Lernen – Gehirnfor-*

schung und die Schule des Lebens (S. 35).[10] Sie stiften Zusammenhang und werden erinnert, vor allem dann, wenn wir sie mit unseren eigenen Erfahrungen verbinden können (vgl. ebd. S. 416 f.).[11] Wenn ich Erinnerungen an die Lektüre dieser Geschichte aufsteigen lasse, taucht Mitleid mit dem Schicksal des Mädchens auf, Zorn über den Vater, der sein Kind so im Stich lässt, Zorn über eine Welt, in der es Unanständig-Reiche und Bitter-Arme gibt und – das scheint mir im Nachhinein der Schlüssel zum Verständnis meiner Wiederholungslektüre – auch Unverständnis gegenüber dem Mädchen, das sich, so schien es mir, so in sein Schicksal fügt, ohne aufzubegehren, ohne sich selbst auf den Weg zu machen. Das sollte mir, der ich bei meiner Großmutter aufwuchs und mich von meinen Eltern oft schlecht behandelt fühlte, nicht passieren.

Bilderbücher sind also – auch – Kinder ihrer Zeit. Ich denke dabei zurück an die 1960er und 1970er Jahre. Angestoßen unter anderem durch die Studentenbewegung, änderten sich gesellschaftliche Wertvorstellungen, was sich auch in den Kindergeschichten der damaligen Zeit spiegelte. Ich erinnere mich noch an die Bilderbücher, die ich meiner 1969 geborenen ältesten Tochter vorgelesen habe, zum Beispiel Maurice Sendaks *Wo die wilden Kerle wohnen*.

Max hämmert mit wütendem Gesicht Nägel in die Wand. Dann jagt er lachend einen kleinen Hund durchs Haus. Er hat nur Unfug im Kopf, ein Streit mit seiner Mutter beginnt. Max gibt Widerworte, trotzt, wird in sein Zimmer verbannt und muss ohne Essen ins Bett. Dann wächst ein Wald in seinem Zimmer. Und plötzlich sind da auch ein Meer und ein Schiff, und Max segelt bis zu dem Ort, wo die wilden Kerle wohnen. Die wilden Kerle machen Max zu ihrem König, und hier kann er seine Lust am ausgelassenen, grenzüberschreitenden Toben ausleben. Die Kerle sind in ihrer fröhlich herumtollenden Unbekümmertheit recht sympathisch gezeichnet. Und so wird auch das Ungestüme und Wilde in Max (sein anderes Ich) im Bild zu etwas Annehmbarem, mit dem sich die kindlichen Leserinnen und Leser identifizieren dürfen. Dann bekommt unser Held aber Heimweh, möchte dahin zurück, wo ihn jemand am allerliebsten hat, segelt zurück und kommt schließlich wieder zuhause in seinem Zimmer an. Und hier wartet doch noch ein warmes Abendbrot auf ihn. Wer möchte nicht mit diesem Gefühl, bedingungslos gemocht zu werden, einschlafen? Das Buch aus dem Jahr 1967 regte zu einem anderen Umgang mit kindlichem Trotz an und fiel damit aus dem damals üblichen Erziehungsstil heraus.[12]

Mit dem Titel *Gute Nacht, Willi Wiberg* von Gunilla Bergström begann 1972 eine Bilderbuchreihe, die ihrer Zeit weit voraus war. Die Alltagsgeschichten von Willi, der bei seinem liebenswerten und etwas zerstreuten alleinerziehenden Vater aufwächst, zeigten und zeigen, dass auch Väter Kinder großziehen können und dass es auch außerhalb der traditionellen Familie ein liebevolles Miteinander von Kindern und Erwachsenen gibt.

Bilderbücher – nicht alle, aber manche – greifen aktuelle gesellschaftliche Entwicklungen auf – zum Beispiel das Thema Flucht und Flüchtlinge. Sie zeichnen dabei auch Wünschenswertes vor. Bilderbücher sind immer auch Vor-Bilderbücher. Wer Kindern Bilderbücher vorliest und sie gemeinsam mit ihnen anschaut – sei es zuhause oder in Kita und Schule –, der bietet Welt-Bilder und Vorbilder an, für Offenheit, Toleranz und soziale Fantasie, für Eigen-Sinn, Widerständigkeit und Solidarität – oder eben auch nicht. Er erweitert den kindlichen Erfahrungshorizont oder grenzt ihn durch Stereotype ein. Es ist nicht unerheblich, welche Bilderbücher Kinder in die Hand nehmen.

2.3 Was ist ein gutes Bilderbuch?

Bilderbücher – wie andere Medien auch – beeinflussen kindliches Denken. Sie bieten mit ihren Heldinnen und Helden Identifikationsfiguren an, üben ein in Toleranz und Empathie, oder eben auch nicht. Die Frage stellt sich also: Wie wählen wir aus? Was macht ein Bilderbuch – auch mit Blick auf unser Thema „Heimat und Zuhause" – zu einem guten Buch? Um Antworten auf diese Frage geht es im folgenden Kapitel.

2.3.1 Die Darstellung der Welt im Bilderbuch: Ausschnitt oder Vielfalt

Du siehst nicht wirklich die Welt, wenn du nur durch dein eigenes Fenster siehst.
Sprichwort aus der Ukraine[13]

Wir beginnen mit einem Blick darauf, was im Bilderbuch dargestellt wird. Was ist der Inhalt von Text, Bildern und ihrem Zusammenspiel? Was bekommen Kinder hier von der Welt zu sehen? Einen kleinen Ausschnitt? Ein vielschichtiges Bild?

Wir können nie alle Aspekte einer Sache gleichzeitig in den Blick nehmen. Wie sollte das gehen? Auch Bilder und Geschichten können zu einem Thema wie „Zuhause" nur einen Ausschnitt zeigen. Aber in welcher Beziehung steht dieser Ausschnitt zum Lebensalltag der Kinder, mit denen wir arbeiten? Gibt es Teile der Wirklichkeit, die ausgegrenzt werden? Die folgenden Beispiele zum Thema „Zuhause sein und Heimat haben" können dafür unsere Wahrnehmung schärfen.

Ach so heißt das! Mein Zuhause (Raab/di Chiara) kommt im Stil eines Wimmelsachbuches daher. Die einzelnen aufklappbaren Doppelseiten erlauben uns einen Besuch in den verschiedenen Zimmern. Das Kinderzimmer ist riesig, mit genug Platz für ein großes Papphaus! Wir blättern weiter zur Küche, zum Elternschlafzimmer, zu einem vollgestopften Jugendzimmer, ebenfalls riesig groß, mit Kleiderschrank und Sofa, Schreibtisch und Gästebett. *Unsere Wohnung ist nicht so groß*, entschuldigt sich die Mutter bei einer Besucherin. Aber tatsächlich mangelt es an nichts. Auch Details – das kleine Mädchen im Kinderzimmer liest seinem Kuscheltier vor – zeigen: Wir sind bei einer bildungsnahen und gut situierten Familie. Das Kind getrennt lebender Eltern, das in beengten Verhältnissen groß wird, das Kind einer Hartz-IV-Familie (in Bremen war das in 2017 fast jedes dritte Kind[14]), das Flüchtlingskind, das mit seinen Eltern ein Zimmer teilt, alle diese Kinder werden sich hier nicht wiedererkennen. Das muss man dem Buch nicht vorwerfen. Es zeigt ja einen Ausschnitt, den es gibt. Wenn ich allerdings mit Kindern arbeite, in deren Leben so ein *Zuhause* gar nicht vorkommt, laufe ich Gefahr, das tatsächliche Leben der Kinder außer Acht zu lassen. Was denken Kinder von ihrer Welt, wenn diese nie im Bilderbuch auftaucht? Ist ihre Welt nicht erzählenswert? Und wenn ausschließlich Bilderbücher wie *Ach so heißt das! Mein Zuhause* den Markt bestimmen, wird der Lebensalltag vieler Kinder ausgeblendet. Warum kommen in solchen Sach-

Zum Weiterlesen
Kriterien zur Beurteilung der Qualität eines Bilderbuches finden sich ausführlich in:
- Jochen Hering:
  Kinder brauchen Bilderbücher.
  Seelze: Klett/Kallmeyer,
  2. Auflage 2018, S. 174 ff.

Aus: *Zuhause* (Ellis)

Aus: *Zuhause auf dem Bauernhof*
(Sébastien Braun, Bamberg 2018)

bilderbüchern keine Verhältnisse vor, in denen Kinder sich ein Bett mit ihrem Geschwisterchen teilen, keinen richtigen Platz für ihre Spielsachen und später auch keinen für ihre Schularbeiten haben?[15] Da geht das interkulturelle, realistisch-fantastische Bild-Sachbuch *Zuhause* von Carson Ellis (vgl. Kap. 3.2) einen anderen Weg. Auf jeder Doppelseite taucht eine andere Art von Zuhause auf. *Zuhause* kann auf dem Land sein, in der Stadt und sogar auf dem Wasser. Manche leben in Palästen, andere, wie der abgebildete kenianische Schmied, in einfachen Wellblechhütten.

Dieses Bilderbuch grenzt niemanden aus. Im Gegenteil! Die Bilder mit den sparsamen Titeln machen neugierig. Was für ein Leben steckt hinter dem jeweiligen Zuhause? Wie leben die Musiker wohl, die auf der Seite *Manche leben unterwegs* gerade einen Reisebus verlassen haben? Und die Bilder sind ein wunderbarer Gesprächsanlass, um unbefangen über das eigene Zuhause und über *Zuhause-Wünsche* zu sprechen. Auch in diesem Bilderbuch begegnen wir nur Ausschnitten. Die aber regen an und öffnen uns für die Wahrnehmung der Vielfalt in der Welt.

Weniger erhellend dagegen ist der Ausschnitt, den wir im Bilderbuch *Zuhause auf dem Bauernhof*[16] zu sehen bekommen. Hühner rennen über den Hof, zwei Schweine haben einen eigenen Auslauf. Auf den nächsten Seiten flitzen Schafe und Lämmer über eine Wiese, auf einem Teich schwimmen Enten und Gänse. In überschaubaren Beeten sind Möhren und Salate angepflanzt, im Garten werden Äpfel und Birnen gepflückt. Was Kinder hier zu sehen bekommen, ist ein Bauernhof-Zuhause, das es so nur selten bis gar nicht gibt, vielleicht als Biohof im Nebenerwerbsbetrieb oder als Ferienbauernhof, auf dem ein Erlebnisurlaub gebucht werden kann. Der Text auf der ersten Seite suggeriert etwas anderes, er legt nahe, dass Bauernhöfe so sind: *Auf einem Bauernhof ist immer viel los! Es gibt das ganze Jahr über viel zu sehen und zu tun.*

Das Bilderbuch ist idyllisch, aber realitätsfern.[17] Bei Bauernhöfen handelt es sich heute meist um spezialisierte Großbetriebe. Wir bekommen eine heile Welt gezeigt, in der Kindern wie Eltern etwas vorgespielt wird. Käme dieses Bilderbuch mit dem Titel *Zuhause auf dem Ferienbauernhof* daher, wäre das in Ordnung. Andersfalls werden Kinder „hinters Licht" geführt.

2.3.2 Die Offenheit des Erzählten als wichtiger Teil einer Geschichte

Die Anhänger des Offensichtlichen, des Selbstverständlichen und dessen, „was wir alle eh schon wissen", sind (…) falsche Dichter.
Zygmunt Baumann[18]

Warum gibt Eric Carles *Kleine Spinne* den anderen Tieren auf ihre freundliche Einladung zum Spiel keine Antwort? Was ist los mit der Spinne? Wir müssen uns beim Lesen die Antwort auf diese Frage selbst geben, oder es entsteht keine vollständige Geschichte. Auch Sendaks berühmter Longseller *Wo die wilden Kerle wohnen* irritiert und wirft Fragen auf. Wieso wächst – nach dem trotzigen Streit mit seiner Mutter – auf einmal ein Wald in Max' Zimmer? Max segelt zu den wilden Kerlen, die ihn zu ihrem König machen. Warum bekommt er trotzdem Heimweh?

Gute Bilderbücher sind nicht auserzählt, sie enthalten Unbestimmtheiten.[19] Wir müssen als Leserinnen und Leser selbst mit unseren Gedanken und Gefühlen hinzukommen, damit aus dem Erzählten eine Geschichte wird. Das zeigt sich nicht nur im Text, sondern auch in den Bildern. Bei guten Bilderbüchern sind auch sie hier und da mehrdeutig und wollen entschlüsselt sein. Gute Bilderbuchgeschichten zeigen uns die Welt, wie sie ist. Da gibt es die Sehnsucht nach der Fremde und die Angst vor dem Fremden. Es gibt Hilfsbereitschaft und Ausgrenzung, Toleranz, Vielfalt und Vorurteile. Und es gibt Dinge, die uns irritieren und verwundern, die wir auf Anhieb nicht verstehen. Solche Leerstellen müssen wir auflösen, damit eine Geschichte entsteht. Gute Bilderbücher machen uns zu Miterzählern und Miterzählerinnen.

In der bereits erwähnten Geschichte *Achtung Ziesel!* (Bansch) geben die Tiere am See Tag für Tag ein Abendkonzert. Das Ziesel, neu dort angekommen, möchte sich zum Chor der Tiere anmelden. Aber das gelingt ihm zunächst nicht: Eines Abends, mitten im Konzert, schrie plötzlich die Möwe: „Ein Ziesel! Bringt euch in Sicherheit!" Die anderen wittern im Neuankömmling einen Feind, bauen ihr Zuhause zu einer Festung aus und verwickeln das Ziesel in kriegerische Auseinandersetzungen. Es dauert lange, bis es gelingt, das Missverständnis aufzulösen.

Warum war das so schwierig? Wie konnte es überhaupt zu diesem Irrtum kommen? Warum begegneten die anderen Tiere dem Ziesel nicht von Beginn an freundlich? Und der Wendepunkt ganz am Ende stellt uns zusätzlich auf die Probe: *Eines Abends, mitten in der Abendvorstellung, schreit plötzlich die Möwe: „Ein Uhu! Bringt euch in Sicherheit!"*[20] Wie geht es jetzt weiter? Haben die Tiere etwas dazugelernt? Was macht das Ziesel?

In *Neues Zuhause gesucht!* (Chambers/Wilson; vgl. Kap. 6.4) muss eine Gruppe von Pinguinen die vertraute Heimat verlassen. Sie reisen übers Meer und betreten eine neue Welt. Der Erzähler, ein kleiner Pinguin, findet rasch neue Freunde. Aber nicht alle können sich neu beheimaten. Woran liegt das? Die Bilder (die neue Heimat ist so ganz anders als die alte) geben Hinweise. Aber der Text verrät uns nichts darüber. Wir müssen uns selbst Gedanken machen. Vielleicht können Kinder, die aus anderen Ländern zu uns gekommen sind, etwas dazu erzählen: Was kann es schwer machen, sich neu zu beheimaten?

Es war einmal ein Entchen, das lebte an einem Teich. Es schwamm im Wasser umher, es tauchte oder watschelte durchs Gras am Ufer. Nachts

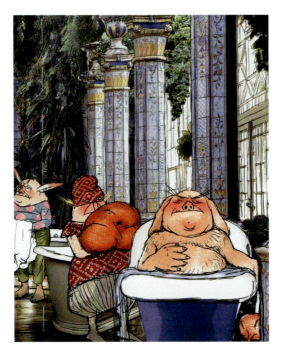

Aus: *Das Entchen und der große Gungatz* (Recheis/Bydlinski/Sancha)

schlief es im Schilf. Ganz harmlos beginnt das Märchen *Das Entchen und der große Gungatz* (Recheis/Bydlinski/Sancha). Aber schon auf der nächsten Seite ahnen wir als geübte Leserinnen und Leser den kommenden Konflikt: *Es war einmal ein großer Gungatz, der lebte mit seiner Dienerbande in einem großen Haus. In seinem Badezimmer standen sieben Badewannen – für jeden Tag der Woche eine.* Und dann eines Tages will der große Gungatz auch noch im Teich des Entchens baden. Also schickt er seine Dienerbande aus. Die vertreibt das Entchen, das sich daraufhin traurig-trotzig auf den Weg zum großen Gungatz macht: *„Großer Gungatz, du bist reich, / ich hab nur den kleinen Teich. / Ich bin so gern darin geschwommen. / Gib mir meinen Teich zurück."* Der Fuchs am Wegrand warnt unsere Heldin: *„Der Gungatz ist groß, / und du bist klein. / Entchen, Entchen, / lass das sein!"*

Krieg, rücksichtslose Ausbeutung der Natur und damit verbundener Klimawandel gehören zum Geflecht globaler Fluchtursachen. Und hinter alldem steckt als wesentlicher Grundzug krankhafte Gier. Darum geht es in diesem Märchen, das – wie alle Märchen – am Ende die Guten belohnt und die Bösen bestraft. Aber woher kommt diese Gier beim doch so reichen großen Gungatz? Das bleibt offen. Wir müssen nach der Antwort suchen. Vielleicht befragen wir uns selbst: Sind wir ab und an auch gierig? Wie kommt es dazu? Ist großzügig und freigiebig das Gegenteil von gierig? Sind wir manchmal auch großzügig? Wann und warum?

Die Geschichte *Frosch und der Fremde* (Velthuijs; vgl. Kap. 8.3) hat zunächst ein glückliches Ende. Ratte wird ein wundervoller neuer Freund, *immer gut gelaunt und immer da, wenn jemand Hilfe brauchte. Er schlug die wunderbarsten Dinge vor, zum Beispiel ein Picknick am Fluss oder einen Ausflug in den Wald.* Und in dieser glücklichen Stimmung könnte die Geschichte auch enden, wenn nicht Ratte – für die Freunde überraschend und auch niederschmetternd – eines Tages beschlossen hätte weiterzuziehen: *„Wohin gehst du?", fragte Frosch voller Verwunderung. „Es ist Zeit, weiterzuziehen", sagte Ratte. „Vielleicht gehe ich nach Amerika. Dort war ich noch nie."* Was ist hier los? Da hat Ratte Freunde und ein neues Zuhause gefunden, und dann zieht er doch weiter! Ist er zu neugierig, um zu bleiben? Ist das Abenteuerlust? Kennt Ratte kein Heimweh?

Schlechte Bilderbücher kennen die Offenheit der zuletzt vorgestellten Geschichten nicht. Hier ist im Text alles eindeutig, für eigenes Denken und Empfinden gibt es keinen Raum.[21] Was der Leser vom Erzählten zu halten hat, wird ihm fertig vorgesetzt. Ein Beispiel dazu ist die im Selbstverlag erschienene Geschichte von der kleinen Ente und den neuen Nachbarn von Lea Verde[22]. Eine Gruppe fremder Enten mit andersfarbigen Schnäbeln als die einheimischen kommt eines Tages am Teich an. Die Neuen stehen später auf, essen zu ganz anderen Zeiten und haben einen anderen Schwimmstil. Dann rettet eine der Neuen ein Junges der Einheimischen aus einer Mausefalle. Und so endet die Geschichte: „Wir sind den fremden Enten wirklich dankbar, dass sie dir geholfen haben. Und das, obwohl wir die ganze Zeit so wenig freundlich und wenig hilfsbereit waren. Das sollte uns wirklich eine Lehre sein", meinte Papa Ente. „Von jetzt an helfen wir uns auf jeden Fall gegenseitig."[23] Worüber sollten Kinder jetzt noch nachdenken?

2.3.3 Erzählende Bilder

Kunst gibt nicht das Sichtbare wieder, sondern Kunst macht sichtbar.

Paul Klee[24]

Die eigentliche Sprache des Bilderbuches ist die der Bilder. Während der Text vor allem den äußeren Rahmen der Handlung mitteilt, zeigen uns die Bilder die genauen Schauplätze des Geschehens, die Gefühle der Beteiligten, und sie erzählen in ihrer besonderen Sprache von der inneren Handlung. Anspruchsvolle Geschichten werden so schon für Jüngere qua Anschauung – das Geschehen steht ja vor Augen – nachvollziehbar. Bilderbücher fördern das Verständnis von Geschichten und erweitern – in der Verbindung von Wort und Bild – auch das sprachliche Verstehen.[25]

In guten Bilderbüchern sind die Bilder mehr als die Illustration eines Textes. Die Bilder erzählen eigenständig. Mit ihrer besonderen Farb- und Formsprache transportieren sie Bedeutungen. Warme Farben vermitteln Geborgenheit. Ein grelles Rot zum Beispiel signalisiert Gefahr. Schwarz, gepaart mit dunklen Farben, verweist auf Bedrohliches. Größenverhältnisse und Perspektivik können Macht und Ohnmacht zum Ausdruck bringen.

Bestimmt wird alles gut (Boie/Birck) erzählt auf Deutsch und Arabisch von der Flucht aus der Stadt Homs (Syrien) nach Deutschland. Der Text ist untypisch lang für ein Bilderbuch, und dennoch bliebe ohne die Bilder vieles ungesagt. Für den letzten Reiseabschnitt fehlt den Flüchtlingen das Geld für die Fahrkarten.

Der Text erzählt uns: *„Jetzt fahren wir nach Deutschland", hat Papa gesagt. Dann hat er sich zu den Kindern nach unten gebeugt. „Aber pssst! Wir haben keine Fahrkarten! So viel Geld hatte ich nicht mehr in der Hosentasche."*

Schauen wir uns das Bild dazu an: Die Menschen rundherum sind als graue Masse gezeichnet. Die Familie ist also allein und auf sich ge-

Aus: *Bestimmt wird alles gut* (Boie/Birck; Bildausschnitt)

Aus: *Die Flucht* (Sanna; Bildausschnitt)

Aus: *Mein Weg mit Vanessa* (Karascoet)

stellt. Der Vater hat den Finger auf die Lippen gelegt, er wirkt wie einer, der Schwierigkeiten meistern kann. Die beiden Ältesten schauen ihn mit einer Mischung aus Vertrauen und Beunruhigung an. Das Kleine auf dem Schoß der Mutter dagegen breitet lachend die Arme aus. Es kann die Situation noch nicht einschätzen, inmitten der Familie fühlt es sich aber natürlich geborgen. Nichts davon finden wir im Text. Das alles erzählt uns das Bild.

Das Bilderbuch *Die Flucht* (Sanna) beginnt mit dem Ausbruch des Krieges. Der Vater stirbt, die Mutter verlässt mit ihren Kindern die Heimat. Lange sind sie unterwegs – mit dem Auto, auf Lastwagen, mit dem Fahrrad, schließlich zu Fuß –, bis sie endlich zur Grenze kommen. Doch die Wächter lassen sie nicht durch. Sie verstecken sich im Dunkel des Waldes: *Wir laufen und laufen, bis ein Mann auftaucht, den wir noch nie gesehen haben. Er sagt, er wolle uns helfen. Mama gibt ihm Geld, und er bringt uns über die Grenze. Es ist dunkel, und so sieht uns niemand.*

Das Bild zu diesem Text wirkt märchenhaft unheimlich. Eine übermächtige schwarze Gestalt hebt Mutter und Kinder über die Grenzmauer. Das Schicksal der Familie liegt – anschaulich ins Bild gesetzt – in den Händen dieses schwarzen Riesen. Seine Größe symbolisiert das bedrohliche Ausgeliefertsein der Familie an den Schleuser.

Auch wenn solche Deutungen den betrachtenden Kindern kognitiv entgehen, im konkreten, sozusagen wörtlich zu nehmenden Bild wird die emotionale Bedeutung des Geschehens (eine Art Tiefenschicht der Erzählung) sichtbar und schon für Jüngere im Kontext der Geschichte verständlich. „Verstehen" bedeutet hier nicht, dass jüngere Kinder diese Symbolik bereits ausdeuten und übersetzen könnten. Vielmehr entwickeln sie eine Ahnung von dem, was gemeint ist (*feeling of knowing*[26]).

Mein Weg mit Vanessa (Karascoet; siehe Kap. 9.3), eine schon oben vorgestellte Geschichte von Ausgrenzung und Solidarität, kommt ganz ohne Text aus. Das Bild hier zeigt das Ende der Geschichte. Das Mädchen im gelben Kleid hat am Morgen das Mobbing-Opfer zum gemeinsamen Schulweg abgeholt. Immer mehr Kinder haben sich den beiden angeschlossen. Und – in der Vogelperspektive kommt es deutlich zum Ausdruck – im Strom der Kinder wird der Sog ihres solidarischen Handelns sichtbar.

In guten Bilderbüchern vermitteln die Bilder Sprach- und Weltverstehen, beteiligen uns lebendig an den Gefühlen der Figuren der Geschichten und fördern unsere Empathie durch das Erzählen der inneren Handlungen.

Anmerkungen

1 Christine Nöstlinger: Mein Partisanentraining in Sachen Heimat, in: Wilhelm Solms (Hrsg.): *Dichtung und Heimat. Sieben Autoren unterlaufen ein Thema.* Marburg 1990, S. 66.
2 https://www.studienscheiss.de/zitate-albert-einstein/ [15.6.2020].
3 https://www.studienscheiss.de/zitate-albert-einstein/ [15.6.2020].
4 Vgl. die Unterrichtsvorschläge in: Jochen Hering: *Krieg und Frieden im Bilderbuch*, in: Krieg und Frieden, *Die Grundschulzeitschrift* 11/2018, S. 39–44.
5 Zit. n. https://www.geo.de/geolino/17799-rtkl-zitate-die-schoensten-zitate-von-astrid-lindgren [26.1.2019].
6 Die hier zitierten Ausschnitte sind aus dem Beginn eines lesenswerten Vortrags der Autorin. https://www.ted.com/talks/chimamanda_adichie_the_danger_of_a_single_story/transcript?language=de#t-103518 (Übers.: Katja Tongucer) [17.12.2020].
7 Kritikwürdiges gab es in diesen Romanen natürlich auch, bei Karl May etwa wird das Christentum wertend über andere Religionen gestellt.
8 Vgl. hierzu Literatur aus der Resilienzforschung bzw. Salutogenese, zum Beispiel: Eckhardt Schiffer: *Wie Gesundheit entsteht: Salutogenese.* Weinheim 2001.
9 Quelle dieser Version des Märchens: https://www.mit-erzaehlen-schule-machen.germanistik.uni-muenchen.de/downloads/erzaehlgut/nicht-grimm/andersen_maed_schwefelhoelz.pdf [8.12.2020].
10 Manfred Spitzer: *Lernen. Gehirnforschung und die Schule des Lebens,* Heidelberg 2009, S. 35.
11 Vgl. ebd. S. 416 f.
12 Ich kann mich noch an ein Klassentreffen aus den 70er Jahren erinnern, wo ein Mitschüler, mittlerweile Leiter einer Sparkassenfiliale, bei seinem Lebensbericht davon erzählte, jetzt Kinder zu haben, die schon früh in den Kindergarten gingen, und das mit den Worten begründete: „Man kann den Willen von Kindern ja nicht früh genug brechen!"
13 https://www.aphorismen.de/zitat/221086 [16.6.2020].
14 Vgl. https://www.weser-kurier.de/bremen/bremen-stadt_artikel,-jedes-dritte-kind-in-bremen-lebt-von-hartz-iv-_arid,1716502.html [8.2.2019].
15 Eine Neuerscheinung stellt hier eine lobenswerte Ausnahme dar: Tanja Székessy: *Mio war da!* Leipzig 2019. Ein Kuscheltier besucht alle Kinder einer Klasse – und eine Vielfalt an auch kritischen Familienverhältnissen tut sich vor den Leserinnen und Lesern auf.
16 Sébastien Braun: *Zuhause auf dem Bauernhof.* Bamberg 2018.
17 Ein neu erschienenes Sachbilderbuch zeichnet mit realistisch-einfühlsamen Bildern das wirkliche Leben der Bauernhoftiere nach: Lena Zeise: *Das wahre Leben der Bauernhoftiere.* Leipzig 2020.
18 Zygmunt Baumann: *Flüchtige Moderne*, 8. Aufl. 2017, S. 237.
19 Der Fachbegriff hierfür lautet Leerstellen. Vgl. Jochen Hering: Leerstellen und das Denken in Möglichkeiten. Bilderbücher und Philosophieren mit Kindern, in: *Grundschulunterricht Sachunterricht* 1/2010, S. 11–15; Vgl. Jochen Hering, Leerstellen und das Denken in Möglichkeiten, a. a. O.
20 Leider steht da noch: *Aber diesmal läuft alles ganz anders.* Diesen allerletzten Satz hätte es nicht gebraucht. Wie viel spannender, die eigenständigen Überlegungen von Kindern zur Geschichte gar nicht einzuschränken.
21 Vgl. Jochen Hering: *Kinder brauchen Bilderbücher. Erzählförderung in Kita und Grundschule.* Seelze, 2. Aufl. 2018, S. 135 ff: Geschichten ohne Bedeutsamkeit.
22 Lea Verde: *Ohne Ort*. 2016.
23 Vgl. zu weiteren Beispielen schlechter Bilderbuchliteratur: Jochen Hering: *Kinder brauchen Bilderbücher,* a. a. O., S. 137 ff.
24 Zit. n. http://zitate.net/kunst-zitate [18.1.2021].
25 Die bewegten Bilder aus Fernsehen und Internet sind für Jüngere leider in keinster Weise förderlich. Vgl. dazu ausführlich „Fernsehen, Spielkonsole und Bilderbuch im Vergleich" in: Jochen Hering: *Kinder brauchen Bilderbücher,* a. a. O., S. 115 ff.
26 Vgl. hierzu und zum Folgenden: „Inneres ins Bild setzen. Psychologie im Bilderbuch", in: ebd., S. 159 ff.

Praktische Arbeit mit Bilderbüchern in Grundschule und Kita

*Wenn ich an die Zukunft dachte,
träumte ich davon, eine Schule zu gründen,
in der junge Menschen lernen können,
ohne sich zu langweilen (...), in der man
nicht studiert, um Prüfungen zu bestehen,
sondern um etwas zu lernen.*

Karl Raimund Popper[1]

Dieses Arbeitsbuch möchte Sie in Ihrer Arbeit mit einer Kindergruppe und einem jeweils gerade aktuellen Thema unterstützen. Vielleicht interessiert die Kinder und Sie gerade die Frage, was ein „gutes" Zuhause ausmacht. Dann finden Sie im Kapitel 4 *(Wann sind wir Zuhause? Vertrautheit, Geborgenheit)* geeignete Bilderbücher und Anregungen. Sind in Ihrer Gruppe/Klasse vielleicht Kinder, die gerade umgezogen sind? Darum geht es im Kapitel 6 *(Heimweh und Heimat-Weh)*. Bilderbuch-Fluchtgeschichten bietet das Kapitel 7 und *Begegnungen mit dem Fremden* Kapitel 8.

Sternchen: Anspruchsniveaus

Um ihnen die Auswahl von Bilderbüchern aus den einzelnen Kapiteln für ihre jeweilige Klasse/Kindergruppe zu erleichtern, habe ich eine Einteilung in „einfach" (★), „anspruchsvoll" (★★) und „herausfordernd" (★★★) vorgenommen. Kriterien für diese Einordnung waren das für das Verständnis der Geschichte notwendige Weltwissen, sprachliche Komplexität und Textlänge, einfache bzw. verschlüsselte Bildsprache, überschaubare bzw. komplexe Handlung.[2] Die Kategorien von „einfach" bis „herausfordernd" sollen Ihnen eine erste Orientierung bieten. Die endgültige Entscheidung für ein Buch wird sinnvollerweise mit Blick auf ihre jeweilige Kindergruppe und – je nach Situation und Anliegen – auch gemeinsam getroffen.

Zu den einzelnen Bilderbüchern gibt es wiederum differenzierte Arbeitsaufgaben, „einfache" (★), „anspruchsvolle" (★★) und „herausfordernde" (★★★). Um ein Beispiel zu geben: Aus dem Kapitel *Heimweh und Heimatweh* haben Sie als Lehrkraft einer 1. Klasse das Buch *Pip und Posy sagen Gute Nacht* als altersgemäße und mit Blick auf Ihre Lerngruppe einfache Geschichte ausgewählt. Bei den Arbeitsaufgaben gibt es einmal gemeinsames Erzählen im Stuhlkreis zum Thema Heimweh (★), eine Aufgabe, die auch von sprachlich ungeübten Kindern bewältigt werden kann. Dagegen ist das Verfassen eines Rezeptes gegen Heimweh anspruchsvoller (★★).

Methoden

Kreatives Erzählen und Schreiben, philosophisches Nachdenken, handwerkliches und künstlerisches Arbeiten im Umgang mit Literatur kommen in der Schule oft zu kurz. Dem wirkt dieser Praxisband mit der Auswahl seiner Aufgaben und Arbeitsideen entgegen. Sie finden Bilderbuchdialoge und pantomimisches Erzählen, Interviews mit literarischen Figuren, das Verfassen von Akrostichen und Haikus, die Gestaltung von Plakaten, Memorys und Dioramen. Insgesamt spiegelt der Praxisteil ein vielfältiges, erlebnis- und handlungsorientiertes gemeinsames[3] Lernen mit *Kopf, Herz und Hand* (J. H. Pestalozzi), das bei den Kindern Lernlust freisetzt.

Die Methoden, die im Praxisteil benutzt werden, sind in der Übersicht zu Beginn jedes Kapitels angegeben. In Kapitel 11 finden Sie eine Übersicht über die in diesem Buch verwendeten Methoden mit zusätzlichen Hinweisen.

Projektideen

Mit diesem Symbol sind Aufgabenvorschläge gekennzeichnet, die als Projektidee geeignet sind

Arbeit an einem Kratzbild zum Bilderbuch *Rabenrosa* (Kita Bremen 2020)

mit entsprechend selbstständigem Lernen und erhöhtem Zeitaufwand[4]. Es kann dabei um die Gestaltung eines eigenen Bilderbuchs gehen (z. B. in Kap. 4.3: *Der Junge und der Fisch*), um ein Theaterstück (in Kap. 4.4: *Post vom Erdmännchen*) oder einen Trickfilm (in Kap. 7.3: *Willibarts Wald*).

Schulbesuche für Praxisversuche waren im Jahr 2020 wegen der Pandemiebestimmungen nicht möglich – die Zusammenarbeit mit Lehrerinnen und Lehrern war durch Lockdown, Homeschooling und Beschränkung auf digitale Lernplattformen eingeschränkt. Einige haben trotzdem noch die Zeit gefunden, mit Ideen aus diesem Band zu arbeiten. Und manches habe ich selbst mit Kindern meiner Nachbarschaft auf der Straße ausprobiert.

Schwerpunkt		Themen
3	Die Welt ist groß und dein Zuhause: Du bist ein Teil davon	Vom gemeinsamen und vielfältigen Wohnen und Leben auf der Erde
4	Wann sind wir zuhause? Vertrautheit, Geborgenheit	Was macht eine Behausung zu einem (glücklichen) Zuhause?
5	Wo das Herz zuhause ist	Heimatliche Muster und Prägungen; kulturelle Vielfalt und Toleranz
6	Heimweh und Heimatweh	Abschiede und neues Ankommen; Unsicherheiten, Ängste und ihre Bewältigung
7	Flüchtlinge! Ohne Heimat und Zuhause	Flucht und Fluchtursachen; Neuankunft und Solidarität
8	Begegnungen mit dem Fremden	Fremde kennenlernen; Offenheit und Mitgefühl gegen Ausgrenzung
9	Neue Heimat Deutschland	Sprachbarrieren in der neuen Heimat; Mit-einander statt Aus-einander
10	Wie willst du leben? Nicht alles ist willkommen	Mit kulturell bedingten Konflikten umgehen; über Werte und Grundrechte nachdenken

3 Die Welt ist groß und dein Zuhause: Du bist ein Teil davon

Das Fundament der Vielfalt ist die Einzigartigkeit.

Ernst Ferstl[5]

Kinder im Kita-Alter und noch zu Beginn der Grundschule sind Nahraum-orientiert. Ihre Welt ist – aus Sicht der Erwachsenen – klein, überschaubar und will entdeckt werden. Schon die Schnecke auf der Gartenmauer sorgt für staunendes Verweilen. Und nie ist die Lust zu forschen, zu entdecken, neue Erfahrungen zu machen größer als in diesen Jahren. Kinder haben – sofern man sie ihnen nicht schon gestutzt hat[6] – Flügel, möchten sie ausbreiten und weiten allmählich ihren Lebensraum aus, möchten Neues, Anderes, Fremdes kennenlernen. Gefördert wird kindliche Entdeckerlust auch durch Freunde und Freundinnen aus anderen Ländern. So begegnen Kinder früh anderen Sprachen, fremden Gebräuchen und Gewohnheiten und erweitern ihren Horizont.

In diesem ersten Praxiskapitel geht es um einfache Bilderbuch-Ausflüge über den kindlichen Nahraum hinaus, um Reisen, die Kindern zeigen: Du bist Teil von etwas viel Größerem. Dazu gehört – auch schon als Teil kindlichen Lebens – unsere globale Verflechtung. Was wären wir ohne die Gewürze aus anderen Ländern, was wäre ein Backwerk ohne Vanille? Erzeugnisse von überallher aus der Welt gehören wie selbstverständlich zu unserem Leben.[7]

Teil von etwas Größerem zu sein heißt auch, der Vielfalt und Verschiedenheit zu begegnen. Menschen kleiden sich unterschiedlich, sie wohnen unterschiedlich und sind – schauen wir durch die Unterschiede hindurch – auch gleich: Alle haben das Bedürfnis, sich der Jahreszeit entsprechend zu kleiden, alle haben das Bedürfnis nach einem Zuhause, das ihnen Sicherheit, Geborgenheit und Vertrautheit gibt. Dieses Kapitel möchte Kinder u. a. zum philosophischen Nachdenken anregen: Was macht den Menschen aus?, lautet eine der vier philosophischen Grundfragen Kants.[8] Beziehen wir die Frage auf das Thema dieses Kapitels: Was unterscheidet uns Menschen auf der Welt? Und was verbindet uns? Was haben wir – trotz aller Unterschiede – gemeinsam?

Bilderbuch	Schwerpunkt	Arbeitsmethoden
Hier sind wir. *Anleitung zum Leben auf der Erde* ★	Respekt vor dem einzigartigen Planeten Erde und seiner Vielfalt	• Bilderbuchgespräche • assoziatives Schreiben • ein Plakat gestalten
Zuhause ★	Behausungen und kulturelle Vielfalt	• erzählen mit Erzählkarten • erzählen zu eigenen Bildern
Mein erster Kuchen ★	Sachbilderbuch: Wie die Welt uns bereichert; Backen eines Vanillekuchens	• handlungsorientiert lesen: nach Rezept backen • Gestaltung eines analogen Sachbilderbuches
Zusammen unter einem Himmel ★	poetische Episoden über das, was Lebewesen auf der Erde verbindet	• Bilderbuchgespräche • ein interkulturelles Memory herstellen

3.1 Hier sind wir – Anleitung zum Leben auf der Erde ★

„Es sind nur drei Worte, nach denen du leben musst, mein Sohn: Respekt, Rücksicht und Toleranz." Diese Worte seines Vaters sind die Lebensmaxime Oliver Jeffers geworden, und er zitiert sie in seiner bebilderten *Anleitung zum Leben auf der Erde*.

Auf den ersten Seiten sehen wir unseren Planeten als Teil des Weltalls. Natürlich übersteigen solche Bilder das Vorstellungsvermögen kleiner Betrachterinnen und Betrachter. Aber sie machen darauf aufmerksam, dass wir nur ein Teil von etwas unendlich Großem sind. Und dann beginnt in einer wunderbar einfachen Sprache eine ganz schlichte Reise über die Erde, schon für die Jüngeren geeignet:

Grundsätzlich besteht die Erde aus zwei Teilen: Lass uns mit dem Land anfangen, darauf stehen wir nämlich gerade. Wir wissen viel über das Land.

Die nächste Doppelseite zeigt das Leben im Meer und schließlich landen wir bei den Menschen, und die, so versichert der Autor seinem Sohn, *müssen essen, trinken und sich warm halten. Das ist sehr wichtig.*

Und dann wartet nach dem Umblättern eine bunte Doppelseite auf uns mit dem folgenden Text:

Es gibt Menschen in allen Formen, Größen und Farben. Wir sehen zwar alle unterschiedlich aus, verhalten uns anders und klingen verschieden … aber lass dich nicht täuschen: Wir alle sind Menschen.

Auf diese Weise setzt sich die Reise über die Erde und in das Leben der Menschen hinein fort. Es gibt den Tag *(… und wir machen Sachen)* und die Nacht *(… und wir schlafen)*. Manchmal haben wir viel Zeit, manchmal vergeht sie wie im Flug. Und mit einem Appell an die Leserinnen und Leser endet die Reise:

So, das ist sie also, die Erde. Pass gut auf sie auf. Sie ist alles, was wir haben.

Oliver Jeffers macht mit wenigen Worten und so schlichten wie poetischen Bildern auf die Vielfalt und das Verbindende unter uns Menschen aufmerksam, und auch darauf, dass das Fortbestehen des Lebens auf der Erde in unserer Verantwortung liegt.

Hier sind wir – Anleitung zum Leben auf der Erde (Jeffers)

Ideen für die praktische Arbeit

Bilderbuchgespräche: Vielfalt auf der Erde ★

Hier sind wir ist kein Vorlesebilderbuch. Es ist ein Bilderbuch voller Gesprächsanlässe über die Erde und uns selbst. Und an den dazugehörigen Gesprächen können sich Grundschul- wie Kitakinder mit ihren Fragen und ihrem jeweiligen Vorwissen beteiligen. Ein oder zwei Seiten reichen für ein Gespräch im Stuhlkreis, am nächsten Tag kommt eine neue Seite hinzu.

Lass uns mit dem Land anfangen, schlägt Oliver Jeffers vor. Es ist *hügelig* oder *flach*, *trocken* oder *feucht*, *heiß* oder *kalt* auf der Erde. Wir schauen uns das Bild dazu genau an.
- Was gibt es zu entdecken?
- Gibt es Dinge auf dem Bild auch bei uns?, fragen wir in die Runde.
- Und gibt es etwas auf dem Bild, das dich an deine Heimat erinnert?, fragen wir Kinder, die aus anderen Landesteilen oder Ländern zu uns gekommen sind.

Und dann ist da noch das Meer – es ist voller wunderbarer Dinge, erzählt das Bilderbuch.
- Kennst du Lebewesen oder Dinge, die auf dem Bild zu sehen sind? Was weißt du über das Meer?
- Was weißt du über Flüsse und Seen?
- Warst du schon einmal am Meer?

Überall auf der Welt gibt es Menschen, *in allen Formen, Größen und Farben*.
- Welche Menschen auf dem Bild (vgl. das Bild unten) hast du schon einmal gesehen?
- Wer erinnert dich an jemanden, den du kennst?
- Zu wem kannst du etwas erzählen?
- Weißt du, wo auf der Erde manche dieser Menschen leben? usw.

Assoziatives Schreiben ★★
mit einem Akrostichon
Das Buch Oliver Jeffers setzt sich ein für *Respekt*, *Rücksicht* und *Toleranz* gegenüber der Erde und ihren Menschen. Diese abstrakten Begriffe können wir mit einem Akrostichon (vgl. Kap. 11.14) lebendig machen. Für jüngere Kinder sollte ein einfacherer Begriff wie *liebevoll*, *achtsam* oder auch nur *Herz* gewählt werden.

Vorbereitung. Zur Vorbereitung nehmen die Kinder das Wort *Rücksicht* für eine Aufmerksamkeitsübung als Hausarbeit mit. Für einen Tag merken oder notieren sie sich Beobachtungen:
- Wo haben heute andere auf mich (auf die Umwelt) Rücksicht genommen?
- Wo habe ich Rücksicht auf andere (auf die Umwelt) genommen?
- Habe ich jemanden erlebt, der keine Rücksicht auf andere genommen hat?

Der Schreibprozess. Nun geht es ans Schreiben:
- Schreibe die Buchstaben des Wortes *Rücksicht* untereinander.
- Finde zu jedem Buchstaben ein Wort, das zum Wort passt.

Wenn du eine schwierigere Aufgabe möchtest:
- Finde zu jedem Buchstaben einen Satz, der zum Wort *Rücksicht* passt.
- Denk dir Sätze aus, die einen zusammenhängenden Text bilden:

Mit Kitakindern erzählen wir uns im Stuhlkreis Geschichten zum Thema *Rücksicht* oder *Herz*. Anschließend kann jedes Kind ein Bild malen und die Geschichte dazu vortragen.

Auf die Erde aufpassen! ★★
Ein Plakat gestalten
Am Ende seines Bilderbuches schreibt Oliver Jeffers:
Pass gut auf sie (die Erde) auf. Sie ist alles, was wir haben.

Hier sind wir – Anleitung zum Leben auf der Erde (Jeffers)

Das Sachbuch *Wie viel wärmer ist 1 Grad?* (Kristina Scharmacher-Schreiber/ Stephanie Marian, Weinheim 2019) enthält zahlreiche Anregungen für Plakate zum Thema „Respekt vor Heimat Erde" (hier S. 86).

- Worauf möchtest du aufpassen? Gestalte ein Plakat zu deinem Thema. Ein Plakat ist ein Papierbogen mit einer Botschaft.

Eine weitere Arbeitsidee wäre, statt eines großen Plakates einen kleinen Button zum Anstecken zu gestalten. Mit einer Buttonmaschine und den entsprechenden Rohlingen lassen sich diese Anstecker leicht herstellen.

Kitakinder, die ja noch nicht schreiben können, malen ein Plakatbild und diktieren einem Erwachsenen die Überschrift.

BEISPIEL

Beispiele für ein Akrostichon
Zum Begriff *Respekt*:
Ruhig zuhören,
ehrlich seine Meinung sagen,
Schadenfreude blöd finden,
Petzen auch,
erst das Gehirn einschalten!
Klar?
Total super ist das.

Zum Begriff *Herz:*
Höflich sein.
ehrlich sein,
richtig lieb sein zu anderen,
zusammenhalten.

MATERIAL

Plakatgestaltung
Beachte bei der Gestaltung deines
Plakates Folgendes:
- Du brauchst eine einprägsame Überschrift aus wenigen Worten.
- Die Überschrift sagt, worum es auf dem Plakat geht.
- Die Schrift muss aus größerem Abstand zu lesen sein.
- Zu deiner Überschrift brauchst du ein passendes Bild.
- Arbeite mit Farbkontrasten. Dann fällt dein Plakat sofort ins Auge.

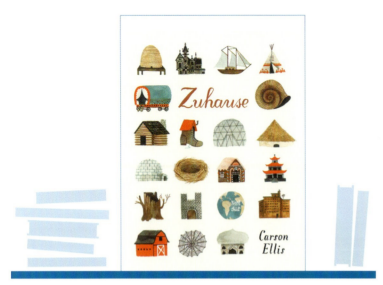

Zuhause (Ellis)

Aus: *Zuhause* (Ellis)

3.2 Zuhause: Vielfalt und Abenteuer ★

Werden wir nach unserem *Zuhause* gefragt, erzählen wir zunächst davon, wo und wie wir wohnen. Und Carson Ellis' *Zuhause* – eine Art Sachbilderbuch mit fantastischen Anteilen – zeigt uns eine Vielfalt von Orten des Zuhauseseins überall auf der Welt. Wir können auf dem Land zuhause sein oder in der Stadt, auf Schiffen, in unterirdischen Schlupfwinkeln. Auf jeder Doppelseite begegnen wir einem neuen Beispiel, mal ist es realistisch (ein Wigwam), mal fantastisch (ein übergroßer Schuh). Luxuriöse und einfache Verhältnisse werden sichtbar, großzügiges Platzangebot und räumliche Enge, Reichtum und Armut. Manche Seiten müssen enträtselt werden (eine umgedrehte Teetasse inmitten riesiger Blumen und Pilze – wer da wohl wohnt?). Und die letzte Seite wendet sich direkt an die Lesenden: *Wo bist du zuhause? Wo wohnst du?*[9]

Ideen für die praktische Arbeit

Zu eigenen Bildern erzählen ★
Das Bilderbuch endet mit der Frage: *Und wo wohnst du?*

- Male ein Bild zu deinem Zuhause.
- Stell dein Zuhause im Stuhlkreis den anderen vor.
- Vielleicht ist es dir lieber, ein anderes Bild zu malen, nämlich zur Frage: Und wo möchtest du wohnen? Male dein Wunsch-Zuhause.
- Stell dein Wunsch-Zuhause im Stuhlkreis den anderen vor.

Rätselgeschichten erzählen: ★★★
Arbeit mit einer Erzählkarte
Zuhause ist keine fortlaufende Bilderbuchgeschichte. Wir können je nach Interesse einzelne Seiten herausgreifen, sie anschauen und kommentieren: Was spricht für ein Schiff als Zuhause? Was für einen Wigwam? Welche Behausung finden wir aufregend, abenteuerlich, luxuriös?

Anschließend sucht sich jedes Kind aus dem Buch eine Seite aus, ohne diese Auswahl den anderen zu verraten. Dann stellt es „sein Zuhause" im Stuhlkreis als Rätselgeschichte vor. Die anderen überlegen, welches Bild das Kind sich ausgesucht hat. Eine Erzählkarte, für die Kita mit einfachen Piktogrammen gestaltet (siehe oben), hilft beim Erzählen der Rätselgeschichte.

Erzählkarte: Rätselgeschichten erzählen

- Erzähle deine Geschichte als Ich-Geschichte.

- Gib einen Hinweis darauf, wo die Geschichte spielt.

- Verrate nicht zu viel!

- Erzähle von etwas, das gerade in deinem Zuhause passiert.

- Erzähl zum Schluss noch von einer besonderen Kleinigkeit, die auf deinem Bild zu sehen ist.

⬇ Die Erzählkarte finden Sie im Download-Material: **M 1**

BEISPIEL

Beispiel für eine Rätselgeschichte
Ich lebe ganz hoch hoch oben.
Und der Weg zu mir ist schwierig.
Ich bin gern allein.
Meine Freunde sind die Vögel.
Ich bin Erfinder.

 Eine wunderbare Ergänzung zu dieser Aufgabe ist das Bilderbuch *Die Welt, die dir gefällt. Ein Mitmachbuch von Gretas Schwester* von Sarah Neuendorf. Mit einfachen Fragen und dazu passenden Illustrationen werden die Lesenden dazu aufgefordert, ihre komplett eigene Geschichte zu gestalten.

3.3 Mein erster Kuchen: Zutaten aus aller Welt

Mein erster Kuchen (Brière-Haquet/Barroux)

Das Sachbilderbuch *Mein erster Kuchen* von Alice Brière-Haquet und Barroux zeigt uns in kleinen Episoden, was es braucht, um einen Kuchen zu backen, und woher die verschiedenen Zutaten kommen.

Vom Huhn gibt es das Ei, von Weizenfeldern und Mühlen Mehl. Von der Kuh Milch und Butter. Der Zucker aus Zuckerrohr kommt von weither (aus subtropischen und tropischen Ländern), ebenso die aus Vanilleschoten gewonnene Vanille (Hauptanbaugebiete Madagaskar und La Réunion). Und um einen Kuchen zu backen, brauchst du jetzt nur noch *den großen weiten Ozean und Salzgärten an einem ruhigen Platz, wo das Meerwasser verdunsten kann. Während die Möwen über ihm kreisen, schöpft dir ein Mann eine Prise Salz.*

Auf den letzten Seiten finden sich die Zutatenliste und das Rezept. Und dann fehlen bloß noch Freundinnen und Freunde, mit denen gemeinsam der Kuchen verspeist wird.

Das Sachbilderbuch *Mein erster Kuchen* zeigt schon Jüngeren anschaulich, wie wir mit Dingen aus anderen Ländern unseren Alltag bereichern.

Ideen für die praktische Arbeit

Lebensmittel aus anderen Ländern: ★
Ein Ausstellungstisch
Im Anschluss an die Bilderbuchlektüre bekommt jedes Kind die Aufgabe, von zuhause ein Lebensmittel aus einem anderen Land mitzubringen. Damit gestalten wir einen Ausstellungstisch. Jedes Lebensmittel bekommt eine Infokarte, auf der das Herkunftsland steht. Mit älteren Kindern können wir zusätzlich auf einer Weltkarte Herkunftsorte (für zum Beispiel Kaffee und Tee, Avocados, Bananen und Orangen, Oliven, Erdnüsse) mit einem Fähnchen markieren.

Im Sachunterricht können auch Handelswege heute und früher (Seidenstraße, Gewürzstraße) und die Zeit für Warentransporte heute und früher behandelt werden.

Einen Vanillekuchen backen ★
Schon mit jüngeren Kindern können wir im Anschluss an das Bilderbuch in Gruppen (4–6 Kinder) einen Vanillekuchen backen. Die Zutaten kaufen wir mit einer kleinen Gruppe von Kindern vorher ein (umrechnen auf die jeweilige Personenzahl!) und legen sie auf Arbeitstischen aus. Dann gehen wir gemeinsam die einzelnen Arbeitsschritte des Rezeptes durch und verteilen die Aufgaben. Vanilleschoten legen wir (in Schule oder Kita) über Nacht in Zucker ein. Wir können die einzelnen Stationen unserer Arbeit (Zutaten in einer Rührschüssel mischen usw.) auch in Bildern festhalten, sodass alle den Ablauf vor Augen haben. Das ist einfach zu machen, wenn wir den Kuchen zuvor einmal alleine backen und die einzelnen Schritte dabei fotografieren:
- Vanillezucker aus Zucker und Vanilleschoten herstellen.
- Backofen vorheizen.
- Zutaten in einer Rührschüssel mischen.
- Kastenform einfetten und Teig einfüllen.
- Den Kuchen in den Backofen schieben.
- Den Kuchen während des Backens mit einer Messerschneide überprüfen.
- Den Kuchen nach dem Backen aus der Form stürzen.

MATERIAL

Das Rezept für gesunden Schokoaufstrich
- 100 Gramm entsteinte, ungesüßte Datteln (bringt die Süße in den Aufstrich)
- 100 Gramm gemahlene Mandeln oder Walnüsse
- 3 Esslöffel Kakao
- 3 Esslöffel Kokosöl

Die Datteln in eine Schüssel geben, mit Wasser bedecken und etwa eine halbe Stunde einweichen.
Die gemahlenen Mandeln oder Walnüsse dazugeben, ebenso das Öl und den Kakao.
Alles mit einem Pürierstab pürieren.
Den fertigen Schokoaufstrich in ein Glas füllen.

Frida, 5 Jahre, entkernt Datteln

Zutaten auf dem Tisch

⏱ *Ein eigenes Sachbilderbuch machen* ★★★
In Anlehnung an *Mein erster Kuchen* gestalten wir ein eigenes Sachbilderbuch[10] über einen Lieblingsaufstrich vieler Kinder: *Mein erster Schokoaufstrich.* Wir nutzen die Gelegenheit, einen schmackhaften und gesunden (zuckerfreien) Schokoaufstrich herzustellen, wozu wir Datteln aus dem Süden (Spanien, Nordafrika) brauchen. Und natürlich geht es nicht ohne Kakao aus Ländern wie der Elfenbeinküste und Ghana (Afrika), Brasilien, Ecuador (Lateinamerika) und Indonesien (Asien). Ein Rezeptbeispiel finden Sie im Kasten. Natürlich können Kinder auch eigenen Interessen nachgehen und ein eigenes analoges Sachbuchthema vorschlagen, zum Beispiel Erdnussbutter oder Bananenaufstrich. Voraussetzung ist nur, dass die Zutaten „aus aller Welt" kommen.

Das Bilderbuch entsteht direkt aus der praktischen Arbeit. Sämtliche Zutaten auf einem Ausstellungstisch, mit Schildern beschriftet und fotografiert, ergeben schon unsere erste Doppelseite. Bei *Mein erster Kuchen* wurden die einzelnen Zutaten der Reihe nach vorgestellt. Nach diesem Muster gehen wir jetzt auch weiter vor. Nehmen wir die süßen Datteln. Was ist eine Dattel? Woher kommt sie? Und was ist Kokosöl? Was ist Kakao? Woher kommen diese Dinge?

Die Kinder können dazu in Lebensmittelgeschäften (eher ältere auch im Internet) recherchieren. Im Internet lassen sich auch leicht Bilder zu den Zutaten (Dattelpalmen, Kakaobohnen und Kakaopflanzen) finden. Bleibt nur noch, aus Bildern und Text zu jeder Zutat je eine Doppelseite für unser Bilderbuch *Mein erster Schokoaufstrich* zu gestalten.

MATERIAL

Textbeispiel: Schokoaufstrich
Für einen Schokoaufstrich brauchst du zunächst einmal süße Datteln.
Die Dattel ist eine Frucht, die an Dattelpalmen wächst.
Dattelpalmen gibt es in Spanien und in Nordafrika.
Einmal im Jahr werden die Dattelfrüchte geerntet.
Dann bringt sie ein Lastwagen in Säcken zum nächsten Hafen.
Dort wartet ein großes Schiff, das die Früchte über das Meer zu uns bringt.
Dann kannst du im Geschäft Datteln kaufen.
Danach …

⬇ Einen Beispiel-Text zum Bilderbuch „Mein erster Schokoaufstrich" finden Sie im Download-Material: **M 2**

Weltkarte im
Stuhlkreis
(Kita Bremen 2013)

Regional statt global: Recherchieren ★★

Wir können zum Abschluss der globalen Warenkette und den damit verbundenen weiten Lieferwegen von zum Beispiel Schokolade, Datteln und Vanille diesen Produkten regionale Alternativen gegenüberstellen.
- Was kann an süßen Aufstrichen aus heimischen Zutaten hergestellt werden?
- Was wächst hier bei uns? Und finden wir dazu (Back-)Rezepte?

Ein Karamellaufstrich wäre zum Beispiel eine regionale Alternative zum Schokoaufstrich. Zucker aus Zuckerrüben wird karamellisiert, Butter und Sahne kommen dazu. Fertig!

Ein einfaches Sachbuch für die Recherche wäre Kristina Scharmacher-Schreiber/ Stephanie Marian: *Wie viel wärmer ist 1 Grad?* Weinheim 2019, S. 56f.

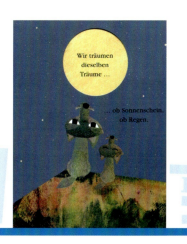

3.4 Zusammen unter einem Himmel: Verschieden und doch gleich ★

Rehe und Katzen, Löwen und Pinguine, Kaninchen, Delfine und Flamingos – sie alle leben in Britta Teckentrups Bilderbuch *Zusammen unter einem Himmel* in verschiedenen Räumen (Heimaten), und sie sind so verschieden, wie sie gleich sind.

Die Tiere spüren dieselbe Liebe, *in Schnee und Eis* wie *in lauen Sommernächten.* Sie spielen dieselben Spiele, *hoch in den Bergen* und *in tiefen grünen Tälern.* Wo sie auch leben und so verschieden sie auch sind, sie begegnen denselben Stürmen und träumen denselben Träume.

Zusammen unter einem Himmel ist ein schlichtes und mit seinen poetischen Bildern ausdrucksstarkes Plädoyer für ein friedliches Miteinander auf der Welt. Die einzelnen Episoden wiederholen den Grundgedanken. Sie können einzeln betrachtet werden und laden zu Gesprächen ein. Denn am Beispiel der Tiere lenkt Teckentrup unsere Aufmerksamkeit auch auf die Gleichheit der Bedürfnisse bei uns Menschen, trotz unseres unterschiedlichen Äußeren und der Verschiedenheit unserer Heimatländer. Wir fragen: Was unterscheidet Menschen aus verschiedenen Ländern voneinander? Und was verbindet sie miteinander?

Zusammen unter einem Himmel (Teckentrup)

Ideen für die praktische Arbeit

Bilderbuchgespräche ★

Wünsche für das Zusammensein mit anderen. Im Anschluss an das Bilderbuch notieren alle Kinder drei Wünsche zu dem, was sie sich für ihr Zusammensein mit anderen wünschen. Anschließend stellen sie ihre Wünsche vor, vergleichen und legen eine Liste (ein Ranking) der Dinge an, die mehreren Kindern wichtig sind.

Kitakinder malen ein Bild zu ihren drei wichtigsten Punkten für das Zusammensein und stellen es anschließend vor.

Kinderspiele draußen. Die Tiere in *Zusammen unter einem Himmel* spielen Nachlaufen und Verstecken.
- Welche Kinderspiele für draußen kennt ihr und spielt ihr?
- Kennt ihr Kinderspiele, die auch in anderen Ländern gespielt werden?[11]

Kinderlieder. Welche Kinderlieder singst du gern?
- Kennst du Kinderlieder aus anderen Ländern?
- Kennst du Kinderlieder, die in verschiedenen Sprachen mit derselben Melodie gesungen werden?

Beispiel: *Bruder Jakob* ist ein ursprünglich französisches Kinderlied *(Frère Jacques)* aus dem 18. Jahrhundert. Wikipedia listet zahlreiche Varianten aus anderen Sprachen auf: https://de.wikipedia.org/wiki/Fr%C3%A8re_Jacques

> **BEISPIEL**
>
> **Haiku: ein Beispiel**
> Die Pinguine
> halten sich an den Händen.
> Sie haben sich gern.
>
> Aus:
> *Zusammen
> unter einem
> Himmel*
> (Teckentrup)

Karten für ein interkulturelles Memory

Ein interkulturelles Memory herstellen ★★

Die Menschen in den verschiedenen Ländern leben auch verschieden. Sie haben andere Lieblingsmahlzeiten als wir, manche kleiden sich anders, sie feiern andere Feste. Aber wir alle sind auch gleich, denn: Wir alle essen gern, wir ziehen gern etwas an, was wir schön finden, und wir feiern gern.

Wir können dazu praktisch arbeiten und ein interkulturelles Memory herstellen. So ein Memory zeigt beiläufig einmal die Vielfalt menschlicher Lebensweisen, zum anderen wird sichtbar, dass sich hinter dieser Vielfalt die gleichen Bedürfnisse verbergen.

Interkulturelle Vielfalt sichtbar macht auch *Das Familienspiel*, ein Memory mit Gesprächsanlässen zu eigenen Erfahrungen in der Familie, mit mehrsprachigen Spielanleitungen (erhältlich beim Verlag das Netz).

Unsere Kita ist bunt (Höfele/Steffe, Freiburg 2016, S. 27), ein interkulturelles Familien-Memory, ist eine weitere Spielidee. Von jedem Kind brauchen wir ein Porträt- und ein Familienfoto, dazu noch Memory-Blankokarten im Format 6 x 6 cm.

Bezogen auf Sprachentwicklung und Aneignung der deutschen Sprache unterstützt das Memory (genau wie Bilderbücher auch) durch die Verbindung von gesprochenem Wort und Bild (das sogenannte *priming*[12]) die Aneignung des entsprechenden Wortes und erweitert den Wortschatz.

Für die Herstellung eines Memorys hilfreich sind Blankokarten, auf die die jeweiligen Bilder bzw. Bildausschnitte nur noch geklebt werden müssen (im Online-Handel erhältlich).

Ein Haiku schreiben ★★★

Die poetischen Bilder Teckentrups laden zur eigenen poetischen Arbeit ein. Ein Haiku braucht zunächst ein wenig Übung. Sind wir aber erst einmal mit dieser Gedichtform vertraut, macht es Freude, zu Bildern Haikus zu fertigen, die aus nur 3 Zeilen mit genau 5, 7 und dann wieder 5 Silben bestehen.

Anmerkungen

1. Zit. n. https://beruhmte-zitate.de/zitate-uber-schule/ [18.1.2021].
2. Vgl. ausführlich: Jochen Hering, Kinder brauchen Bilderbücher. Erzählförderung in Kita und Grundschule, Seelze 2. Aufl. 2018, S. 174 ff.
3. „Gelernt wird immer dann, wenn positive Erfahrungen gemacht werden (…), wobei klar sein muss, dass für den Menschen die positive Erfahrung schlechthin in positiven Sozialkontakten besteht (…) und gemeinschaftliche Aktivitäten bzw. gemeinschaftliches Handeln ist wahrscheinlich der bedeutsamste ‚Verstärker'." (Manfred Spitzer: *Lernen. Gehirnforschung und die Schule des Lebens.* Heidelberg 2009, S. 181).
4. John Dewey gilt als (ein) Begründer des Projektlernens. Vgl. die Zusammenfassung unter: http://www.mynetcologne.de/~nc-heckinhe3/hgh/projekt/ [4.7.2020].
5. Ernst Ferstl: *Wenn ein Wort sitzt, kann man es stehen lassen.* Mödling/Österreich 2017.
6. Gebremst wird eine mit dem wirklichen Leben verbundene kindliche Entwicklung, das „Ausbreiten der Flügel", u. a. durch die „Smartphone-Epidemie", die inzwischen schon Kita- und Grundschulkinder erfasst hat und nachweislich u. a. mit Konzentrationsstörungen, Sprachentwicklungsstörungen und Schwierigkeiten im sozialen Umgang mit anderen einhergeht. Vgl. Hierzu Manfred Spitzer: *Die Smartphone-Epidemie.* Stuttgart 2019, S. 94 ff. Vgl. auch das wunderbare Beispiel zu den Konsequenzen von Pokémon GO, ebd. S. 209 ff.
7. Wenn Kinder dann gerade einmal drei Obstsorten benennen können, nämlich Äpfel, Bananen, Orangen, dann ist das für die Kindheitsforscherin Donata Elschenbroich Ausdruck „kultureller Unterernährung" und eine Form von Kinderarmut; vgl. https://www.zeit.de/2001/11/200111_sm-kindheit.xml/seite-3 [22.11.2019].
8. „Was sollen wir tun?", „Was können wir wissen?", „Was dürfen wir hoffen?", „Was ist der Mensch?", lauten die lebensweltlich orientierten Leitfragen Kants, an denen sich philosophisches Denken von und mit Kindern orientieren kann. Vgl. hierzu Jochen Hering: *Die Welt frag-würdig machen. Philosophisches Nachdenken mit Kindern im Grundschulalter.* Hohengehren 2004, S. 10 ff.
9. Wie sehr unsere Lebensgeschichte unsere Vorlieben bei unserem Zuhause prägt, zeigt das witzige, leider nur auf Niederländisch erschienene Bilderbuch *Bij ons in de Straat* (Koos Meiderts/Annette Fienieg, Rotterdam 2012). Der Dieb hat Gitter vor dem Fenster seines Hauses, die Zirkusartistin lebt in einem Wohnwagen und das Haus des Herumtreibers („zwerver") hat schon bessere Tage gesehen.
10. Vgl. auch „Inspirierende Bilderbücher und eigene Bildgeschichten", in: Jochen Hering: *Kinder brauchen Bilderbücher. Erzählförderung in Kita und Grundschule,* Seelze, 2. Aufl. 2018, S. 225 ff.
11. Das Spiel „Schere, Stein, Papier" gibt es zum Beispiel auch in Malaysia. Es heißt dort Wan-tu-zum und kennt fünf Positionen: Tisch, Stein, Wasser, Fahne, Vogel (vgl. Hartmut E. Höfele/Susanne Steffe: *Unsere Kita ist bunt. Das Multikulti-Spielebuch.* Freiburg 2016, S. 57).
12. Priming ist ein Fachbegriff aus der Lernpsychologie. Ein vorangegangener Reiz (das Bild) beeinflusst die Verarbeitung des nachfolgenden Reizes (des Wortes). Dieser Lerneffekt wird noch verstärkt, wenn die Bilder – wie im Bilderbuch üblich – in einem narrativen Kontext auftauchen. (Vgl. Hering, Kinder brauchen Bilderbücher, a. a. O., S. 46.)

4 Wann sind wir zuhause? Vertrautheit, Geborgenheit

Ein gutes Zuhause muss man sich machen, nicht kaufen. Am Ende sind es nicht die Fenster, die Licht in ein Haus bringen.

Joyce Maynard[1]

Werden wir nach unserem *Zuhause* gefragt, steigen Bilder in uns auf, gegenwärtige wie weit zurückliegende, Bilder vom abendlichen Ins-Bett-Gehen /und von Vorlesegeschichten, von den Geschwistern, vom Trost nach einem Sturz, Beistand bei einer Krankheit. Unser *Zuhause*, das muss nicht unsere Ursprungsfamilie mit Mutter und Vater sein. Viele Kinder wachsen in Patchworkfamilien auf. *Zuhause* ist vor allem ein *sozialer* Ort.

Die meisten von uns wohnen in einem Haus, hier und da hat sich jemand auf einem Campingplatz in einem Wohnwagen niedergelassen, ein Flüchtlingskind lebt übergangsmäßig in einem Container. Sind das alles *Häuser*? Die Frage regt zu einem Nachdenk-Gespräch an: Wozu sind Häuser da? Was ist wichtig an einem Haus? Ist ein Zelt auch ein Haus? Und – wenn ja – warum?

Und, die nächste Frage: Ist ein Haus, sei es eine Wohnung, ein Wohnwagen oder ein Zelt, auch schon ein *Zuhause*? Oder muss da noch einiges hinzukommen? Kann ein Spielhaus im Garten ein Zuhause sein?

Das Wort *Zuhause* geht weit über *Haus (Behausung)* hinaus. Ein Haus bietet uns Schutz, vor Wind und Wetter zum Beispiel. Mit *Zuhause* kommt zusätzlich unser Bedürfnis nach Vertrautheit, Nähe, Geborgenheit ins Spiel.

Mit den Bilderbüchern in diesem Kapitel denken wir über das nach, was uns an einem Zuhause wichtig ist. Gibt es ein *perfektes Zuhause*? Und wir gehen auch der Frage nach, welches *Zuhause* für wen geeignet ist.

Bilderbuch	Schwerpunkt	Arbeitsmethoden
Haus ★	die Vielfalt menschlicher Behausungen	- Bilderbuchgespräch - philosophisches Nachdenken mit Kindern
Die Rabenrosa ★	zuhause sein und anders sein dürfen	- Kratzbilder: ein künstlerischer Einstieg - dialogisches Mit-Erzählen und Weiterdenken - Bilderbuchgespräche - Die Rabenrosa als Heldin: ein Haiku
Der Junge und der Fisch ★★	Wann macht ein Zuhause glücklich? Nicht jedes Zuhause ist für jeden geeignet	- dialogisches Mit-Erzählen - philosophisches Nachdenken mit Kindern - analoge Geschichten erzählen
Post vom Erdmännchen ★★	Zuhause ist nicht nur wo, sondern auch mit wem; eine Suche nach dem perfekten Zuhause	- Textentlastung (Wortschatzarbeit) - dialogisches Mit-Erzählen - Nacherzählen mit Erzählkarten - szenisches Erzählen

Am Ende dieses Bilderbuches, das sich durch seine Einfachheit auch schon für die Kleinsten anbietet, steht die Frage: *Und wie sieht dein Haus aus?* Die Vielfalt möglicher Behausungen macht auch Lust, in der eigenen Umgebung auf Entdeckungsreise zu gehen, zu schauen, ob es manches davon vielleicht auch in unserer Nähe gibt. Sollte das Bilderbuch nicht zur Verfügung stehen, lassen sich – mit den Kindern zusammen – zu diesem Thema auch leicht Ausschnitte aus Zeitungen und Illustrierten sammeln.

Haus (Horstschäfer/ Vogt)

Ideen für die praktische Arbeit

4.1 Haus: Philosophisches Nachdenken mit Kindern ★

Es gibt Häuser, die sind groß, und solche, die sind klein. Manche stehen in der Stadt, andere auf dem Land. Wieder andere sind in einen Baum gebaut oder schwimmen auf dem Wasser. Es gibt welche aus Stoff und Stangen und welche aus Schnee und Eis. Einige haben viele Zimmer, andere nur eines. Manche können sich selbst von einem Ort zum anderen bewegen, weil sie Räder haben oder schwimmen können.

Das Pappbilderbuch *Haus* von Felicitas Horstschäfer und Johannes Vogt schickt uns zu unterschiedlichsten Häusern oder Behausungen auf der ganzen Welt. Die Bilder sind liebevoll minimalistisch gezeichnet. Auf jeder Seite finden wir die schwarze Umrisszeichnung einer Behausung vor einem einfarbigen Hintergrund. Der Text dazu besteht aus einfachen Bildunterschriften, zum Beispiel *Ein Haus aus Stoff und Stangen*. Die einzelnen Bilder lassen sich als Erzähl- und Gesprächsanlass nutzen: *Ein Iglu. Wie sieht es da wohl innen drin aus? Wärst du gern in einem Haus, das schwimmt, zuhause?*

Mein Wunschhaus! Ein Bilderbuchgespräch ★
Jüngere Kinder suchen sich ihre Lieblingsseite aus und erzählen dazu. Vielleicht wählen sie das *Zelt* oder das *Haus, das schwimmt*. Im Gespräch fragen wir, was das Haus ihrer Wahl für sie so besonders macht und was es vom jeweils eigenen „Haus" unterscheidet. Zum Abschluss überlegen wir, was jede und jeder von uns bei einem Umzug in das neue „Haus" dorthin mitnehmen würde.

Philosophisches Nachdenken mit Kindern (1): ★ Häuser vergleichen
Nach dem ersten Betrachten des Buches stellen wir drei „Häuser" oder „Behausungen" zum Vergleich vor.

Möglichkeiten wären: ein Haus, ein Zelt, ein Iglu.
- Das Bilderbuch heißt *Haus*. Im Buch ist aber auch ein Zelt abgebildet.
- Worin unterscheiden sich Haus, Zelt und Iglu?
- Worin sind sie gleich?
- Was haben die verschiedenen Häuser für Vorteile?
- Was haben sie für Nachteile?
- Zu welchen Menschen passen welche „Häuser"?

Aus: *Haus*
(Horstschäfer/ Vogt)

Philosophisches Nachdenken ★★★
mit Kindern (2): Was ist ein Haus / eine Behausung?
Die Vielfalt der Bilder kann zur Vertiefung der Frage „Was ist ein Haus?" genutzt werden. Produktive Fragen[2] bringen das Gespräch miteinander in Gang:

Wozu sind Häuser da? – Häuser geben Schutz, vor Regen, Wind und Kälte, vor Lärm, vor Blicken …
- Was muss ein Haus haben, damit es ein Haus ist? – Zum Beispiel ein Dach, Wände und eine Tür.
- Muss ein Haus aus Stein sein?
- Muss ein Haus ein Dach aus Ziegeln haben?
- Ist ein Zelt auch ein Haus?
- Hatten die ersten Menschen auf der Erde auch schon Häuser? – (Nein, die ersten Menschen haben in „natürlichen Behausungen" gelebt, zum Beispiel in Höhlen.)
- Kann eine Plastikplane schon ein Haus sein? – (Das ist eine schwierige Frage. Eine Plane schützt vor Regen, aber nicht vor Kälte und nur begrenzt vor Blicken … Es ist ein „Stückchen Haus", mehr nicht.)
- Was braucht es für dich, damit aus einem Haus (oder einem Iglu oder …) ein Zuhause wird?

Philosophisches Nachdenken ★★
mit Kindern (3): Was gehört zu einem Zuhause?
- Wenn du an dein Zuhause denkst: Wer oder was gehört unbedingt dazu? Leg eine Liste der Dinge an, die dir einfallen. Setzt euch in Gruppen zusammen (3–4 Kinder) und vergleicht eure Listen.
- Was habt ihr gemeinsam auf eurer Liste?
- Stellt eure Gemeinsamkeiten vor.

BEISPIEL

Ein Gesprächsausschnitt
Louis (L) blättert mit seinem Großvater (G) die einzelnen Seiten mit ihren „Häusern" durch.
L Oh, ein Piratenschiff.
G Kann das ein Haus sein?
L Also für die Piraten schon. Das ist eine Ritterburg, also ein Zuhause, für die Ritter.
G Was ist denn der Unterschied zwischen einem Haus und einem Zuhause?
L Die meisten Leute haben einfach nur eine Wohnung in einem Haus, und das ist ein Zuhause, also, wo man drin wohnen kann.
G Wo man die ganze Zeit lebt, da ist das Zuhause. Was gehört denn zu einem Zuhause?
L Essen und Trinken, ein Klo, eine Küche, ein Flur, ein Wohnzimmer,
G Auch ein Kuscheltier?
L Ja. Und ein Bett. Und einen, der einen gern hat. Sonst geht das nicht so richtig.
G Womit geht das nicht so richtig?
L Na, mit dem Zuhause.

(Louis, 7 Jahre, 2. Klasse, Berlin)

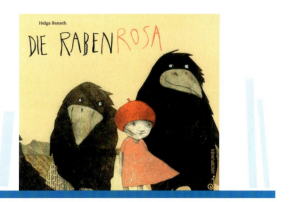

4.2 Die Rabenrosa: Wann fühle ich mich zuhause? ★

Mitten im Rabennest, inmitten zahlreicher hungriger Rabenküken, sehen wir ein Menschenkind, die Rabenrosa (Bansch) eben, die auch die Geschichte erzählt.

Gleich, als wir aus dem Nest geschlüpft waren, nahmen uns Mama und Papa unter ihre Flügel. Da war es schön warm, erzählt Rosa. Weil ihre Geschwister die Schnäbel weit aufrissen, machte sie es genauso. Und so selbstverständlich das alles für Rosa ist, genauso ist es auch für ihre Eltern: *Weil mir immer kalt war, besorgte Papa ein Kleid und eine Kappe für mich. „Unsere kleine Rosa", sagt Mama liebevoll*. Die anderen Tiere, die vorbeikommen, finden das Ganze allerdings nicht so normal.

Sie flüsterten: *„Das arme Würmchen! Es sollte die Flügel trainieren."* Oder: *„Ziemlich hässlich ist es. Reibt es mit Birkenblättern ein, das lässt die Federn wachsen."*

Und da erst merkt Rosa, dass sie anders ist als ihre Brüder und Schwestern. Ihre Geschwister haben flauschig weiche Federn, und sie *konnten sich schon kurz in der Luft halten, wenn sie flatterten. – Wenn ich flatterte, passierte gar nichts.* Die Geschwister verlassen nach einigen Wochen das Nest. Es wird einsam um Rosa und Zeit, in den Süden aufzubrechen. Aber Rosa kann nicht fliegen. Was tun? Ihre Rabeneltern nehmen sie auf den Rücken, und dann, erzählt Rosa, *begann endlich unsere Reise über schneebedeckte Berge, dunkle Wälder und grüne Wiesen bis zu einem großen glitzernden See. An diesem See lernt Rosa den Frosch Rudi kennen, der ihr das Schwimmen beibringen will. Der fragt sie auch: „ Was bist du eigentlich für eine?" Ganz laut habe ich gekrächzt: „Ich bin die Rabenrosa!" Dann bin ich zu unserem Nest geklettert. Ich freu mich schon auf morgen.*

An Rabenrosas Geschichte lässt sich eindrücklich festmachen, was es braucht, damit wir nicht nur eine Behausung haben, sondern auch zuhause sind. Offensichtlich gehört dazu, dass wir zuhause auch anders und besonders sein dürfen. Rosas Eltern begegnen ihrem so anderen „Küken" mit fragloser Fürsorge. Rosa entspricht sicherlich nicht ihren Erwartungen! Die anderen Rabenkinder können fliegen und machen sich früh selbstständig. Aber das führt nicht zu Rosas Abwertung oder Ausgrenzung. Die Eltern denken schlicht um. Sie nehmen Rosa huckepack. Ein wunderschönes Bild für das, was ein Zuhause ausmacht.

Ideen für die praktische Arbeit

Einstieg in die Geschichte mit einem Kratzbild ★
Noch vor dem Kennenlernen der Geschichte gestalten die Kinder (Doppelseite 2 aus dem Buch oder eine Kopie dienen als Vorlage) zunächst das Vogelnest als einfaches Kratzbild nach. Anschließend werden die Nestbewohner (die Küken und Rosa) mit aufgesperrten Mäulern hineingemalt. Die Gestaltung gibt Zeit, über das Bild nachzudenken, und macht neugierig auf die zu erwartende Geschichte.

- Schau dir das Bild genau an.
- Was ist daran ungewöhnlich?
- Was für eine Geschichte könnte mit diesem Bild anfangen?

Die Rabenrosa (Bansch)

Wovon erzählt dieses Bild?
Aus: *Die Rabenrosa* (Bansch)

Ein Kratzbild zum Vogelnest aus *Rabenrosa*

Ein Bilderbuchgespräch zum Geschichtenanfang: Rosas Zuhause ★

Auf den ersten drei Doppelseiten wird von Rosas Zuhause und der liebevollen Zuwendung ihrer Rabeneltern erzählt. In den wenigen Bildern und in dem sparsamen Text wird sichtbar, was wesentlich dafür ist, ein Zuhause zu haben und sich zuhause zu fühlen. Wir betrachten die Bilder (etwa die zufriedenen Blicke, mit denen die Rabeneltern Rosa betrachten) und lesen den Text. Und wenn jemand auf den Bildern etwas entdeckt (Beispiel: *Alle Rabenkinder im Nest lachen*), ihm oder ihr beim Vorlesen etwas auffällt *(nahmen uns Mama und Papa unter ihre Flügel)*, das er oder sie fürs Zuhausegefühl wichtig findet, hebt er oder sie die Hand. Sicherlich kommt hier auch Rosas Sonderrolle, ihr Anderssein zur Sprache.

Wie geht es weiter? Unsere Gedanken über Familie, Zuhause, Anderssein und Zusammenhalt ★★

Die vierte Doppelseite stellt einen Wendepunkt im Geschehen dar. Nachbarn aus der Umgebung – Eule, Geier, Eichhörnchen und Kühe – finden die Rabenrosa absonderlich anders, sogar hässlich. Am Bildrand ist zu sehen, wie irritiert Rosa und ihre Geschwister schauen. Wie wird die Geschichte weitergehen?

Die Kinder können reihum im Stuhlkreis erzählen (1. Klasse und Kita) oder ihre Version aufschreiben und später vorlesen. Zunächst einmal fördert diese Antizipation des Geschehens das kindliche Vorstellungsvermögen („Ich muss mir ja Bilder im Kopf machen") und die Erzählfähigkeit.[3]

Zum anderen ergeben sich so Impulse für weitere Gespräche (Wieso, denkst du, trennen sich die Rabeneltern von Rosa?), und es wird sichtbar, was für Gedanken und Wünsche über Familie und Zusammenhalt die Kinder in den Köpfen haben.

Auch an späteren Stellen des Buches können wir innehalten und die Kinder über den Fortgang der Geschichte spekulieren lassen (Antizipation). Die Doppelseite 9 bietet sich dazu an: *Nach einigen Wochen zog es meine Geschwister in die Welt hinaus. Sehr ruhig war es ohne sie im Nest.* Und nun? Was geschieht weiter?

Die Rabenrosa (Bansch; Bildausschnitt)

Ein Gespräch im Rückblick auf die Geschichte: Anders sein und zuhause sein ★★

Rosas Anderssein hindert Eltern und Geschwister nicht daran, das Rabenmädchen anzunehmen. Das ist ein Kernpunkt der Geschichte. Wir blicken zurück. Zunächst schreibt jedes Kind in einem oder zwei Sätzen auf, was ihm an der Geschichte am besten gefallen hat.

Wenn wir die Sätze anschließend nach Schwerpunkten geordnet an einer Moderationstafel anheften, wird sichtbar, was die Gruppe sehr oder eher weniger beeindruckt hat. Der Austausch über dieses „Ranking" schließt die Arbeit ab.

BEISPIEL
Haiku: ein Beispiel
Die Rabenrosa
Hat ein Nest als Zuhause
Und Rabeneltern.

Ein Haiku schreiben: ★★
Die Rabenrosa als Heldin

Die Rabenrosa ist eine besondere Heldin. Auch in schwierigen Lebenssituationen bleibt sie lebensmutig und widerstandsfähig.

Mit einer Wörterdose zur Rabenrosa laden wir die Kinder – wie schon im Kapitel 3.4 – zur eigenen poetischen Arbeit, zum Schreiben eines Haiku ein.

Ein Haiku besteht aus nur 3 Zeilen mit genau 5, 7 und wieder 5 Silben.

Unsere Wörterdose könnte so aussehen:

Der Junge und der Fisch (Velthuijs)

4.3 Der Junge und der Fisch: Kein Glück ohne das richtige Zuhause

Max Velthuijs erzählt seine Geschichte in einfachen Bildern und Worten. Ein Junge träumt von einem großen Fang. Und dann hat er einen prächtigen Fisch an der Angel. Der Fortgang der Geschichte ist unerwartet: *„Kein Mensch darf meinen Fisch essen"*, dachte der Junge. *„Er soll leben und glücklich sein!"*

In den folgenden Episoden bemüht sich der Junge, „seinen" Fisch glücklich zu machen. Er setzt ihn zuhause in die Badewanne, stellt einen Blumenstrauß daneben, und am Abend liest er ihm Geschichten vor. Trotzdem ist der Fisch am nächsten Morgen blass und krank. *„Der Fisch hat sich erkältet"*, stellt der Arzt fest und verschreibt Medizin.

In der folgenden Nacht träumt der Fisch. *Seine Flossen verwandeln sich in Flügel. Er fliegt durch das Fenster hinaus (…) Er fliegt und fliegt, bis er den See entdeckt, in dem er gelebt hat. Er schlägt einen Purzelbaum vor Freude und taucht ins Wasser.* Am Morgen gesteht der Fisch dem Jungen sein Heimweh: *Bitte bring mich zurück! Es ist unmöglich, in einer Badewanne glücklich zu sein!*

Der Junge ist traurig, aber er versteht seinen Freund, nimmt ihn auf den Arm, lässt ihn am See sanft ins Wasser gleiten. *Und als der Junge sah, wie vergnügt der Fisch mit den Flossen schlug und im See herumschwamm, da war auch er glücklich.* Jeder braucht eben „sein" Zuhause, um glücklich zu werden!

Mit seiner schlichten Erzählung (Bildebene) gelingt es Max Velthuijs, die philosophische Frage nach den Bedingungen eines glücklichen Zuhauses (Sachebene) auf eine für Kinder verständliche Weise zu stellen. Im Bild des riesigen Fisches in der Badewanne wird die Absurdität eines nicht angemessenen Zuhauses provokant sichtbar.

Ideen für die praktische Arbeit

Dialogisches Mit-Erzählen

Wir schauen uns die ersten 7 Doppelseiten der Geschichte an und erzählen entlang der Bilder, die das Wesentliche enthalten. Wir enden mit einem harmonischen Bild: Der Fisch schwimmt zufrieden in der Badewanne, der Junge liest ihm vor. Wie wird es weitergehen?

Nach dem Umblättern sehen wir Junge und Fisch beim Arzt. Erkältung lautet die Diagnose. Mit Verband schwimmt der Fisch jetzt in der Badewanne. Wir blättern um. Der Fisch fliegt durch die Luft! Das will enträtselt werden.

- Was stimmt an diesem Bild nicht?
- Hat der Fisch Flügel?
- Wohin will der Fisch? Was denkst du?
- Gib dem Bild eine Überschrift.

Der Text auf der nächsten Seite verrät uns die Lösung: Der Fisch hat sich zu seinem See geträumt. Er *schlägt einen Purzelbaum vor Freude und taucht ins Wasser. Da wachte er auf. Voller Enttäuschung schlug er mit den Flossen gegen die Badewanne.*

Wie geht es jetzt weiter? Wir überlegen, bevor wir uns Auflösung und Ende anschauen.

Protagonisten „Fisch" gegen ein „Eichhörnchen" zum Beispiel austauschen. Dann könnten wir auf der ersten Seite so anfangen:

Es war einmal ein Junge, der gern auf Bäume kletterte. Und immer träumte er davon, einmal eines dieser flinken Eichhörnchen zu fangen. Eines Morgens nahm er eine Käfigfalle voller Nüsse mit in den Wald.

Und so könnte es weitergehen:

Der Junge wartete. Die Sonne schien, es wurde warm, aber kein Eichhörnchen kam. Schließlich schlief der Junge ein. Er träumte von einem wunderschönen rotbraunen Eichhörnchen.

Als der Junge aufwachte, sah er, dass ein Eichhörnchen im Käfig saß. So ein schönes Eichhörnchen hatte er noch nie gesehen.

Nach diesem Muster arbeiten wir weiter. Wir schauen uns ein Bild an, lesen den Text dazu, ersetzen dann in Gedanken den Fisch durch das Eichhörnchen und erzählen die veränderte Geschichte aus.

Der Junge und der Fisch (Velthuijs)

Wer braucht welches Zuhause? ★★★
Und warum? Philosophisches Nachdenken mit Kindern

Fragen und Impulse unterstützen die Kinder bei ihrem philosophischen Gespräch.
- Zuerst ist der Fisch im See zuhause. Und danach?
- Beschreibe das neue Zuhause des Fisches.
- Kannst du sagen, ob der Junge den Fisch gern hat?
- Der Fisch wird krank. Hat der Junge etwas falsch gemacht?
- Der Fisch hat einen Traum. Erzähle!
- Was für ein Zuhause braucht der Fisch?
- Was bräuchte ein Eichhörnchen oder ein Feldhamster für ein Zuhause?

Eine Vorlage für die Umerzählung der Geschichte finden Sie im Download-Material:
M 3

★★★ Wenn wir die neue Geschichte aufschreiben und bebildern, haben wir ein eigenes Bilderbuch.

Auch für Kinder ab Ende 1. Klasse, die gerade erst lesen und schreiben können, finden Sie im Download-Material eine Vorlage: die zu einem Teil umerzählte Geschichte als Lückentext, in den nur noch Schlüsselwörter eingetragen werden müssen:
M 4

Eine Analog-Geschichte erzählen: ★★
Ein glückliches Zuhause!

Bilderbücher sind inspirierende Vorlagen für analoge Erzählungen. Wir müssen nur unseren

Post vom Erdmännchen (Gravett)

4.4 Post vom Erdmännchen: Auf der Suche nach dem perfekten Zuhause ★★

Erdmännchen Sunny lebt in der heißen Kalahari-Wüste im südlichen Afrika.[4] *Manchmal findet Sunny, es ist … ZU heiß.* Sunny kommt aus einer großen Familie. Man spielt zusammen, lernt zusammen, schläft zusammen. *Deshalb ist man sich untereinander SEHR nahe. Manchmal, findet Sunny, ZU nahe.*

Also packt er eines Montags seinen Koffer und schreibt seiner Familie eine kurze Nachricht: *Ihr Lieben alle! Ich bin weg, auf der Suche nach dem PERFEKTEN Ort zum Leben.* Die folgenden Episoden zeigen Sunny zu Besuch bei verschiedenen Verwandten. Von jeder Etappe schickt er eine Karte an seine Familie und erzählt, was ihm so widerfahren ist. Für Onkel Bills Sippe (Zwergmungos) ist Sunny zu groß, er bleibt im Eingang zum Bau stecken. Bei seinen Cousins, Zwergmangusten, die ihren Bau in einem verlassenen Termitenhügel angelegt haben, juckt es ihn zu sehr. Bei Cousine Mildred passt das Wetter nicht. Bea und Onkel Rob sind nachtaktive Mangusten und Sunny vermisst die übliche Schlafenszeit. Und Großtante Flo ist eine Sumpfmanguste, bei deren Zuhause für Sunny aber auch gar nichts mehr stimmt. Auf seiner Karte an die Familie lesen wir:

Großtante Flo lebt ganz allein in einem SUMPF!!! Es ist dunkel UND nass hier. Das Essen ist ekelhaft (schleimig) und mir ist kalt. Ich bin einsam und müde. Ich wünsch mir echt, ECHT, ECHT, ihr wärt hier (oder ich wär's nicht)!

Keine Frage! Sunny hat endgültig Heimweh und Sehnsucht nach seinem Zuhause bekommen. (Zu Heimweh als Zuhause-Weh und Heimweh als Heimat-Weh; vgl. die Einleitung zu Kap. 6.) Am Sonntag ist er wieder da, *wo es sehr heiß und trocken ist und sich alle ganz nahe sind. Und es ist … perfekt!*

Post vom Erdmännchen zeigt, dass einem das Zuhause auch einmal zu eng werden kann. Und Enge löst Sehnsucht nach Weite, nach dem Anderen, nach der Ferne aus. Aus der Ferne wiederum kann das vertraute Zuhause neu wertgeschätzt werden.

Der dramaturgische Wechsel zwischen den Ereignissen und Sunnys Briefen nach Hause macht das Buch eher für Ältere geeignet.

Ideen für die praktische Arbeit

Textentlastung mit Wortschatzarbeit ★★

Post vom Erdmännchen hat einen hohen Anteil an Sachinformationen, die mit einem entsprechenden Wortschatz verbunden sind. Wörter wie *Mangusten, Schakal, Termitenhügel, Cousin, Meute, Dünen* werden nicht allen Kindern geläufig und verständlich sein. Um allen einen verständigen Zugang zum Text zu ermöglichen, ist die Klärung dieser Begriffe vor oder während der Lektüre ratsam.

Dialogisches Mit-Erzählen und Vorlesen ★

Die ersten 4 Doppelseiten des Bilderbuches beschreiben Sunnys Zuhause, sein alltägliches Leben und das, was ihn daran stört (zu heiß, zu viel Nähe). Dann bricht das Erdmännchen auf in die Fremde, und wir begleiten es – von Montag bis Samstag – auf sechs Reisestationen. Die Bilder

Die Erzählkarte finden Sie im Download-Material: **M 5**

Post vom Erdmännchen (Gravett)

dieser Stationen zeigen uns jeweils, was Sunny hier missfällt (er ist zu groß für den Eingang zur Felsenhöhle, die Termiten stören ihn, er mag keine Eier usw.). Was wird wohl auf der Karte stehen, die er jeweils an seine Familie nach Hause schickt?, überlegen wir gemeinsam. Danach lesen wir Sunnys Originalkarte vor.

Nacherzählen mit einer Erzählkarte ★

Für eine Nacherzählung der Geschichte arbeiten wir mit einer Erzählkarte. Das ist eine Methode, um Kinder an zusammenhängendes Erzählen heranzuführen.

Szenisches Erzählen: ★★★
Die Suche nach dem PERFEKTEN Zuhause

Mit Sunnys gewohntem Familienleben zu Beginn (Szene 1), den sechs Verwandtenbesuchen und seiner Rückkehr ins perfekte Zuhause (Szene 8) haben wir acht Stationen, die von einem Erzähler/einer Erzählerin erzählt und von „Erdmännchen" in Szene gesetzt werden können.

Eine komplette Vorlage für das szenische Spiel finden Sie im Download-Material: **M 6**

Das szenische Spiel und der Kern der jeweiligen Szene. Während Erzähler/Erzählerin für das Publikum die jeweilige Szene kurz vorstellen (wo spielt diese Szene, wo ist Sunny gerade, worum geht es?) führen die Spielenden – als Erdmännchen verkleidet – den jeweiligen Kern der Szene auf. Über diesen „Kern" müssen sich die Beteiligten vorab verständigen. Der folgende Leitfaden dazu ist hilfreich:

- Was soll der Erzähler/die Erzählerin vorher zu unserer Szene sagen?

Erdmännchen (Zeichnung von Ulrike Bruns)

- Was ist wichtig in unserer Szene? Was wollen wir dem Publikum zeigen?
- Wie muss eine einfache Bühne für unsere Szene aussehen?
- Brauchen wir Requisiten? (Reisekoffer, Regenschirm, Taschenlampe usw.)
- Wie beginnen wir unser Spiel?
- Sunny spielt in der Hauptrolle. Wer spielt noch mit?
- Wer macht was?
- Welche – kurzen – Texte werden gesprochen?
- Wir beenden unsere Szene jeweils mit einem Sunny, der eine Karte schreibt.
- Der Erzähler / die Erzählerin lesen die Karte vor.

Wir verwandeln uns in Erdmännchen. Die Verwandlung in ein Erdmännchen ist nicht schwer. Statt einer Maske nutzen wir ein Make-up.[5]

Die Kinder grundieren ihr Gesicht in einem Braunton, der im Bereich von Mund und Nase in einen helleren Cremeton übergeht. Die Übergänge werden dabei leicht verwischt. Auch der Mundbereich wird in der Farbe der Grundierung herausgehoben.

Anschließend werden die Augen mit Schwarz umrandet. Auch hier wird das Schwarz zur Grun-

---

BEISPIEL

Beispiele für Spielszenen

Beispiel Spielszene 2:
Zu Besuch bei Onkel Bill
Erzähler / Erzählerin: Sunny ist bei Onkel Bill und den Zwergmangusten angekommen. Alle freuen sich, dass er da ist. Auf einmal taucht ein Fuchs auf.
Spielende: Alle rennen aufgeregt über die Bühne und dann in ihre Höhle. Aber Sunny ist zu groß für die Höhle der Zwergmangusten. Sunny, ein wenig mollig ausstaffiert, passt nicht in die Öffnung eines Kinderkriechtunnels. Zum Glück sieht ihn der Fuchs nicht. Aber am anderen Tag zieht er weiter.

Beispiel Spielszene 6:
Nachtleben in Madagaskar
Erzähler / Erzählerin: Am Freitag kommt Sunny bei Tante Bea und Onkel Rob an. Das sind nachtaktive Verwandte. Die schlafen am Tag und sind in der Nacht wach.
Spielende: Passend wäre eine Schlafmatte für *Sunny*, gleichzeitig ein greller Lichtstrahler, direkt auf ihn gerichtet. Und laute Musik läuft. Die anderen Erdmännchen machen eine Party. Sunny zieht sich die Bettdecke über den Kopf. Er würde gern schlafen. Am anderen Tag zieht er weiter.
Zwei weitere Rollen
In Szene 2 brauchen wir einen Fuchs und einen Vogel (den Rotschnabel-Toko), der die Zwergmangusten vor dem Fuchs warnt. Am schnellsten geht hier eine Verwandlung mit Masken. Entsprechende Vorlagen und Anleitungen finden sich im Internet:

Eine Fuchsmaske zum Selberbasteln finden Sie auf der Seite:
- *https://blog.vertbaudet.de/2017/11/ fuchsmaske-zum-ausdrucken-und-basteln/*

Eine Anleitung für eine einfache Vogelmaske bietet diese Webseite:
- *http://www.kidsweb.de/schule/kidsweb_ spezial/fasching_spezial/eisbaer_maske/vogelmaske_ basteln.html*

dierung hin leicht verwischt. Jetzt wird nur noch die Nasenspitze schwarz gefärbt. Auf der Oberlippe wird eine dünne schwarze Linie gezogen, das ist das Maul des Erdmännchens.
Fertig ist das Gesicht!

Für den Körper des Erdmännchens ist ein brauner Overall mit Kapuze ideal. Ein braunes Kleidungsstück (Pullover, Sweatshirt mit Kapuze) tut es aber auch. Schließlich hat das Publikum ja Fantasie.

Jetzt müssen die Spielenden nur noch die typische Haltung der Tiere einnehmen und wir haben eine Bühne voller Erdmännchen.

Die Bühne. Die Bühne gibt uns einen wichtigen Rahmen, in dem wir uns bewegen und spielen können. Bei unserem Spiel kommt es darauf an, mit möglichst wenig Aufwand eine Bühne herzustellen, die den Kern des Geschehens sichtbar macht. Für den Besuch bei Onkel Bill brauchen wir einen Kriechtunnel, durch den Sunny nicht passt, bei Kritz und Kratz ist im Hintergrund das Bild eines Termitenhügels zu sehen, bei Cousine Mildred läuft Sunny vor einem dunklen Vorhang mit einem Regenschirm hin und her, aus einem Lautsprecher kommen die ganze Zeit plätschernde Regengeräusche und so weiter.

Anmerkungen

1. Quelle: https://www.myzitate.de/heimat/ [10.3.2020].
2. Zum Begriff der produktiven Frage vgl. Jos Elstgeest, Die richtige Frage zur richtigen Zeit, in: Die Grundschulzeitschrift, Heft 98, 1996.
3. Vgl. Jochen Hering: *Kinder brauchen Bilderbücher. Erzählförderung in Kita und Grundschule.* Seelze, 2. Aufl. 2018, Kap. 4, S. 76 – 107: *In der Werkstatt des Erzählens. Wie sich Erzählfähigkeit entwickelt.*
4. Erdmännchen gehören zu den Mangusten, zu denen u.a. auch Mungos, Zwergmangusten und Zebramangusten gehören. Verbreitungsgebiet ist vor allem das südliche Afrika.
5. Die folgenden Tipps beruhen auf: http://www.helpster.de/erdmaennchen-kostuem-naehen-tipps-und-anregungen-fuer-ein-ausgefallenes-karnevalskostuem_154374 [2.4.2019].

5 Wo das Herz zuhause ist

Da leb ich nimmer
Und bin doch immer da.

Nora Gomringer[1]

Was macht ein Haus, eine Wohnung, ein Zimmer zu einem Zuhause? Dazu hat jedes Kind Erfahrungen, Vorstellungen, Wünsche und kann mitreden. Es kann von dem erzählen, was sein Zuhause ausmacht, was es nicht missen möchte, was es braucht, um sich geborgen zu fühlen. Dieser Raum, der dem Leben bis zum Ende der Kindheit den wesentlichen Rahmen gibt, ist überschaubar. Beim Thema Heimat sieht das anders aus. Heimat ist für die meisten Kinder zunächst selbstverständlich. Wer seine Heimat noch nie verlassen hat, wer nichts anderes kennt, für den ist sie fraglos. Das Besondere wird, mangels Vergleich, nicht wahrgenommen. Schon Urlaubserlebnisse in einem fremdartigen Land können eine erste Brücke zur Unterscheidung von Heimaten sein, vorausgesetzt man hat den Urlaub nicht „all-inclusive" in einem Touristenghetto verbracht. Aber wer als Kind sein Ursprungsland verlassen hat bzw. verlassen musste, wer sich jeden Tag aufs Neue auf einmal nicht mehr oder nur schwer verständigen kann, wer auf eine andere Landschaft, fremde Speisen und unvertraute Gebräuche trifft, für den wird Heimat als „alte" und „neue" Heimat durchgehendes Erleben.

Heimat ist zuallererst eine Differenzerfahrung. Und diese Erfahrung machen alltäglich die bei uns lebenden Kinder aus anderen Ländern. Sie erleben alte und neue Heimat am eigenen Leib. Und das Gespräch mit ihnen bietet allen Kindern einen nachvollziehbaren Zugang zum Thema Heimat.

Auch über Geschichten und Bilder kommen wir mit *fremden Heimaten* ins Gespräch. Die Bilderbücher in diesem Kapitel behandeln das Thema zum Teil sachlich, zum Teil ausgesprochen witzig *(Gordon und Tapir)*. Sie plädieren dafür, sich Raum zu lassen und Andersartigkeiten zu respektieren.[2]

Bilderbuch	Schwerpunkt	Arbeitsmethoden
Heimat ist da, wo das Herz zu Hause ist ★	Stadt und Land; mit ungewohnten Herausforderungen / fremden Alltagsmustern zurechtkommen	▪ pantomimisches Mit- und Nacherzählen ▪ Tagebuch schreiben ▪ mit allen Sinnen: Heimat hören, Klänge und Geräusche
Nasengruß & Wangenkuss. So macht man Dinge anderswo ★★	kulturelle Vielfalt; sachliche Darstellung von Lebensweisen und Gebräuchen	▪ mit allen Sinnen: Heimat schmecken ▪ Vielfalt erleben: einfache Spiele ▪ das Begrüßungsspiel ▪ recherchieren
Gordon und Tapir ★★	witzige Präsentation „heimatlicher Muster"; Schwierigkeiten und Toleranz im Zusammenleben	▪ ein Bilderbuchgespräch ▪ ein Akrostichon ▪ Konfliktlösungen: ein szenisches Spiel ▪ Gestaltung eines Dioramas

5.1 Heimat ist da, wo das Herz zu Hause ist! ★

Die kleine Maus ist ganz erschöpft vom Leben in der großen Stadt. Sie fühlt sich sehr, sehr matt. So beginnt Richard Jones' und Libby Waldens gereimtes Bilderbuch *Heimat ist da, wo das Herz zu Hause ist!* Aber die Maus hat einen Freund auf dem Land und schlägt per Brief einen Wohnungstausch vor. Die Idee wird begeistert aufgenommen. Auch die Landmaus *„wollte doch schon immer verreisen – und jetzt geht's in die Stadt."*[3] Die scheinbar befriedigende Lösung führt allerdings zu Schwierigkeiten. Zunächst ist die Stadtmaus noch vom Landleben begeistert. So viele andere Tiere leben da. Und wie still es ist!

Aber dann … *Die Vögel sind schon sehr früh wach, sie begrüßen die Sonne. Das frühe Zwitschern ist nicht für jeden eine Wonne.*

Der Landmaus ist es auch nicht besser ergangen. Für sie ist der Lärm in der Stadt nicht auszuhalten. Und die Scherereien setzen sich fort. Ein Vogel warnt die Stadtmaus in letzter Sekunde davor, giftige Beeren zu essen. Und auch die Landmaus wird gerade noch gerettet. *„Halt! Ganz ehrlich, fass den Käse nicht an!"*, ruft ihr die Spinne zu. Das Stück Käse ist der Köder in einer tödlichen Mausefalle. So sind beide am Ende froh, als sie wieder in ihre vertraute Heimat zurückkehren können.

Beide Mäuse haben ihr Zuhause (ein Haus mit Speisekammer, einen hohlen Baumstamm). Aber die Geschichte erzählt außerdem von der jeweils unterschiedlichen Heimat und den damit verbundenen Gewohnheiten und Erfahrungen. Dass es in der Stadt anders zugeht als auf dem Land, wird den beiden Mäusen im Verlauf der Geschichte klar. Sie erleben den Verlust des Selbstverständlichen. Und in der plakativen Gegenüberstellung von Stadt und Land (es hätte ähnlich auch um das Leben am Meer und in den Bergen gehen können) wird Heimat als Lebensraum mit damit verbundenen typischen Lebensbedingungen schon für Jüngere sichtbar und nachvollziehbar.

Heimat ist da, wo das Herz zuhause ist (Jones/Walden)

Ideen für die praktische Arbeit

Mit-Erzählen mit einer Erzählpantomime ★

Bei einer Erzählpantomime wird die Geschichte während des Vorlesens von den Zuhörenden mit Gestik und Mimik begleitet und so körperlich miterzählt. Das ist eine einfache Methode,

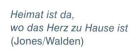

Heimat ist da, wo das Herz zu Hause ist (Jones/Walden)

Erzählpantomime: Emil ist begeistert … … Emil schläft … … Emil wird geweckt … … Emil und die gefährliche Falle.

Konzentration und Zuhörlust und den kreativen Ausdruck mit dem eigenen Körper (Körpersprache!) zu fördern.

Bei der Vorbereitung bietet es sich an, entsprechende Spielwörter festzulegen, gemeinsam nach passenden Pantomimen zu suchen und ein Zeichen (vielleicht eine Handbewegung) zu vereinbaren, das auf das dann kommende Spielwort und seine pantomimische Begleitung aufmerksam macht. Die Pantomime zeigt auch, welche Wörter von den Zuhörenden verstanden werden, welche nicht (eine spielerische Übung für die Wortschatzarbeit). Mit jüngeren Kindern werden Geschichte und Pantomime seitenweise erarbeitet und eingeübt, bevor dann das Erzählte pantomimisch begleitet wird. In unserer Geschichte kann eine Hälfte der Kinder die Rolle der Stadtmaus, die andere die der Landmaus übernehmen.

Beispiel: *Die kleine Maus ist ganz* (Zeichen) *erschöpft vom Leben in der großen Stadt. Sie* (Zeichen) *träumt von Urlaub und* (Zeichen) *Ruhe.*
Die Landmaus (Zeichen) *liest den Brief, dann* (Zeichen) *tanzt sie und hüpft auf und ab.*
Die Maus in der Stadt und auf dem Land (Zeichen) *packen ihre Koffer …* (Zeichen) *gießen die Pflanzen,* (Zeichen) *schließen die Türen*

Kreatives Schreiben / Malen: ★★
Ein Tagebucheintrag

Stell dir vor, du schreibst für eine der beiden Mäuse Tagebuch. Vielleicht für die Landmaus?
- Was erlebt die Landmaus in der Stadt?
- Schreib 5 Wörter dazu auf 5 kleine Zettel. Drehe die 5 Zettel um. Vermische sie. Lege sie untereinander und drehe sie um.
- Denk dir jetzt zu den 5 Wörtern der Reihe nach 5 Sätze aus.
- Schreib die Sätze auf oder erzähle sie.

Kitakinder malen ein Tagebuch-Bild: Was hat die Maus in der fremden Heimat erlebt? Wie hat sie sich gefühlt? Anschließend stellen sie ihr Bild vor und erzählen dazu.

Mit allen Sinnen (1): ★
Heimat kannst du hören – Klänge und Geräusche aufnehmen
- Welche Klänge und Geräusche hört die Stadtmaus jeden Tag?

BEISPIEL

Beispiel Tagebucheintrag
Gefährlich – anders – laut – Falle – vermissen.
Diese 5 Wörter hat sich Louis, 2. Klasse (Berlin) ausgesucht. Dazu schreibt er:

Liebes Tagebuch.
Ich vermisse meine alte Heimat.
Die ganze Stadt ist irgendwie anders als das Land.
Und viel gefährlicher, weil da so viele Räder und Katzen und so was sind.
Und in der Vorratskammer ist es auch sehr gefährlich, weil da Fallen aufgestellt sind.
Ich vermisse meinen Baumstamm.

Klang und Geräusch

Ein **Klang** ist ein Schallsignal, das wir zumindest in Teilen als harmonisch empfinden (Vogelgezwitscher zum Beispiel oder das Summen einer Biene). Ein **Geräusch** dagegen bezeichnet als Sammelbegriff alle Hörempfindungen, die wir nicht als klangvoll empfinden (eine quietschende Straßenbahn). Die Grenzen sind dabei fließend und unsere Empfindungen auch subjektiv.

Vgl. dazu Töne und Geräusche in Bildern im Internet: *http://www.lehrklaenge.de/PHP/Akustik/Klang_Geraeusch.php* (aufgerufen am 7.4.2020).

Räume: Am Meer, Insel Langeoge

- Welche Klänge und Geräusche hört die Landmaus jeden Tag?

Ihr braucht ein Handy oder ein Aufnahmegerät. Sucht euch in Gruppen einen für die Stadt oder das Land typischen Platz.

- Stellt euch zum Beispiel an eine Kreuzung oder geht in ein Wäldchen oder einen Park. Spielt euch anschließend eure Aufnahmen vor. Die Zuhörenden müssen die jeweiligen Klänge und Geräusche erraten.
- Anschließend überlegen wir:
  – Welcher Klang / welches Geräusch war uns vertraut?
  – Welcher Klang / welches Geräusch war uns fremd?
  – Bei welchem Klang / Geräusch fühlten wir uns wohl? Warum?
  – Bei welchem Klang / Geräusch fühlten wir uns unwohl? Warum?
  – Bei welchem Geräusch dachten wir an ein Abenteuer?

Generell sollten Kinder nur in der Gruppe unterwegs sein. Für die jüngeren (bis Klasse 2) ist die Begleitung durch einen Erwachsenen notwendig.

Mit allen Sinnen (2): ★★
Hör-Reisen und Heimat-Klangteppiche

Räume / Heimaten haben typische Klänge und Geräusche. Aus ihrer Vielzahl entsteht eine akustische Atmosphäre, die wir mit genauem Hinhören erkunden können.

Im Internet können wir leicht mit den Ohren in die Welt reisen, ans Meer etwa oder durch den Dschungel.

Aufgaben:
- Klänge und Geräusche heraushören und benennen.
- Den jeweiligen Raum / die Heimat erkennen.

Beispiele für Hör-Reisen auf YouTube
- Stadt-Fahrt mit der Straßenbahn:
  https://www.youtube.com/watch?v=kElq2hPztg0
- In einem Dorf:
  https://www.youtube.com/watch?v=XIKjEvQQQeI
- Naturgeräusche Wald:
  https://www.youtube.com/watch?v=KYYA_lDqywY
- Landschaftsschutzgebiet in Nürnberg:
  https://www.youtube.com/watch?v=0-vsq0ICHE4
- Der Dschungel erwacht:
  https://www.youtube.com/watch?v=dyP4kedEGNE
- Am Meer:
  https://www.youtube.com/watch?v=eVSTc4IUB0I
- Schneesturm in der Arktis:
  https://www.youtube.com/watch?v=HDL-4eW-ma1Y

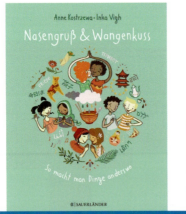

Nasengruß & Wangenkuss
(Kostrzewa/Vigh)

Nasengruß & Wangenkuss
(Kostrzewa/Vigh; Bildausschnitt)

5.2 Nasengruß & Wangenkuss – ★★
So macht man Dinge anderswo

Nasengruß & Wangenkuss heißt das Sachbilderbuch, das uns mit Beispielen unterschiedlicher Lebensweisen und Gebräuchen die Vielfalt auf der Welt vor Augen führt. Aufgrund seines Textes ist es eher für Ältere geeignet. Die Arbeitsideen zu einfachen Abschnitten aus dem Buch (Texte über Tischsitten, Feste, Geschenke oder *Alle Kinder auf der Welt spielen gerne*) lassen sich aber durchaus auch schon mit Jüngeren umsetzen.

ⓘ
Eine Leseempfehlung zur kulturellen Vielfalt für Jüngere ist das Sachbilderbuch von Lena Schaffer: *Wir gehen zur Schule. Von Kenia bis Amerika,* Hildesheim, 2. Aufl. 2019.

⬇
Vgl. dazu auch die Kurzvorstellung des Buches im Download-Material: **M 19**

Es gibt unterschiedliche Tischsitten. Manche Menschen hocken im Schneidersitz auf dem Boden, andere sitzen am Tisch. Manche essen mit Messer und Gabel, andere mit den Fingern. Und unsere Geschmäcker unterscheiden sich, werden wahrscheinlich von früh an geprägt. Was die Mutter isst, schmeckt das Kind im Bauch.

Und wer weiß schon, wie verschieden die Art des Schenkens und der Umgang mit Geschenken von Land zu Land sein kann? *In Japan werden die Geschenke erst geöffnet, wenn der Schenkende gegangen ist, um ihn nicht in Verlegenheit zu bringen.*

Eine Uhr ist in China kein gutes Geschenk: Sie steht für Vergänglichkeit; der Beschenkte wird glauben, dass man ihm kein langes Leben wünscht.

Alle Kinder auf der Welt spielen gern. Und in jedem Land gibt es einfache Spiele, die jeder selbst machen kann. Steinchen oder Holzstückchen können leicht zum Spielzeug werden.

Nasengruß & Wangenkuss macht Lust darauf, Beispiele zur kulturellen Vielfalt am eigenen Leib auszuprobieren.

Ideen für die praktische Arbeit

Mit allen Sinnen: Heimat schmecken ★
Vor den Kindern stehen sechs Gewürzdosen, mit Gewürzen, die für sechs Länder typisch sind:
- Basilikum (beliebtes italienisches Gewürz)
- Harissa (beliebtes Gewürz in der türkischen Küche)
- Kreuzkümmel / Cumin (beliebtes Gewürz in der arabischen Küche)

- frische Pfefferminze (beliebt in der nordafrikanischen Küche)
- Curry (beliebtes Gewürz in der indischen/asiatischen Küche)
- Senf (aus Senfkörnern hergestelltes beliebtes deutsches Gewürz)

Jedes Kind darf mehrmals an den Gewürzen vorbeigehen, konzentriert riechen und schmecken. Wir können das Geruchserleben noch vertiefen, wenn wir gemeinsam nach passenden Worten für das jeweilige Gewürz suchen. Beispiele:
- Pfefferminze riecht frisch und scharf.
- Senf riecht etwas beißend.
- Basilikum riecht ein wenig süßlich und pfefferig.
- Curry …

Zum Schluss kommt die Geruchsprobe:
- Hast du mit verbundenen Augen das Gewürz erkannt?
- Woran hast du es erkannt?
- Wonach hat es geschmeckt?

Vielfalt erleben:
Einfache Spiele bei uns und in anderen Ländern

★ ★ **Mikado selbst gemacht.** Du brauchst:
- Zweige aus dem Garten
- eine Gartenschere oder eine Handsäge
- ein Schnitzmesser
- eine Schere
- buntes Klebeband in den unterschiedlichen Farben der Mikadostäbe
- oder: Farben und Pinsel, um die Stäbe zu bemalen
- Spielregeln, zum Beispiel unter: https://www.ludomax.de/spielregeln/204-mikado-spielregeln.html.

Mikado wird überall auf der Welt gespielt. Üblich sind 41 Stäbchen aus Holz, an beiden Enden angespitzt, mit unterschiedlichen Farben gekennzeichnet. Die Farben verraten, wie viele Punkte der jeweilige Stab wert ist. Gespielt wird auf glattem Boden. Einer der Spieler nimmt alle Stäbe gebündelt in die Hand und lässt sie dann fallen. Jetzt darf der erste Spieler einen Stab nach dem anderen aufheben, solange kein anderer dabei wackelt. Sonst ist der nächste Spieler an der Reihe. Gewonnen hat, wer am Ende die meisten Punkte gesammelt hat.

Rosmarin

Mikado

Bes tas: Regeln und Ablauf
Leg die 4 Steine vor dir auf den Boden.

Runde 1: Wirf einen Stein hoch, nimm einen anderen Stein vom Boden auf und fange den hochgeworfenen Stein.

Runde 2: Wirf wieder einen Stein hoch und fang ihn auf. Dazwischen musst du 2 Steine vom Boden aufheben.

Runde 3: Klar oder? Jetzt musst du zwischendrin 3 Steine aufheben.

In der **Runde 4** sind es dann 4 Steine.
Du kannst auch mit 3 oder 5 Steinen spielen.

Bes tas:
Spiel mit 4 Steinen

★ ★ **Bes tas (Fünf Steine).** Mir wurde dieses Geschicklichkeitsspiel vor vielen Jahren von türkischen Schülerinnen und Schülern einer 5. Klasse gezeigt. Du brauchst: 4 runde Steine. Wenn du möchtest, kannst du sie bemalen. Du kannst das Spiel auf dem Schulhof spielen, beim Warten auf die Straßenbahn … Es dauert nur Minuten. Wer alle Runden geschafft hat, gewinnt.

Das Begrüßungsspiel ★
Auf der Doppelseite *Umgangsformen* werden sieben verschiedene Formen der Begrüßung aufgeführt.

Jedes Kind bekommt einen Zettel mit einer Begrüßungsform (es gibt also bei mehr als sieben Kindern alles mehrfach). Die Spielenden laufen stumm durch die Klasse, bei einem vereinbarten Signal bleiben immer zwei voreinander stehen und begrüßen sich.

Abschlussgespräch. Manche Begrüßungen passen nicht gut zusammen.
- Was wird ein Japaner denken, wenn er auf Französisch begrüßt wird?
- Und wie geht es wohl einer Thailänderin, die von einer Inuit mit der Nase willkommen geheißen wird?

Nasengruß &
Wangenkuss
(Kostrzewa/Vigh;
Ausschnitt)

Die Ureinwohner Neuseelands, die Maori, legen bei ihrer traditionellen Begrüßung Stirnen und Nasen aneinander. So werden auch Staatsgäste aus anderen Ländern dort respektvoll begrüßt.

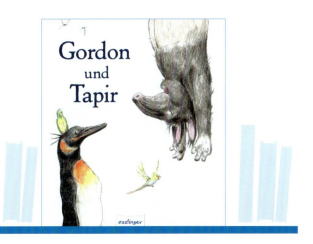

5.3 Gordon und Tapir: Von den Schwierigkeiten des Zusammenlebens

Erinnern wir uns. Als Kind war unsere Ordnung meist nicht unsere. Es war die der Erwachsenen. Später, in der Wohngemeinschaft, war wiederum die Unordnung der anderen nicht unsere Ordnung. Und noch später, in der Familie, waren es – da schließt sich der Kreis – die Kinder, mit deren Ordnungsvorstellungen man sich leicht in alltägliche Konflikte verstricken konnte. Um unterschiedliche Vorstellungen von Ordnung geht es auch in der Geschichte von *Gordon und Tapir*.

Pinguin Gordon sitzt auf dem Klo, hält die Zeitung aufgeblättert in der linken Hand, dann greift die rechte zum Klopapier – vergeblich. Kein Papier da! Gordon macht sich auf den Weg durch die Wohnung. Überall ausgerolltes Klopapier, in Tapirs Zimmer bilden die Papierschlangen eine Art Dschungeldickicht. Der Boden klebt von Tapirs Obst. Seine Vogelanlage (offensichtlich ein Hifi-Vorläufer) ist zu laut, in der Spüle türmt sich das schmutzige Geschirr, obwohl er mit Spülen an der Reihe ist. Und seine Freundin – ein Nilpferd – blockiert Tag für Tag das Bad. So kann es nicht weitergehen! Allerdings hat es auch Tapir nicht leicht. Gordon übertreibt es mit der Ordnung. Alles ist sorgfältig aufgeräumt, gestapelt, nach Größe sortiert. Und sein Fischrestemüll stinkt gewaltig!

So häufen sich die Vorwürfe gegeneinander. Und mit missmutigem Gesicht sehen wir beide abends in ihrem Bett liegen. Aber dann geht Gordon einen mutigen Schritt. Er zieht aus. Und als Tapir von der Arbeit nach Hause kommt, liegt da ein freundschaftlicher Brief:
Lieber Tapir, ich wohne jetzt woanders, gar nicht weit von Dir. … Ruf mich an, ich freue mich über Deinen Besuch! Bis gleich, Dein Gordon.

Natürlich ruft Tapir gleich an. Und ein neuer Abschnitt in der Freundschaft der beiden beginnt.

Der eine hat es gern übersichtlich und aufgeräumt, die andere liebt ihre Unordnung. Lebt man zusammen, muss man sich arrangieren, die Schmerzgrenze des anderen nicht zu sehr und nicht zu oft überschreiten. Gemeinsame Ordnung will gekonnt und gewollt sein.

Hinter dieser Geschichte im Vordergrund verbirgt sich aber noch eine weitere. Pinguin Gordon kommt aus der Antarktis, wo die meisten seiner Artgenossen leben. Sein Lebensraum ist das offene Meer. Nur zum Brüten gehen die Pinguine für längere Zeit an Land. Sehen wir uns Bilder zur Heimat der Pinguine an, dann sind das überschaubare Eis- und Steinflächen, vegetationslose Lavafelder, subantarktisches Grasland. Das hat alles etwas Aufgeräumtes und Ruhiges, passt also gut zu Gordons ordentlicher Lebensweise.

Wie anders dagegen Tapirs Herkunft! Als Urwaldbewohner lebte er in dichten Wäldern voller Früchte, Beeren, Blätter und voll mit dem Geschrei anderer Urwaldbewohner. Und diese Herkunft spiegelt sich in seinem Wohnverhalten. Lärmend, wild, kreuz und quer, ungeordnet, so lebt auch Tapir. Die Gewohnheiten und Vorlieben der beiden sind von ihrer jeweiligen Heimat geprägt.

Gordon und Tapir (Meschenmoser)

Gordon und Tapir (Meschenmoser)

BEISPIEL	**Akrostichon: zwei Beispiele** **G**ründlich **O**rdentlich **R**uhig **D**urchgedreht wegen Lärm **O**ft sauer über Tapir **N**icht länger zusammen mit Tapir. **T**onnenschwer **A**ffenfreunde **P**apageienfreunde **I**mmer wild **R**adio aus Vögeln <div style="text-align:right">(Louis, Berlin, 2. Klasse)</div>

Ideen für die praktische Arbeit

Ein Bilderbuchgespräch: ★
Gordon und Tapir sind verschieden
Wir schauen uns die ersten 7 Seiten an:
- Wie sieht Tapirs Zimmer aus?
- Was stört Gordon an Tapir?

Wir schauen uns 4 weitere Seiten an.
- Wie sieht Tapirs Zimmer aus?
- Was stört Tapir an Gordon?

Gordon und Tapir sind verschieden.
- Erzähle, was die beiden unterscheidet.
- Wieso sind sie so verschieden?
- Hast du einen Verdacht?

Ein anderer Einstieg noch vor der Bilderbuchgeschichte könnte so aussehen: Wir legen Bilder verschiedener Tiere und Lebensräume aus und lassen die Kinder überlegen, wer wo wohnt.

Ein Akrostichon: Gordon und Tapir ★★
Schreibe die Buchstaben des Wortes *Gordon* oder *Tapir* untereinander und finde zu jedem Buchstaben ein Wort, das zu *Gordon* oder *Tapir* passt. Es können auch mehrere Wörter sein.

Wenn du magst, kannst du zum Schluss aus deinen Worten eine kurze Geschichte schreiben.

Für Kinder, die die deutsche Sprache gerade erst lernen, ist diese Aufgabe sicherlich überfordernd. Sie könnten stattdessen aus einem Fundus an **Wort-Bild-Karten** diejenigen heraussuchen, die zu Gordon bzw. Tapir passen.

Mit Bildern aus Zeitschriften und der Handykamera lassen sich leicht kleine Bildkarten herstellen, wie ein angebissener Apfel, eine zerdrückte Orangensafttüte, eine chaotische Spielecke (Tapir), Farbstifte in Reih und Glied und ein Teller mit Besteck daneben (Gordon).

Die Bildkarten sind einmal assoziative Erzählimpulse. Zusammen mit der Aufgabe „Was passt zu wem?" üben sie außerdem ein in logisches und begründendes Denken: „Einen angebissenen Apfel herumliegen lassen, das hat bestimmt Tapir gemacht. Im Urwald frisst den ja auch sofort ein anderes Tier auf." – „Das Besteck liegt ordentlich neben dem Teller. Das passt zu dem ordentlichen Gordon."

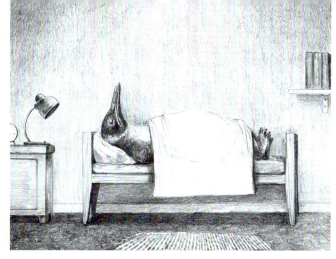

Gordon und Tapir (Meschenmoser): Gordon schläft

Wir sind verschieden – wie gehen wir damit um? Konfliktlösungen szenisch spielen ★★

Zwischen unseren beiden Helden kommt es zum Streit. Die Gefühle der beiden sind deutlich auf ihren Gesichtern abzulesen. Beide liegen danach grummelnd in ihren Betten (Doppelseite 12), die schwarz-weißen Bilder spiegeln ihre düstere Stimmung. Wir brechen die Lektüre erst einmal ab. Wie wird es weitergehen?

Die Kinder schauen voraus und erzählen von ihren Vorstellungen. Der Austausch untereinander erweitert den Blick. Mögliche Lösungen werden dann im szenischen Spiel vorgestellt. Das Nachdenken über zwischenmenschliche Konflikte und mögliche Lösungen (auch mit Blick auf die jeweilige heimatliche Prägung der beiden) steht im Mittelpunkt. Im Spiel spiegelt sich das Denken und Empfinden der Beteiligten.

Gordon und Tapir (Meschenmoser): Tapir schläft

Bildkarten für assoziative Erzählanlässe

Louis, 2. Klasse, Berlin, bei der Arbeit an einem Diorama

Tapirs Heimat, Justus, 2. Klasse, Bremen

Vorbereitung des Spiels – Bühne und Maske. Gordon und Tapir sehen sich beim Frühstück wieder. Als Bühne dient uns ein entsprechend gedeckter Frühstückstisch mit dem jeweiligen Lieblingsfrühstück (vgl. Bilderbuch). Vorlagen für einfache Pinguin- und Tapirmasken finden sich im Internet. Alternativ ist es auch möglich, Gordon (Pinguin) mit einer schwarzen Jacke und einem weißen Hemd auszustatten. Tapir trägt eine knallbunte Jacke und ist mit Tüchern und bunten Bändern geschmückt.

Gemeinsam tragen wir noch einmal unser Wissen über die beiden zusammen und erarbeiten so eine Rollenbiografie (vgl. Kap. 11.8). In Kleingruppen entwerfen die Kinder anschließend einen möglichen Dialog zwischen beiden. Der Text kann auf Rollenkarten in Stichworten aufgeschrieben werden.

Beispiele: „Ich bin nicht unordentlich. Für mich ist das normal. Bei uns im Urwald …" – „Ich bin nicht übertrieben ordentlich. Bei uns am Südpol …"
- Gordon und Tapir trennen sich wütend, beschimpfen sich, wollen nie mehr etwas miteinander zu tun haben.
- Einer gibt nach und passt sich dem anderen an.
- Sie finden einen Kompromiss. Jeder gibt ein wenig nach.

Und so weiter.

Nach dem Spiel. Die zuschauenden Kinder kommentieren die jeweiligen Dialoge und Konflikt-

100 Kinder: Statistik für Kinder

Hinter großen Zahlen bleiben die Menschen unsichtbar. Deshalb sind Christoph Droesser und Nora Coenenberg in ihrem Buch *100 Kinder* einen anderen Weg gegangen. Was wäre, fragen sie, wenn die Welt ein Dorf wäre? Und die 100 Kinder in diesem Dorf stehen stellvertretend für alle 2 Milliarden Kinder dieser Welt: 13 Kinder in diesem Dorf sprechen Chinesisch, nur ein Kind spricht Deutsch. 5 Kinder leben auf der Straße, sie haben kein Dach über dem Kopf und kein Zuhause. 13 Kinder leben dort, wo Krieg herrscht. 16 Kinder haben keine Schuhe, 15 Kinder kein sauberes Trinkwasser, 21 keinen elektrischen Strom.

100 Kinder ist ein für Jüngere verständliches bebildertes Sachbuch über Vielfalt, Unterschiedlichkeiten und Ungerechtigkeiten unseres Lebens auf dieser Erde.

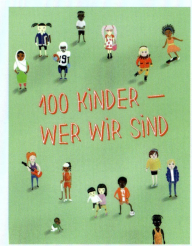

Christoph Droesser/Nora Coenenberg:
100 Kinder – wer wir sind
(Stuttgart, Neuausgabe 2020)

lösungen. Abschließend stellen wir die Lösung aus dem Buch vor.

Gestaltung eines Dioramas: ★★
Heimat und Prägung im Schuhkarton

Dass unsere Heimat unsere Vorstellungen und Vorlieben prägt, ist eine wichtige Einsicht, die wir aus der Geschichte von *Gordon und Tapir* mitnehmen können. Wir vertiefen unsere Gedanken darüber mit der Gestaltung eines Dioramas (siehe Kap. 11.20). Für Jüngere bietet sich die Gestaltung der jeweiligen Wohnung von Gordon bzw. Tapir an.

★★★ **Ältere** können ein Diorama zu einer analogen Geschichte bauen. Stellen wir uns ein Bilderbuch vor mit dem Titel Nicki und Kleo. Nicki ist ein Nilpferd und Kleo eine Kletterziege (Gebirgsziege). Wie werden die Zimmer der beiden aussehen? Für eine wirklichkeitsnahe Gestaltung müssen wir recherchieren: Wie sehen die Lebensräume und Gewohnheiten der beiden Hauptfiguren aus? Am Ende findet eine Ausstellung statt, in der jedes Kind seine Arbeit vorstellt.

Anmerkungen

1. Nora Gomringer: Heimat, in: Anton G. Leitner (Hrsg.): *Heimat, Gedichte.* Stuttgart 2017, S. 9.
2. Ein Bilderbuch, das diesen Respekt betont, in diesem Band aber nicht ausführlich vorgestellt wird, ist Antja Damms *Und plötzlich war Lysander da.* Frankfurt/Main 2017.
3. Die Protagonisten erinnern an Äsops klassische Fabel *Die Stadt- und die Landmaus*. Während es bei Äsop aber um die kritische Betrachtung eines Lebens im Überfluss geht, setzt sich dieses Bilderbuch mit der Verschiedenartigkeit von Lebensräumen auseinander.

6 Heimweh und Heimatweh

Zum Schwimmen ist das Wetter in Syrien perfekt. Es ist höchstens zwei Wochen sehr kalt und sonst immer angenehm warm. Das Wetter in Deutschland ist dagegen sehr anders.

Miran, 13 Jahre, aus Syrien[1]

Die vertraute Umgebung zu verlassen ist für jüngere Kinder eine Herausforderung. „Hast du Heimweh?", fragt die Lehrerin auf der Klassenfahrt. *Heim* ist das beinahe schon altertümliche Wort für unser Zuhause, und *Heimweh* meint zunächst *Zuhause-Weh*, die Sehnsucht nach all dem, was unseren *Nahraum Kindheit* ausmacht.

Im üblichen Sprachgebrauch bezeichnet *Heimweh* dagegen auch die Sehnsucht nach der Landschaft, in der wir groß geworden sind, der Mentalität der Menschen und den dort üblichen Vertrautheiten. Um Kindern den Unterschied deutlich zu machen, können wir von *Heimweh* als *Zuhause-Weh* und *Heimat-Weh* als Sehnsucht nach dem Raum Heimat sprechen.

Kindern ist Heimweh als Gefühl vertraut, ein zur Kindheit gehöriges positives Gefühl. Ein Zuhause, das nicht vermisst wird, ist ja nicht wünschenswert. Trotzdem muss dieses „Verlustgefühl" bewältigt werden. Das gelingt auch, solange die Rückkehr ins Zuhause absehbar ist.

Schwieriger ist das bei einem Umzug. Hier wird die Veränderung auf Dauer gestellt. Mehr als 11 Millionen Erwachsene (ab 18 Jahren) ziehen jährlich in Deutschland um, entsprechend hoch ist die Anzahl der Kinder, die einen Teil ihres Zuhauses (die beste Freundin) nicht mitnehmen können.[2] Und für einige Kinder bleibt es nach einem Umzug nicht einmal beim Heimweh. Sie haben ihr Herkunftsland verlassen, müssen eine neue Sprache bewältigen, mit der Fremde zurechtkommen. Sie haben Heimat-Weh.

Manche kommen nach einiger Zeit neu an. Andere leben im Herzen zwischen zwei Welten. Die Bewältigung von Heimweh und Heimat-Weh braucht Unterstützung. Sie ist ein wichtiger Entwicklungsschritt in der Kindheit, der manchen wenig, anderen viel abverlangt.

Bilderbuch	Schwerpunkt	Arbeitsmethoden
Pip und Posy sagen Gute Nacht ★	das erste Mal nicht zuhause; Heimweh bewältigen; das Kuscheltier als Stütze	• dialogisches Mit-Erzählen und Bilderbuchgespräche • nach Vorlage schreiben (ein Rezept)
Timo und Pico ziehen um ★★	ein Umzug und begleitende Ängste	• szenische Dialoge • nach Vorlage schreiben (ein Rezept)
Meine liebsten Dinge müssen mit ★★★	Umzug in ein anderes Land; Abschiede, unvermeidbare Verluste; sich neu beheimaten	• an Bildern entlang (nach-)erzählen • Gedanken sortieren: eine Liste schreiben • ein Interview führen
Neues Zuhause gesucht! ★★	Heimat-Weh; Tiere und ihre Nischen; Kinder und ihre Heimat	• analoge Geschichten erzählen • Heimat-Memorys erstellen
Nusret und die Kuh ★★★	ein zweifaches Zuhause; Leben zwischen zwei Heimaten	• Bildbetrachtung und Vorlesen • Steckbrief zu einer literarischen Figur • szenisches Erzählen

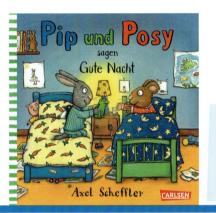

Pip und Posy sagen Gute Nacht (Scheffler)

6.1 Pip und Posy sagen Gute Nacht: Das erste Mal woanders schlafen ★

Posy darf das erste Mal „auswärts" bei Pip schlafen. Sorgfältig packt sie ihren Koffer. Und alles klappt zunächst auch wunderbar: Die Anfahrt mit dem Bus, das gemeinsame Spiel, das leckere Abendessen, baden, Zähne putzen, Gute-Nacht-Geschichte, Licht aus. Aber Posy hat ihr Kuscheltier vergessen. *Ich kann ohne Kuschelfrosch nicht schlafen, schluchzte Posy.*

Pip ist voll Mitgefühl und Hilfsbereitschaft. *Möchtest du diesen Bären haben?, fragte er.* Aber Posy will nicht, denn der Bär ist nicht grün, so wie Kuschelfrosch. Und auch Dino wird abgelehnt (der ist unheimlich) und der Spardosenfrosch ist einfach der falsche Frosch. *Posy weinte und weinte und weinte.* Auf diesem emotionalen Höhepunkt wendet sich die Geschichte. Pip gibt Posy *Schweinchen*, sein eigenes Lieblingskuscheltier. Und diese Gabe, die für Pip sicherlich ein Opfer ist und von Herzen kommt, hat heilende Wirkung. *Posy hörte auf zu weinen. Schweinchen war ein sehr süßes Schweinchen. Jetzt können endlich beide einschlafen.*

Diese schon für Jüngere geeignete Geschichte enthält mehrere Themen. Da ist zunächst eine für Kita- und Grundschulkinder wichtige Entwicklungsaufgabe, außerhalb zu übernachten (Loslösung von der Familie) und mit dem dabei manchmal aufkommenden *Zuhause-Weh* umzugehen. Da geht es zweitens um die Rolle von Kuscheltieren, die als „Übergangsobjekte" (Donald Winnicott) beim Umgang mit negativen Emotionen und der Abwehr von Ängsten unterstützend sind. Mit seinem Kuscheltier „kann das Kind sowohl triebhafte Liebe als auch Aggression und Hass ausleben bzw. austesten, wodurch es Fähigkeiten zum Umgang mit Entsagungen erwerben kann" (Susan Schmiege).[3] Und neben dieser Affektregulation bietet das Übergangsobjekt auch ein Stück Autonomie, denn das Kind hat ja Macht und Kontrolle über das Kuscheltier.[4] Zum Dritten zeigt die Geschichte ein wichtiges Element von Freundschaft und Zuneigung: für den anderen auf etwas zu verzichten, das einem selbst wichtig ist.

Ideen für die praktische Arbeit

Dialogisches Mit-Erzählen und Bilderbuchgespräche ★

Im Dialog schauen wir uns die Bilder an, die die Geschichte beinahe schon ohne den Text erzählen. Pips und Posys Erlebnisse werden jüngere Kinder sicher so unmittelbar ansprechen, dass auch ohne zusätzliche Impulse sofort von eigenen Erfahrungen erzählt wird.
Folgende Themen können zur Sprache kommen:
- Zuhause-Weh
  – Hast du auch schon bei einem Freund oder einer Freundin übernachtet?
  – Was hast du erlebt? Erzähl!

Pip und Posy sagen Gute Nacht (Scheffler)

- – Hattest du Zuhause-Weh? Kannst du erzählen, was das ist?
  – Hast du etwas gegen dein Zuhause-Weh gemacht? Was hat geholfen?
- Freundschaft
  – Pip bietet Posy Schweinchen als Schlaftier an. Hättest du das an Pips Stelle auch gemacht?
  – Mit Schweinchen im Arm hört Posy sofort auf zu weinen. Wie kommt das?
- Kuscheltiere
  – Hast du ein Kuscheltier? Erzähl!
  – Wann hilft dir dein Kuscheltier? Wann brauchst du es?

> **BEISPIEL**
>
> **Rezept gegen Zuhause-Weh: ein Beispiel**
> Gegen Zuhause-Weh hilft Ablenkung, also so was wie Frisbee spielen, dass man nicht mehr an die Person denkt, die man vermisst.
>
> (Louis, 2. Klasse, Berlin)

Rezepte gegen Zuhause-Weh
Du hast dich erkältet und musst husten. Deine Mama kennt ein einfaches Rezept gegen Husten:
- Du brauchst Honig, Zwiebeln, ein Glas und einen Kaffeefilter.
- Du schälst zuerst 2 Zwiebeln, schneidest sie in kleine Stücke und schüttest die Stücke in ein Glas.
- Dann gießt du 4 Esslöffel flüssigen Honig darüber.
- Am besten lässt du das Ganze dann über Nacht stehen.
- Am anderen Morgen gießt du die entstandene Flüssigkeit durch deinen Kaffeefilter.
- Fertig ist dein selbst gemachter Hustensirup, den du mit einem Teelöffel mehrmals täglich zu dir nimmst.

Aber wie ist das, wenn du Zuhause-Weh hast? Gibt es auch dagegen ein Rezept?

★ **Für Jüngere.** Erzähle, was gegen Zuhause-Weh helfen könnte?

Stell dir vor, du übernachtest woanders und nimmst einen kleinen Koffer mit. Was packst du gegen Zuhause-Weh ein? Male ein Bild dazu und erzähle.

★★ **Für Ältere.** Schreib ein Rezept auf, das gegen Zuhause-Weh hilft.

Schreibanleitung für so ein Rezept im Download-Material: **M 7**
Für Jüngere gibt es einen Lückentext: **M 8**

6.2 Timo und Pico ziehen um: ★★ Kuscheltier-Heimweh?

Ein Umzug ist ein Einschnitt. *Timo und Pico ziehen um* von Anke Wagner und Eva Eriksson erzählt davon. Das Wunderbare und Witzige an dieser Geschichte: Nicht Timo, sondern sein Kuscheltier Pico steht im Mittelpunkt.

Die Familie zieht um nach Katzenbach, und Pico will nicht. Timo möchte seinen Kuschelfreund mit frohen Gedanken trösten: *„In Katzenbach scheint viel öfter die Sonne."* Aber darauf hat Pico nur düstere Antworten: *„Ich will doch nicht in die Wüste."* Und vor allem die Aussicht auf neue Freunde erschrickt ihn: *Hilfe, denkt Pico. Er ist kreidebleich erschrocken. Timo hat doch Pico. Und Pico hat Timo. Keine neuen Freunde, bitte.*

Hier findet – für Erwachsene leicht durchschaubar – eine Verschiebung statt. Timos Befürchtungen und Ängste werden auf das Kuscheltier projiziert. Jüngere Kinder dagegen, die solche Geschichten ähnlich wie Märchen noch „wörtlich" verstehen, können sich mit Pico identifizieren und in der Lektüre die mit einem Umzug verbundenen Ängste durchleben. Sie können auch mit Timo die Rolle des „Stärkeren" und seine Empathie für den „Schwächeren" übernehmen. Ältere können aus zwei Perspektiven (der erwartungsfrohe Timo; der trotzig abwehrende Pico) auf ein und dasselbe Geschehen schauen. Und bestimmt vermuten auch schon einige, dass in diesem Bilderbuch verkehrte Welt gespielt wird und Timo nur so tut, als hätte sein Kuscheltier diese Ängste, die in Wirklichkeit seine eigenen sind.

In der Geschichte sitzt die Familie schließlich im Auto, Timo ist still. *Auch mit Pico spricht er nicht. Aber er hält ihn ganz fest im Arm.* Und am Abend, im neuen Kinderzimmer, macht die Geborgenheit in Timos Armen Pico glücklich.

Dann wird es ernst. Timo geht in den neuen Kindergarten. *Pico geht natürlich mit. Hilfe, so viele Kinder. Pico wird ganz schlecht vor Aufregung.* Und dann passiert das, was er am meisten befürchtet hat. Timo freundet sich mit Hanna an. Aber dann – was für ein Glück! –, Hanna hat Emmi dabei, ihre Kuschelmuschelfreundin. Und zu viert lässt sich wunderbar spielen.

Timo und Pico ziehen um (Wagner/Eriksson)

ℹ️

Ein Bilderbuchklassiker zum Thema Umzug ist Gunilla Bergströms *Wer rettet Willi Wiberg* (Hamburg 6. Aufl. 1979).

Ideen für die praktische Arbeit

Szenische Dialoge: Ängste spielen ★

Timo schaut erwartungsfroh, Pico ängstlich auf den bevorstehenden Umzug nach Katzenbach. Im Buch wird von dazu passenden „Dialogen" (Pico denkt nur, er kann ja nicht sprechen) der beiden erzählt. Wir können sie nachspielen (jetzt lassen wir Pico sprechen) und uns weitere passende Dialoge ausdenken.

- Dazu liegt ein Bild von Timo und eins von Pico im Stuhlkreis.
- Wer das Bild von Timo nimmt, erzählt etwas, worauf er sich freut, zum Beispiel: „Ich bin Timo. Ich ziehe um. Nach Katzenbach. Ich freue mich auf Katzenbach.

Timo und Pico ziehen um (Wagner/ Eriksson)

Timo und Pico ziehen um (Wagner/ Eriksson; Bildausschnitt)

Bestimmt gibt es dort einen tollen Bolzplatz."
- Wer dann das Bild von Pico nimmt, gibt eine ängstliche ablehnende Antwort darauf: „Ich bin Pico. Aber ich mag keine Bolzplätze. Wenn man hinfällt, tut man sich weh."

Die entsprechenden Gefühle werden dabei gestisch und mimisch mitgespielt.

Eine Umzugsgeschichte – erlebt oder erfunden

Die Kinder können von ihren Erfahrungen („Ich bin schon einmal umgezogen. Das war …") oder ihren Gedanken („Wenn ich umziehen würde, dann …") erzählen bzw. dies auch aufschreiben. Das *Schreibrezept: Wie du eine Umzugsgeschichte schreibst* (siehe Kasten) kann als Textmuster und Schreibvorlage genutzt werden.

BEISPIEL

Wie du eine Umzugsgeschichte schreibst: ein Schreibrezept

1. Zuerst musst du dein Gehirn einschalten. Dann fängt deine Geschichte an.
2. Wer ist deine Hauptperson? Wie alt ist sie? Wie sieht sie aus?
   Wie ist sie so? Weißt du schon, wer noch in deiner Geschichte mitspielt?
3. Jetzt musst du überlegen, wohin deine Hauptperson umzieht. Wie heißt der Ort? Wie sieht es da aus? Was ist anders? Was wird deine Hauptperson vermissen? Wovor hat deine Hauptperson Angst?
4. Der Umzug ist passiert. Und jetzt kommt die Mitte der Geschichte. Deiner Hauptperson passiert etwas. Vielleicht etwas, wovor sie vorher schon Angst hatte. Das Abenteuer beginnt.
5. Bei guten Geschichten gibt es einen Wendepunkt. Die Hauptperson trifft jemanden, der ihr hilft. Wer könnte das sein? Sei kreativ!
6. Deine Geschichte hat ein Happy End. Deine Hauptperson hat geschafft, was sie schaffen musste. *Sie wohnt jetzt in … und alles ist wieder gut.*

(angelehnt an eine Idee von Valentin, Bremen, 3. Klasse)

6.3 Meine liebsten Dinge müssen mit: Umzug in eine neue Heimat ★★★

Wer mit dem Flieger in ein weit entferntes Land umzieht, muss vieles zurücklassen und kann nur seine liebsten Dinge einpacken. Doch wie nimmt man all das mit, was nicht in den Koffer passt (siehe Titelbild)? Im Bilderbuch *Meine liebsten Dinge müssen mit* erzählt die Protagonistin genau davon. Wie soll ein Aquarium mit Fischen in den Koffer gehen? Was ist mit dem Holzstuhl, den Opa gebaut hatte? Und dann gibt es noch das, was man gar nicht mitnehmen kann, den geliebten Birnbaum, den Schulbusfahrer, mit dem es morgens singend zur Schule ging, und vor allem die liebste Freundin, die so gut zuhören kann?

Traurig-nachdenklich steht das Mädchen am Meer, das auch zu seinen liebsten Dingen gehört. Und da kommt ihm eine Idee. Im Bild sehen wir die liebsten Dinge des Mädchens in kleinen Flaschenpost-Flaschen.

Dann sind wir im neuen Zuhause der Erzählerin. Papa hat ihr ein Fahrrad geschenkt, dessen Bedeutung durch seine irreale Größe im Bild sichtbar wird. Denn mit dem Fahrrad kann sie jeden Tag ans Meer fahren. *Und dort*, so erzählt sie selbst auf der vorletzten Seite, *warte ich noch immer auf die Flaschen mit meinen liebsten Dingen drin. Auf mein Aquarium, auf meine Freundin, auf den Schulbus und den Fahrer, auf meinen Holzstuhl und den Birnbaum.*

Alles das passt aber ja gar nicht in eine Flaschenpost – oder nur im Märchen. Die Lösungsidee des Mädchens ist offensichtlich im übertragenen Sinne gemeint und bleibt mehrdeutig. Solche Leerstellen[5] müssen von den Leserinnen und Lesern aufgelöst werden (wie verstehe ich das Erzählte?), andernfalls entsteht keine Geschichte. Was also ist gemeint? Auf dem Bild zum Text oben (ich warte noch immer) steht das Mädchen neben einem Jungen, der einen Drachen steigen lässt. Wird das vielleicht ein neuer Freund? Das Fahrrad lehnt an einem Apfelbaum voller roter Äpfel. Wird der vielleicht an die Stelle des Birnbaums treten? Ist das Warten auf die Flaschenpost ein Warten auf Neues, das den Verlust des Alten ersetzt? Sich neu zu beheimaten braucht ja Zeit. Und mit einem hoffnungsvollen Ausblick darauf endet die Geschichte: *Ich weiß, dass es* (das Warten auf die liebsten Dinge?, J. H.) *vielleicht ein bisschen länger dauern kann. Aber das ist nicht so schlimm, das kann warten.*

Sepideh Sarihi und Julie Völk erzählen die Geschichte mit kurzen, vorsichtigen Sätzen und melancholischen Bildern und deuten auf den letzten Seiten an, dass es überall Dinge und Menschen gibt, die wieder zu unseren Liebsten werden können.

Meine liebsten Dinge müssen mit (Sarihi/Völk)

Ideen für die praktische Arbeit

An Bildern entlang (nach-)erzählen ★★

Während Ältere zunehmend ein Verständnis für „verborgene" Bedeutungen entwickeln, neigen jüngere Kinder dazu, Märchenhaftes in realistischen Erzählungen wörtlich zu nehmen (Entwicklungsstufe des magischen Denkens[6]). Er-

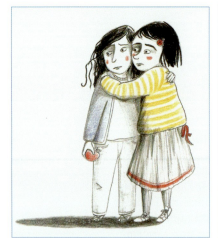

Meine liebsten Dinge müssen mit (Sarihi/Völk)

zählen die Kinder die Geschichte entlang der Bilder[7], wird ihr Verstehenshorizont sichtbar. Bewertungen (falsch/richtig) sind weder angemessen noch produktiv. Besser ist es, die jeweiligen Deutungen als gleichberechtigte in einfachen Worten zu beschreiben. Wir sagen zum Beispiel: „Mit der Flaschenpost zaubert das Mädchen seine liebsten Dinge zu sich. Für dich ist das eine Zaubergeschichte, in der alles so passiert, wie es auf den Bildern zu sehen ist." Oder: „Das Mädchen stellt sich vor, dass seine schönen Erinnerungen wie eine Flaschenpost übers Meer schwimmen und bei ihm bleiben. Du denkst, die schönen Erinnerungen helfen dem Mädchen gegen sein Heimweh (Heimat-Weh)."

Mit Fragen und Impulsen zu den Bildern können Aufmerksamkeit und Verständnis vertieft werden, zum Beispiel: Das Mädchen sitzt (Doppelseite 6) nachdenklich auf seinem Lieblingsstuhl. Worüber denkt es nach?
Warum hat das Mädchen in seiner neuen Heimat immer seinen roten Koffer dabei?
Das neue Fahrrad (vgl. Doppelseite 9) ist größer als ein Haus? Wieso das? Was denkst du?

Gedanken sortieren: Eine Liste schreiben ★
- Was sind deine liebsten Dinge, die du überallhin mitnehmen möchtest? Schreibe eine Liste.
- Was sind deine liebsten Dinge, die du überallhin mitnehmen möchtest? Male eine Liste.

Abschließend stellen die Kinder ihre Listen vor. Vielleicht fällt dabei auf, dass es gemeinsame liebste Dinge gibt.

Interviews: Wir erfahren voneinander ★★
Wir wollen den Austausch der Kinder untereinander und ihr Verständnis voneinander fördern. Wir fragen zunächst nach Vorerfahrungen:
- Wer ist aus einem anderen Land und zu uns umgezogen?
- Wer ist innerhalb Deutschlands / innerhalb unserer Stadt umgezogen?
- Wer ist noch nie umgezogen?

Anschließend sammeln wir gemeinsam Fragen, die uns interessieren.
- Bist du gern/ungern umgezogen?
- Welche liebsten Dinge konntest du nicht mitnehmen?
- Was hat sich für dich verändert?
- Erzähle!

Danach setzen sich jeweils zwei Kinder zusammen und interviewen sich gegenseitig. Sie halten die Antworten in Stichpunkten oder mit einem Aufnahmegerät fest. Die Ergebnisse werden abschließend vorgestellt.

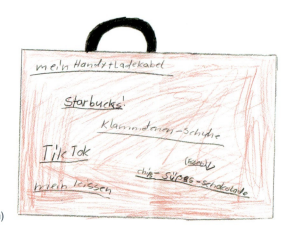

Bild der liebsten Dinge von Linda (4. Klasse, Bremen)

6.4 Neues Zuhause gesucht! ★★
Eine Geschichte vom Ankommen

Die Pinguine, von denen in *Neues Zuhause gesucht* aus der Ich-Perspektive eines Kinderpinguins erzählt wird, werden vom Krieg vertrieben, hier kindgerecht nachvollziehbar als Schwarm im Meer allgegenwärtiger Haifische. Sie müssen ihre Heimat verlassen. Auf einem Wal gelingt ihnen die Flucht über das Meer. Das fremde Land, das sie erreichen, *war warm und weich und alles roch so komisch*. Viele, auch der kleine Pinguin, finden dort eine neue Heimat und ein neues Zuhause. Aber allen gelingt das nicht. Einigen ist diese neue Heimat zu fremd: *Nicht alle wollten oder konnten in der neuen Welt bleiben – sie haben uns verlassen.*

Es geht für die Geflüchteten eben nicht nur um ein neues Zuhause (vgl. auch Kap. 1.1.2). Es geht auch um die neue Heimat und um deren Fremdheit, an der einige der Pinguine scheitern. Hier kann die Bedeutung von *Heimat als Raum* für Kinder verständlich gemacht werden.

Ideen für die Praxis

Analog-Geschichten erzählen: ★★
Welche Heimat passt zu wem?
Wir schauen uns die Bilder an, die die Geschichte schon ohne den sparsamen Text erzählen. Dann blättern wir die Geschichte noch einmal von vorn bis hinten durch. Dabei tauschen wir aber die Protagonisten aus und erzählen eine Analog-Geschichte. Aus den Pinguinen machen wir zum Beispiel Eichhörnchen.

- Wie sieht der natürliche Lebensraum des Eichhörnchens aus?
- Welche Fressfeinde (im Bilderbuch taucht hier der Begriff „Krieg" auf) hat es?
- Wohin könnte ein Eichhörnchen fliehen?
- Was wäre für ein Eichhörnchen eine fremde Heimat?

Geeignet für die Recherche ist:
Sandra Noa: *So lebt das Eichhörnchen. Eine Bilderreise durch den Wald.* Münster 2019.

Sobald wir Antworten auf diese Fragen gefunden haben, kann das Erzählen entlang der Vorlage beginnen.

Neues Zuhause gesucht! (Chambers/Wilson)

Eichhörnchen (Claudia Tatzel, Bremen)

Zwei Karten zu einem Heimat-Memory – hier mit gezeichneten Motiven (Florian Söll, Maler, Waltrop)

Ein Erzählbeispiel.
Vorlage: *Die Welt war weiß, blau und schön. Wir waren glücklich und alle hatten Zeit zum Spielen. Die Welt war meine.*

Eichhörnchen-Geschichte: *Die Welt war braun und grün und schön. Wir waren glücklich auf unseren Bäumen und hatten Zeit zum Spielen. Die Welt war meine.*

Eine Vorlage für die Umerzählung der Geschichte *Neues Zuhause gesucht* finden Sie im Download-Material: **M 9**

Heimat-Memorys: ★★
Welche Heimat passt zu wem?
Nicht allen Pinguinen gelingt es, in der neuen Heimat zu bleiben. Das ist auch nicht leicht, denn: Tiere leben in einem Lebensraum, der zu ihnen passt. Typische Lebensräume sind: das Meer, der Fluss, der See, der Wald, der Urwald, das Gebirge, die Wüste, das Erdreich. Diese Lebensräume unterscheiden sich in der Temperatur, der Feuchtigkeit, dem Sonnenlicht, der Bodenbeschaffenheit, dem Nahrungsangebot. Die meisten Tierarten können nur überleben, wenn sie sich innerhalb des für sie bestimmten Lebensraumes (in ihrer Nische, dem Beziehungsgefüge aus der Gesamtheit aller biotischen und abiotischen Faktoren) aufhalten. Das ist ihre Heimat.

Mehr zu Lebensräumen bei Wikipedia unter „Ökologische Nische".

Anleitung. Ein Memory zu basteln macht Arbeit und braucht Zeit. Am besten arbeitet man in Gruppen (3–4 Kinder). Jede Gruppe bekommt 36 Blanko-Memory-Karten im Format 6 × 6 Zentimeter (im Online-Handel erhältlich). Für die Blankos werden 36 Bilder bzw. 18 Paare (jeweils 1 Tier und sein Heimatraum) benötigt. Dazu muss recherchiert werden. Bilder finden sich in Illustrierten, Tierzeitschriften oder im Internet. Die Bilder bzw. aussagekräftige Ausschnitte werden auf die Blanko-Karten geklebt, fertig.

Eine einfache Variante: Schimpanse und Regenwald; Pinguin und Eismeer; Biene und Blumenwiese; Frosch und Teich; Tiefseefisch und eine schwarze Karte.

Eine anspruchsvollere Variante: Schimpanse und die Rodung von Regenwäldern; Pinguin und Klimawandel; Biene und Maisfelder (Monokultu-

Aus: Niki Glattauer/Verena Hochleitner:
Flucht (Innsbruck 2016)

ren); Frosch und das Versprühen von Pestiziden; Tiefseefisch und Plastikmüll.

Ein Kinder-Heimat-Memory: ★★
Wer kommt aus welcher Heimat?
Wer möchte, kann auch ein Kinder-Heimat-Memory erstellen. Dazu brauchen wir (für 18 Bildpaare) einmal 18 Fotos von Kindern (wenn alle damit einverstanden sind: Fotos der Kinder der Klasse/Gruppe). Das jeweilige Kinderbild kann mit unterschiedlichen Bildern kombiniert werden:
- ein für die Heimat typisches Tier
- eine für die Heimat typische Pflanze
- ein typisches Kleidungsstück
- die Wendung *Guten Tag* in der jeweiligen Heimatsprache usw.

Eine umgedrehte Geschichte: ★★★
Ein neues Zuhause, eine neue Heimat
Die meisten Bilderbücher, in denen Tiere oder Menschen ein neues Zuhause und eine neue Heimat suchen, handeln davon, dass andere aus der Ferne zu uns kommen bzw. flüchten (vgl. z. B. *Ramas Flucht,* in Kap. 7.4). Eine für Ältere geeignete anspruchsvolle und mit Recherchen verbundene Aufgabe wäre es, die Geschichte einer Heimatsuche einmal umgekehrt zu erzählen, nämlich aus dem Blickwinkel eines Heimatsuchenden, der von hier aus in die Fremde aufbricht. Wir fragen:
- Was wäre anders, wenn du von Deutschland aus zum Beispiel in ein afrikanisches Land wie Ghana oder Kamerun umziehen würdest?
- Woran müsstest du dich gewöhnen?
- Was würde dir in deiner neuen Heimat schwerfallen, was denkst du wohl?
- Was würdest du vermissen?

Die Aufgabe fördert mit ihrem Perspektivwechsel Verständnis und Mitgefühl für alle, die sich ein neues Zuhause und eine neue Heimat suchen müssen.

Ein Bilderbuch, das die Realität in der Fantasie umkehrt und von einer Flucht aus Europa nach Afrika erzählt, gibt es tatsächlich schon:
Niki Glattauer/Verena Hochleitner: *Flucht.* Innsbruck 2016.
Im reichen Norden ist das Licht ausgegangen. Es gibt keinen Strom und kein Wasser mehr, wegen der großen Explosionen, erzählt die Katze, die mit ihrer Familie auf einem winzigen Boot übers Meer flüchtet.
Den Großteil der Geschichte nimmt die Fahrt übers Meer ein. In einer einfühlsamen und poetisch-einfachen Sprache sind wir ganz nah bei dem, was die Flüchtlinge erleben: *„Plötzlich sind die Wellen wieder da … so überraschend, dass Suzie den Halt verliert. Wie in Zeitlupe geht sie über Bord, mit offenem Mund wird sie hinter uns langsam kleiner. SUZIE!, brüllt Mutter zurück, SCHWIMM! Vater gelingt es, das Boot zu wenden. Daniel vergräbt sein Gesicht in den Armen …"*

Eine Empfehlungsliste zu weiteren Bilderbüchern finden Sie auch im Download-Material: **M 18**

Nusret und die Kuh
(Tuckermann/Zaeri/
Krappen)

6.5 Nusret und die Kuh: ★★★
Von der Schwierigkeit, zweifach zuhause zu sein

Als ich, Nusret, noch nicht auf der Welt war, gingen meine Eltern mit meinem Bruder und meiner Schwester nach Deutschland. Das ganze Dorf war leer, alle Leute waren fortgegangen. „Früher war das", sagten Omi und Opi, „da kamen Soldaten hierher, die schossen und jagten allen Angst ein." Die Leute flohen in alle Himmelsrichtungen, und niemand ist zurückgekehrt, auch nicht meine Eltern.

Nusret und die Kuh beginnt als realistische Fluchtgeschichte. Eltern und Geschwister fliehen vor dem Krieg nach Deutschland. Hier wird Nusret geboren, wächst aber dann im Kosovo bei seinen Großeltern auf. Warme Bilder zeigen uns Nusrets behütetes, beinahe idyllisches dörfliches Alltagsleben. Dann deutet ein Brief seiner Eltern aus Deutschland die Wende an:

Und was macht unser kleiner Schatz? Wir haben jetzt beide wieder Arbeit, wollt ihr nicht doch daran denken, zu uns zu ziehen? Dann können wir jeden Tag zusammen sein und ihr seid nicht so allein. Bald wollen wir auch Nusret zu uns nehmen, denn er muss auch zur Schule gehen.

Und tatsächlich macht sich Nusret auf den Weg nach Deutschland zu seinen Eltern und Geschwistern, zusammen mit der Kuh, die für ihn das Zuhause verkörpert, das er verlassen muss. *„Omi und Opi", rufe ich, Nusret. „Wir werden euch vermissen, aber wir kommen wieder." „Muuuh", ruft die Kuh.*

In Deutschland findet Nusret rasch Freunde. Er geht gern in die Schule, aber er vermisst auch das Dorf und Omi und Opi.

In den Ferien besucht die Familie die Großeltern. Nusret ist froh, aber er will auch wieder nach Deutschland zurück. *Ich möchte meine Freunde wiedersehen. Die Kuh bleibt bei Omi und Opi. Schon wieder ein Abschied.* Und mit dieser Zerrissenheit endet seine Geschichte: *Liebe Omi, lieber Opi, liebe Kuh, ich spiele mit den anderen Kindern Fußball und Handball (…) und ich darf meinen Ball mit ins Bett nehmen. Ich bin gern bei Mama und Papa (…) und auch bei euch, aber ich weiß, das geht nicht gleichzeitig. Euer Enkel Nusret und der Freund von der Kuh.*

Das Spiel der Illustratoren mit den je nach Ort unterschiedlichen Farben (im Dorf dominieren warme Grün- und Gelbtöne, in der Stadt ein kühleres Grau-Blau) spiegelt Nusrets Zerrissenheit, die er mit vielen Einwanderern teilt. Das Dilemma, ein zweifaches Zuhause zu haben, aber nur an einem Ort wirklich leben zu können, ist das Thema dieses Bilderbuchs. Dies mitzuerleben fördert emphatisches Verständnis für Kinder, die erst spät in ein neues, ihnen fremdes Zuhause kommen.

Ideen für die Praxis

Zu Bildern erzählen und vorlesen: ★
Nusrets Geschichte

Nusret und die Kuh ist ein eher untypisches Bilderbuch. Auf den meisten Seiten wird im Text mehr erzählt, als auf den Bildern zu sehen ist. Die Bilder zeigen die Bühne, auf der das Geschehen sich abspielt, liefern zusätzliche Details und nehmen mit in die Stimmung des Erzählten und das Innenleben der Beteiligten. Daher bietet sich bei diesem Bilderbuch eine Mischung aus

Nusret und die Kuh (Tuckermann/Zaeri/Krappen)

dialogischer Bildbetrachtung und anschließendem Vorlesen an. Die jeweilige Doppelseite wird aufgeschlagen, der Text abgedeckt. Die Kinder tauschen Beobachtungen aus und erzählen von dem, was sie sehen. Danach lesen wir den Text.

Einen Steckbrief zu einer literarischen Figur verfassen: Das ist Nusret ★★

Nusret hat kein einfaches Leben. Ein Steckbrief fördert noch einmal die genaue Wahrnehmung des Erzählten und stellt uns den Helden der Geschichte mit seinem Grundkonflikt (Leben in zwei Heimaten) anschaulich vor.

Zum Einstieg sollte zunächst geklärt werden, was ein Steckbrief enthält. Die Kinder können zunächst in Partnerarbeit Steckbriefe von sich erstellen. Dazu können auch Vorlagen (z. B. aus Poesiealben oder Freundebüchern) benutzt werden. Die genutzte Struktur kann anschließend auf einen Steckbrief von Nusret übertragen werden.

Szenisches Erzählen: Nusrets Zwickmühle – ein Dialog der zwei Herzen ★★

Ich bin gern bei Mama und Papa (…) und auch bei euch, aber ich weiß, das geht nicht gleichzeitig.

Nusret steckt in einer Zwickmühle. Er wäre gern im Dorf bei seinen Großeltern – und in der Stadt, bei Eltern und Schulfreunden. Nusret hat zwei Herzen!

Zwei Kinder setzen oder stellen sich Rücken an Rücken. (Sie können sich zusätzlich mit einer kräftigen Schnur umwickeln, zum Zeichen, dass sie nicht auseinanderkommen.) Ein Kind übernimmt die Rolle des Kosovo-Nusrets, das andere die Rolle des Deutschland-Nusrets. Dann erzählen beide im Wechsel die Geschichte noch einmal nach:

Nusrets Zwickmühle

- Was vermissen sie als Kosovo-Nusret und wonach sehnen sie sich in Deutschland?
- Was vermissen sie als Deutschland-Nusret und wonach sehnen sie sich im Kosovo?

Anmerkungen

1. Aus: *Das Ohr vom Opa und andere Geschichten, Kinder erzählen von ihrer Heimat – der alten und der neuen*, hrsg. vom Deutschen Kinderschutzbund Landesverband NRW e. V., Essen 2017, S. 83.
2. Vgl. https://www.ummelden.de/umzugsstudie-deutschland/ [1.6.2019].
3. http://www.kinderfreundliche-sachsen.de/kinderarche-knigge/uebergangsobjekte-wichtige-begleiter-der-kinder.html [11.1.2021].
4. Selbst in der Grundschule kann das Kuscheltier (oder ein anderes „Objekt") noch wichtig und hilfreich sein. Vgl. hierzu den positiven Blick der Kinderpsychotherapeutin Eva Busch in einem Interview: https://www.sueddeutsche.de/leben/interview-am-morgen-teddys-in-der-schule-ein-kuscheltier-zeigt-dass-sich-das-kind-in-der-welt-sicher-fuehlt-1.4112948 [11.1.2021].
5. Leerstellen sind ein Qualitätsmerkmal guter Literatur, also auch guter Bilderbuchliteratur. Vgl. hierzu: Jochen Hering: *Kinder brauchen Bilderbücher*. Seelze, 2. Aufl. 2018, Kap. 6: Woran erkennen wir ein gutes Bilderbuch?
6. Nach Piaget ist das magische Denken (auch präoperationales Denken) des Kleinkindes eine (archaische) Vorstufe des rationalen Denkens. Vgl. http://www.lern-psychologie.de/kognitiv/piaget.htm [10.4.2020]. Vgl. auch Magisches Denken und Phantasie, in: Robert Siegler u. a.: *Entwicklungspsychologie im Kindes- und Jugendalter*. Heidelberg, 3. Aufl. 2011, S. 286.
7. Der Ausdruck „nacherzählen" ist üblich, aber ungenau. In Wirklichkeit konstruieren die Kinder im Wechselspiel mit den Bildern auf ihrem Hintergrund ihre Geschichte. Nacherzählen ist eine Erzählaufgabe, die auch schon von Jüngeren bewältigt werden kann.

7 Flüchtlinge! Ohne Heimat und Zuhause

Die Welt hat genug für jedermanns Bedürfnisse, aber nicht für jedermanns Gier.

Mahatma Gandhi[1]

Bilderbücher zum Thema „Flüchtlinge" erzählen von Flucht, Fluchtursachen und von der Hilfsbereitschaft Geflüchteten gegenüber.[2] Zusammen mit einem Flüchtlingskind zur Schule oder in die Kita zu gehen ist für viele Kinder alltäglich. Über Hintergründe und Umstände von dessen Flucht wissen sie meist wenig. Literarische Fluchtgeschichten ermöglichen es, das Erleben und die Erfahrungen[3] von Geflüchteten in Ansätzen nachzuvollziehen. Solche Geschichten sind nicht notwendig realistisch. Es können auch fantastische Geschichten sein, mit Tieren als Protagonisten, die vor anderen Tieren (Krieg) oder Naturkatastrophen (Dürre, Klimawandel) flüchten müssen. Zum einen laden Tiere immer zur Identifikation mit dem Geschehen ein, zum anderen entsteht so Distanz zu Themen, von denen Kinder mitbetroffen sind. Flüchtlingskinder, die auf traumatisierende Erlebnisse zurückblicken (müssen), werden durch fantastische Geschichten nicht direkt mit ihren Erinnerungen konfrontiert.[4] Und die einheimischen Kinder identifizieren Flüchtlingskinder in der Klasse/Gruppe nicht unmittelbar mit den Protagonisten der Erzählung.

Flucht hat Ursachen wie Krieg, Armut und Perspektivlosigkeit in den Herkunftsländern. Das sind Problematiken, von deren Verständnis jüngere Kinder meist überfordert sind. Für sie geht es hier schlicht darum, anhand überschaubarer Handlungen und beispielhafter Geschichten einen ersten verständigen Zugang zum Thema Fluchtursachen zu bekommen (zum Beispiel Abholzung eines Waldes und Verlust des Lebensraumes für die entsprechenden Tiere). Auch im Fantastischen spiegelt sich die Wirklichkeit: Niemand – sei es ein Bär, ein Eichhörnchen oder ein Mensch – verlässt, von Ausnahmen wie Abenteuerlust abgesehen, ohne Not seine Heimat.[5]

Bilderbuch	Schwerpunkt	Arbeitsmethoden
Alle sind willkommen! ★	Fluchtursachen für Mensch und Tier; Solidarität und Willkommenskultur	- szenisches Erzählen - Recherchieren und Gestalten (Diorama)
Pudel mit Pommes ★★	Fluchtursache Klimawandel; Solidarität gegen Fremdenfeindlichkeit	- Recherchieren zu einem Sachthema - Figurentheater mit Erzähltablett - die Handlung weiterdenken
Willibarts Wald ★	Zerstörung der Heimat (Lebensraum); Widerstand der betroffenen Tiere und Wiederaufforstung	- dialogisches Mit-Erzählen - szenisches Erzählen mit Masken - assoziatives Erzählen mit Gegenständen - Nacherzählen mit dem Erzähltisch - Trickfilmarbeit
Ramas Flucht ★★	Szenen einer Flucht vor dem Krieg; Hoffnung auf eine helle Zukunft	- Steinbilder gestalten und nacherzählen - Bilderbuchgespräche und freier Ausdruck

7.1 Alle sind willkommen! Flucht und Geborgenheit ★

Plötzlich hüpft ein Frosch herbei: „Das macht doch keinen Sinn! / Mein Heim, der Teich, ist ausgetrocknet, wo soll ich jetzt bloß hin?"

„Mach dir keine Sorgen, Frosch, lass uns zusammen gehen. / Wir bauen ein Haus, alles wird gut – du wirst es bald schon sehen."

Alle sind willkommen! lautet der Titel der gereimten Bilderbuchgeschichte von Patricia Hegarty und Greg Abott. Und diese Botschaft im Titel der Geschichte tut auch dringend not, denn eine Menge Tiere haben ihr Zuhause verloren. Der Frosch ist ohne seinen Teich, die Feldhasen finden keine Zuflucht mehr vor dem Fressfeind Adler, ein Bär wird wegen seines Aussehens von seiner Umgebung ausgegrenzt, der Baum, auf dem die Vögel wohnten, ist gefällt worden. All das erinnert kindgemäß an reale von Menschen gemachte Katastrophen, an die Ausbeutung der Natur und den Klimawandel, an Kriege, an ethnische Konflikte und Vertreibungen. Bei den Waldbewohnern, bei denen die Flüchtlinge Unterschlupf suchen, sind sie zu ihrem Glück willkommen und finden Aufnahme. Miteinander bauen die Tiere an einem gemeinsamen neuen Zuhause.

Als Einstieg in das Thema „Ohne Heimat und Zuhause" plädiert die Geschichte für eine hilfsbereite Willkommenskultur und zeigt, was *Zuhausesein* ausmacht: Ein Dach über dem Kopf, das heißt Sicherheit und Geborgenheit, eine zu uns und unseren Bedürfnissen passende Umgebung (zum Beispiel der Teich für einen Frosch), und um uns herum andere, die uns mögen und die wir selbst auch mögen.

Gleichzeitig macht die Geschichte in einfachen Analogien darauf aufmerksam, dass keiner der Betroffenen sein Zuhause und seine ursprüngliche Heimat freiwillig verlassen hat. Alle mussten vor offener (Krieg) oder verdeckter (Zerstörung natürlicher Lebensgrundlagen) Gewalt fliehen.

Alle sind willkommen! (Hegarty/Abott)

Ideen für die Praxis

Alle sind willkommen: szenisches Reihum-Erzählen ★

Im Anschluss an das Betrachten und Lesen des Bilderbuchs suchen sich die Kinder eines der „bedrohten" Tiere aus der Geschichte (Frosch, Hase, Bär, Vogel) oder einen der Waldbewoh-

Mit-Erzählen mit Holz- und Stabfiguren zum Bilderbuch *Bitte anstellen* (Ohmura; Bremer Kita 2014)

Ein Lebensraum-Diorama

ner (Maus, Reh, Igel, Eichhörnchen ...) aus und gestalten zu ihrem Tier eine Stabfigur (vgl. Kap. 11.22).

Anschließend setzen sich die Kinder in einen Halbkreis, auf einem Stuhl liegt für alle sichtbar das aufgeschlagene Bilderbuch.

Seite für Seite wird umgeblättert.

Wer mit seinem Tier auf einer Seite vorkommt, steht auf und erzählt.

Bei manchen Tieren ist das einfacher, weil sie schon mit einem Text im Bilderbuch vorkommen. Andere Tiere finden sich nur im Bild. Hier müssen die Kinder überlegen: Wie reagiert mein Tier auf die Situation? Was könnte es sagen?

Diorama: Bedrohte Tiere – Recherchieren und ein Willkommenshaus gestalten ★★

Nicht nur in der Fiktion, auch in der Wirklichkeit verlieren Tiere ihre Heimat und sind vom Aussterben bedroht. Dazu gehören bei uns zum Beispiel Bienen, Feldhamster, Spatzen und Eulen.

Vgl. hierzu das Sachbilderbuch *Ginting und Gantenk,* ein Bilderbuch, das anschaulich auf die Naturzerstörung durch Großkonzerne (hier die Palmölindustrie) als Fluchtursache aufmerksam macht.

Siehe die Bilderbuch-Empfehlungen im Download-Material: **M 18**

Die Kinder gestalten in Partnerarbeit für eine bedrohte Art aus einem Schuhkarton ein *Willkommenshaus* (vgl. Kap. 11.20). Auf einem Plakat informieren sie außerdem darüber, was wir Menschen für die Heimat dieses Tieres tun können.

Für die Gestaltung eines Willkommenshauses brauchen wir entsprechendes Wissen, wozu wir vorher recherchieren müssen. Sinnvoll ist es, auf die folgenden Fragen Antworten zu haben: Wie sieht der Lebensraum (die „ökologische Nische") aus, den dein Tier braucht?
Wovon ernährt sich dein Tier?
- Wodurch wird dein Tier bedroht?
- Was kannst du tun, um deinem Tier zu helfen?

Diorama: Recherche-Tipps
Hilfreich für die Recherche im Internet sind die folgenden Seiten:
- Blinde Kuh, Stichwort zum Beispiel „Bedrohte Tiere":
  https://www.blinde-kuh.de/index.html
- Helles Köpfchen.de, Stichwort zum Beispiel „Bienen":
  https://www.helles-koepfchen.de/
- Klexikon – Das freie Kinderlexikon, Stichwort zum Beispiel „Eulen":
  https://klexikon.zum.de/wiki/ Klexikon:Willkommen_im_Klexiko

Für die Einrichtung einer Klassenbücherei vgl. die Empfehlungsliste Sachbücher im Download-Material: **M 19**

7.2 Pudel mit Pommes: Happy End trotz Klimawandel ★

Helden der Geschichte *Pudel mit Pommes* von Pija Lindenbaum sind drei Pudel. Ullis, Lude und Katta leben auf einer winzig kleinen Insel, bauen Kartoffeln an, schwimmen im Pool, alles *supergut*. Aber eines Tages gehen ihnen die Kartoffeln aus, weil es immer heißer wird. Auch aus dem Wasserhahn kommt nichts mehr und der geliebte Pool trocknet völlig aus. *„Wir müssen weg von hier"*, sagt Ullis. ( ) *„Oh nein, muss das denn sein?"*, sagen Ludde und Katta. *„Wollt ihr vielleicht verhungern?"* Nein, das wollen sie ja nicht. Also packen sie das Nötigste ein und zwängen sich auf ihr kleines Boot. Sie geraten in ein Unwetter. Alle ihre Sachen gehen über Bord. Am nächsten Morgen fällt der Motor aus, und nur mit Mühe erreichen sie das Ufer eines anderen Landes.

Auch hier wohnen drei Pudel, zwei nette Pudel und der – leider – blöde Pudel (so wird er in der Geschichte genannt). Er mag gerade einmal eine Kartoffel abgeben, ins Haus lässt er die Fremden auch nicht. Also müssen die abends mit knurrendem Magen und frierend notdürftig am Strand zelten.

Dann kommt zum Glück ein Wendepunkt. In der Nacht schleichen sich die anderen beiden Pudel zu den Flüchtlingen. *Sie haben Daunenjacken dabei und Kartoffeln (…) Dann machen sie ein Feuer und haben es richtig schön. Jetzt fühlt der blöde Pudel sich einsam und traurig. Vielleicht tut es ihm leid. Als sie am nächsten Morgen aufwachen, finden sie einen Zettel vom blöden Pudel: Ihr kriegt Kartoffeln. Ihr dürft im Haus wohnen.*

So endet die Geschichte mit einem Happy End. Die Flüchtlinge zeigen den anderen Pudeln, wie man einen Pool gräbt. *Der blöde Pudel kann gut graben. Morgen ist der Pool bestimmt fertig.*

Es ist der Klimawandel, der die Pudel zum „Auswandern" zwingt. Mit Fragen und Recherchen zum Thema können wir nach den ersten Seiten der Geschichte beginnen.

David Nelles und Christian Serrer haben ein Buch geschrieben, das Fakten zum Klimawandel anschaulich und kompakt darstellt: *Kleine Gase – Große Wirkung.*
Erhältlich über:
https://www.klimawandel-buch.de/

Im zweiten Teil der Geschichte geht es um Fremdenfeindlichkeit. Was ist los mit dem *blöden Pudel*? Warum ist er so ablehnend den Flüchtlingen gegenüber? Gründe benennt die Geschichte nicht (abgesehen davon, dass er die Gürtel der Neuankömmlinge albern findet). Das lässt Kindern Raum, eigenständig nachzudenken. Dabei geht es nicht um moralische Verurteilung, sondern um die Reflexion von Verhaltensweisen und ihren möglichen Gründen.

Ideen für die praktische Arbeit

Eine Recherche: Was ist passiert? ★★
Klimawandel

Die ungewohnte Hitze auf der Insel der drei Pudel setzt die Geschichte in Gang. Wir lesen bis zur

Pudel mit Pommes (Lindenbaum)

4. Doppelseite. Ratlos stehen die Pudel vor ihrem ausgetrockneten Pool. Ein großer Stein liegt auf dem Grund, der Boden hat Risse. *„Wir müssen weg von hier"*, sagt Ullis. *„Es wird wohl irgendeinen anderen Ort geben. Da können wir einen neuen Pool graben und Kartoffeln anbauen."*

Auf diesen ersten Seiten ist im Zeitraffer der Klimawandel zu besichtigen. Ältere Kinder (ab der 3. Klasse) können zu diesem Begriff selbstständig recherchieren. Dazu bieten sich sowohl Kindersachbücher als auch einfache Filme im Internet an. Mit jüngeren Kindern schauen wir gemeinsam ein geeignetes Erklärvideo zum Thema an.

Anschließend können wir unser Wissen in Stichworten auf Karteikarten sammeln und auf dem Boden (oder an einer Pinnwand / Moderationstafel) unser Gespräch als „Bild" darstellen (vgl. Kap. 11.19).

Ein empfehlenswertes Buch dazu ist:
Yann Arthus-Bertrand / Anne Jankéliowitch / Martine Laffon: *Wie geht's dir Welt und was ist morgen?* Stuttgart 2017.

Erzähltablett von Asya (3. Klasse), in der Entstehung

Geeignete Filme im Internet sind:
- Für Kinder erklärt: Klimawandel – Ursachen und Folgen weltweit. Ein Animationsfilm der „Sternsinger", Kinderhilfswerk der katholischen Kirche in Deutschland: *https://www.youtube.com/watch?v=E1ZC0FT8z24*
- Paxi: Der Treibhauseffekt: *https://www.youtube.com/watch?v=7tEODAIOIZY* (Erfinder von Paxi ist das European Space Education Resource Office, ESERO. Ziel ist es, Schülerinnen und Schüler für MINT-Themen zu begeistern. Vgl. *http://esero.de/post/785/*.)

Wer selbst im Internet recherchieren möchte: *http://blinde-kuh.de/*, *https://www.helles-koepfchen.de/* und *https://klexikon.zum.de/* helfen weiter. Außerdem noch:
- *https://kids.greenpeace.de/thema/klima/klimawandel?type=knowledge*
- *https://www.bmu-kids.de/wissen/klima-und-energie/klima/klimawandel/* (eine Seite des Bundesministerium für Umwelt, Naturschutz und nukleare Sicherheit)

Bei jüngeren Kindern ist vor dem Filmeinsatz eine vorherige Besprechung (Textentlastung) unbekannter bzw. schwieriger Begriffe *(Treibhaus)* sinnvoll oder erforderlich.

Figurentheater mit Erzähltablett ★

Mit der Methode des Erzähltabletts (vgl. Kap. 11.15) lässt sich diese Geschichte während des Vorlesens leicht mitspielen. Das fördert eine konzentrierte und innere Beteiligung am Geschehen. Anschließend kann die Geschichte spielerisch nacherzählt werden.

Die Bühne der Geschichte ist überschaubar: eine Insel, das Meer, ein neues Land. Die Protagonisten (aus dem Buch kopiert und ausgeschnitten): drei Pudel in Weiß, drei Pudel in Grau, dazu ein kleiner Hund. An Requisiten brauchen wir ein Boot, kleine Stofffetzen für Decken und

BEISPIEL

Beispiel: Die Handlung weiterdenken
David (4. Klasse, Bremen, 2020) schreibt einen Ausblick zu diesen ersten Seiten:

> Pudel mit Pommes
> Sie lebten in einem Land da wo sie sich wohl fühlten und alles hatten was sie brauchten. Uhh gähnten sie und standen auf. ey ohne der eine, was macht denn der Stein in unseren Pool". Und nach das kartofel Feld bekommt auch kein Wasser mehr. was sollen wir jetzt machen. sie schrien um Hilfe aber niemand antwortet lass weg fahren schlägt der eine vor. ok antworteten sie. Sie nahmen eine kartofel mit dass sie essen konnten aufgehts schreien sie. Als man die Insel nicht mehr sah machten sie ihre augen zu. 3 minuten später strandeten sie auf einer Insel wo sie ihre namen Ulli's Ludde und Katta bekommen haben. Ende

Pudel mit Pommes
(Lindenbaum)

Schlafsäcke, halbe Streichhölzer für Pommes frites, vielleicht noch ein kleines Haus, in dem die Pudel wohnen, fertig!

Die Handlung weiterdenken (1): ★★
Was für Gedanken haben wir im Kopf?
Nach den ersten Seiten können wir uns selbst befragen, wie wir uns den Fortgang der Handlung vorstellen (ein Beispiel ist im Kasten zu sehen).

Die Handlung weiterdenken (2): ★★
Was für Gedanken haben wir im Kopf?
Wir lesen die Geschichte weiter bis zur Doppelseite 13:
   Der *blöde Pudel* hat die drei Flüchtlinge nicht ins Haus gelassen. Hungrig müssen sie am Strand in einem notdürftigen Zelt übernachten. *Sie frieren, auch wenn sie dicht zusammenrücken. Da tappst etwas draußen vorm Zelt. „Hilfe!", flüstert Ludde. „Ein Monster!"*

Was passiert draußen vor dem Zelt?
- Sind die drei Pudel in Gefahr?
- Denk dir etwas aus und male ein passendes Bild dazu.
- Dann stelle deine Arbeit im Stuhlkreis vor.

Die Handlung weiterdenken (3): ★
„Bad End"? Oder „Happy End"?
Wir schlagen die nächste Doppelseite auf: Eine freudige Überraschung! Die beiden netten Pudel sind da, sie haben Daunenjacken dabei und Kartoffeln. Es wird gegrillt, Geschichten werden erzählt, die fünf haben es so richtig schön. Und was ist mit dem blöden Pudel? Die Geschichte ist noch nicht fertig:
- Wie könnte ein gutes Ende (Happy End) aussehen?
- Wie könnte ein böses Ende (Bad End) aussehen?

Setzt euch in Gruppen zusammen und erzählt euch eure Ideen.
   Schreibt danach Stichworte für euer Ende auf einen Zettel.
   Stellt euer Geschichtenende im Stuhlkreis vor.
   Abschließend schauen wir uns die letzten beiden Doppelseiten des Bilderbuchs an.
   Die Geschichte hat ein *Happy End*. Als die drei Pudel *am nächsten Morgen aufwachen, finden sie einen Zettel vom blöden Pudel. Ihr kriegt Kartoffeln. Ihr dürft im Haus wohnen*.
   Und ganz zum Schluss bauen alle zusammen einen Pool. *Der blöde Pudel kann gut graben*.
   Reihum kann jetzt jede/jeder kurz erzählen, wie sie/er den Schluss findet.

Willibarts Wald
(Beedie)

7.3 Willibarts Wald: Naturzerstörung als Fluchtursache ★

Willibarts Wald von Duncan Beedie erzählt von einem Holzfäller, der Tag für Tag – nach einem kräftigen Frühstück aus Pfannkuchen und Ahornsirup – bis abends seine Axt schwingt. Dann geht er zufrieden nach Hause. Aber zufrieden damit sind längst nicht alle. Eines Abends klopft ein kleiner, sehr wütender Vogel an die Tür: *„Ich hatte mir so ein schönes, neues Nest in meinem Baum gebaut, und du hast ihn einfach gefällt!"* Willibart bietet ihm eine Zuflucht in seinem Bart an. Als er aber auch noch Stachelschwein und Biber um ihr Zuhause gebracht hat, wird es eng in seinem Bart und schwierig: *In dieser Nacht schlief Willibart kaum. Der Vogel zwitscherte, das Stachelschwein piekte, und der Biber klatschte seinen Schwanz hin und her.* Eine neue, ganz andere Lösung muss her. Willibart rasiert seinen Vollbart ab. Den legt er auf die Terrasse, und Vogel, Stachelschwein und Biber ziehen um in ihr neues Zuhause. Und am nächsten Morgen hat er noch eine brillante Idee. Er pflanzt neue Bäume an.

Willibarts Wald erzählt auf witzige Weise davon, wie die unbedachte Ausbeutung der Natur andere um ihr Zuhause bringt. Unser sympathischer Holzfäller ist zunächst eine Fluchtursache. Aber als er eindringlich mit den Folgen seines Handelns konfrontiert wird, schafft er es umzudenken.

Ideen für die Praxis

Dialogische Bilderbuchbetrachtung: ★
Genau hinschauen
Wir schlagen die jeweiligen Seiten auf, lassen zunächst die Kinder erzählen, machen sie mit Impulsen und Fragen auf wichtige Details aufmerksam. Genaues und verständiges Hinschauen will gelernt und gefördert sein.

Schauen wir uns die 1. Doppelseite an: Berge, Wälder, ein Haus, Willibart.
- Erzähl, was du auf dem Bild siehst.
- Was fällt dir auf an Willibart?
- Siehst du die Axt auf seinem Briefkasten? Was könnte das bedeuten?
- Und was könnte Willibart für eine Arbeit haben?

Szenisches Erzählen mit Masken: ★★
Perspektivwechsel und Empathie
Ohne Einfühlung in die Figuren einer Handlung bleibt das Erzählte auf der beschreibenden Oberfläche, der Blick auf die innere Handlung fehlt.[6] Der bewusste Perspektivwechsel als Erzählaufgabe hilft bei der Einfühlung ins Geschehen.

Wir schauen das Bilderbuch bis zum Wendepunkt gemeinsam an. Willibart hat das Zuhause der Tiere zerstört. Jetzt erzählen wir die Geschichte bis hierher noch einmal aus der Perspektive der betroffenen Tiere. Dazu sucht sich jedes Kind eines der Tiere aus und fertigt dazu eine einfache Tiermaske an.

Der Biber erzählt zum Beispiel: „Ich heiße Bibi Biber und wohne am Fluss … Jeden Tag hab ich Willibart gehört. Hack-hacke-hack. Hat mich nicht so gestört. Gibt ja genug Bäume im Wald. Aber dann … Zum Glück lässt uns Willibart jetzt in seinem Bart wohnen. Und wie soll das jetzt weitergehen?"

Willibarts Wald (Beedie)

Bibermaske

Eine assoziative Erzählaufgabe: ★
Über den Helden nachdenken

Zur Vorbereitung brauchen wir einen Tisch, auf dem möglichst viele eher alltägliche Gegenstände liegen, vielleicht eine Kerze, eine Lupe, eine Klingel, ein Schlüssel, ein Schnürsenkel und so weiter.

Wir schauen uns noch einmal die 3. und 4. Doppelseite (eine abgeholzte Landschaft) und die letzte Seite der Geschichte an (der Wald wächst wieder, Willibart liest seinen Freunden vor). Was hat sich bei Willibart verändert? Vom Ausstellungstisch sucht sich jedes Kind einen Gegenstand aus, der zum neuen Willibart passt. Die Aufgabe lautet:
- Such einen Gegenstand aus, der zu Willibart passt.
- Erzähl, warum du diesen Gegenstand ausgesucht hast.

Stellen wir uns vor, jemand hat eine Lupe mitgebracht. Was wird er/sie erzählen? Zu welchen Geschichten führt eine Glühbirne oder ein Heftpflaster?

Geschichten nacherzählen ★★
mit dem Erzähltisch

Auf einem Erzähltisch bauen wir die Bühne der Geschichte auf: das Haus von Willibart, den Wald, den Fluss und so weiter.[7]

Wir schauen uns also das Buch noch einmal genau an. Was ist für die Geschichte wichtig und was brauchen wir (zum Beispiel eine Axt im passenden Format)? Dann überlegen wir, was zu tun ist und wer es macht.
- Wer hat eine Spielfigur, die wir wie Willibart gestalten können? Wir brauchen außerdem noch Vogel, Stachelschwein und Biber.
- Wer baut aus Bauklötzen das Haus von Willibart?
- Wer hat einen kleinen Tisch für das Haus?
- Wer hat zuhause noch eine Duplo-Schaufel? Und eine Axt?
- Woraus können wir die Bäume basteln?

BEISPIEL

Über den Helden nachdenken: ein Beispiel
Ich hab ein Krümelauto (ein kleines Spielzeugauto mit einer Krümelbürste) ausgesucht. Das fährt und dabei sammelt es Krümel auf, genau wie Willibart die Tiere in seinem Bart aufsammelt. Und ich hab's genommen, weil das Krümelauto, wenn es ein Mensch wär, wär es hilfsbereit. Und Willibart ist ja auch sehr hilfsbereit und dann am Ende pflanzt er sogar die ganzen Bäume wieder neu, die er abgehackt hat.

(Liv, 6. Klasse, Bremen)

Stop-Motion-Einstiegsbild, Darius (5. Klasse, Bremen)

Stop-Motion-Abschlussbild, Darius (5. Klasse, Bremen)

Jetzt schauen wir uns das Bilderbuch noch einmal an. Immer wenn ein Erzählabschnitt zu Ende geht, spielen wir ihn auf dem Erzähltisch nach (Bewegung der Figuren). Dabei denken wir uns zu jeder Szene einen einprägsamen Kernsatz aus und schreiben ihn auf.

    Erzählabschnitte wären zum Beispiel: Vorstellung der Hauptfigur und Frühstück Willibarts (2 Doppelseiten); Arbeit im Wald (2 Ds.); ein heimatloser Vogel (1 Ds.); Frühstück und Arbeit im Wald (1 Ds.) und so weiter.

Die Kinder brauchen Wiederholungen, um sich die Geschichte und den Spielablauf zu eigen zu machen. Deswegen lesen wir zunächst mehrmals vor. Dann sprechen die Kinder als Text die Kernsätze und spielen dazu.

Das freie Spiel mit dem Erzähltisch. Wenn die Kinder in der Geschichte zuhause sind, können aus dem Erzähltisch neue Aktivitäten entstehen: Wir denken uns Varianten zur Geschichte aus (andere Tiere sind betroffen; ein Nachbar von Willibart, auch Holzfäller, kommt vorbei; und so weiter). Häufig passiert so etwas beim freien Spiel mit dem Erzähltisch schon von allein.

Stop-Motion-Technik
Für eine flüssige Bewegung werden diese 8 Bilder von den Programmen automatisch 3-mal abgebildet, sodass 24 Bilder entstehen. Für 1 Minute Trickfilm sind das 480 verschiedene Bilder.
Wer mit der Stop-Motion-Technik nicht vertraut ist (und auch keine Schülerinnen in der Klasse/Kita mit entsprechenden Kenntnissen hat), sollte entweder vorher eine Fortbildung besuchen, einen Experten oder eine Expertin in den Unterricht einbinden oder sich mit Tutorials aus dem Internet schlaumachen:
- *https://www.stopmotiontutorials.com/anleitung/was-ist-stop-motion/*: kindgerechte Erklärung der Stop-Motion-Trickfilm-Technik
- *https://medienkindergarten.wien/visuelle-medien/stop-motion-der-legetrick-film/*: Beispiel für den Kita-Einsatz

Ein Trickfilm entsteht ★★★

Die Kinder haben die Geschichte leiblich erfahren, sich praktische Gestaltungskompetenz angeeignet und im Erzählen geübt. Jetzt haben wir eine Basis für anschließendes digitales Lernen.

    Mit einfachen Mitteln (einem iPad oder Smartphone und der App *Stop Motion Studio*) können wir das Erzählspiel in eine Filmanimation verwandeln. Die Kinder bewegen die Objekte, und bei jeder Aktion wird ein Bild erstellt. Schon mit 8 Bildern pro Sekunde erwecken wir Figuren und Gegenstände zum Leben.

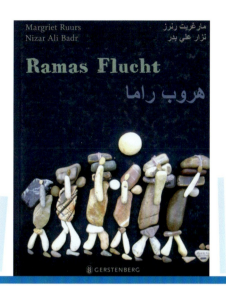

7.4 Ramas Flucht: Eine Geschichte in Steinbildern

Das Mädchen Rama aus Syrien ist die Erzählerin dieser Geschichte von Margriet Ruurs und Nizar Ali Badr. Sie beginnt mit einem Rückblick auf eine friedliche, glückliche Kindheit:
Damals fing mein Großvater Fische. Papa arbeitete auf dem Feld. Mama nähte Seidentücher für mich und meine Puppen. Ich war eingehüllt in Seide und geborgen in Umarmungen. – Ich ahnte nicht, dass unser Leben sich bald für immer ändern würde.

Die letzten Sätze deuten die Wende im Leben Ramas an. Der Krieg kommt und immer mehr Menschen machen sich auf die Suche nach einem Ort, an dem keine Bomben fallen. Auch Ramas Familie verlässt ihr Zuhause:
Ich gab mir Mühe, Großvaters langen Schritten zu folgen. Ich wollte Mamas Hand halten, aber sie trug unsere Decken und Kleiderbündel. Ich trug nur Erinnerungen in meinem Herzen.

Sie laufen bis zum Meer, für die Erzählerin gefühlt: *bis ans Ende der Welt*. In einem kleinen Boot gelingt ihnen die Überfahrt. Jetzt endlich kommen sie durch Länder, in denen die Männer keine Gewehre tragen und keine Bomben fallen.

Neue Nachbarn begrüßen sie mit offenen Armen, sie teilen Kleidung und Essen mit ihnen – *ich bekam sogar eine neue Puppe. Wir haben jetzt ein neues Zuhause*, erzählt Rama.

Ramas Flucht erzählt in einer einfachen und anrührenden Sprache von einem realen Krieg und einer realen Flucht. Dem Text und den Bildern geht es um Empathie für die Flüchtenden. Von den vielfältigen Ursachen für diesen Krieg – dem Bürgerkrieg in Syrien – ist nur einmal knapp die Rede.[8] Die Geschichte endet mit der Hoffnung der Geflüchteten auf eine *helle Zukunft* in einem Land, in dem es Frieden und Freiheit gibt. Die Ereignisse bekommen eine zusätzliche bewegende Tiefe durch die Bilder, die der syrische Künstler Nizar Ali Badr aus Steinen komponiert hat.

Ramas Flucht (Ruurs/Badr)

Ideen zur praktischen Arbeit

Die Geschichte nachgestalten und nacherzählen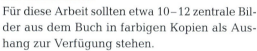

Für diese Arbeit sollten etwa 10–12 zentrale Bilder aus dem Buch in farbigen Kopien als Aushang zur Verfügung stehen.

Jedes Kind sollte 30 bis 40 flache Steine / Kieselsteine mitbringen bzw. zur Verfügung haben (Siebkies ist für wenig Geld in den örtlichen Baumärkten oder Baustoffhandlungen zu haben).

Die eindrücklichen Bilder laden zur eigenen Gestaltung ein. Die Kinder suchen sich eine Szene (Bildseite) aus dem Buch aus und legen sie mit Steinen nach.
Anschließend erzählen sie,
- was auf ihrem Bild zu sehen ist und
- warum sie sich diese Seite ausgesucht haben.

So wird zum einen die Geschichte nacherzählt. Zum anderen kommen wir in ein Gespräch über das, was die Kinder an dieser Geschichte bewegt.

Ramas Flucht (Ruurs/Badr)

Arbeit auf der Straße mit Kindern aus der Nachbarschaft in Corona-Zeiten, Bremen 2020. Hier arbeiten gerade ein Kitakind, ein Schüler einer 2. und eine Schülerin einer 6. Klasse zusammen.

Das ist Ramas Familie und das ist das neue Haus, in dem sie wohnen. (Frida, Kita Bremen)

Also, sie ist in der Schule, und ganz vorne steht ein Lehrer oder eine Lehrerin und dass sie an einem Schreibtisch auf einem Stuhl sitzt. Und oben das Herz soll bedeuten, dass sie da auch Liebe finden kann und Freundschaften bilden kann und dass die Schule dafür ein ganz guter Ort ist. (Liv, Bremen, 6. Klasse)

Die fertig gestalteten Bilder können fotografiert und ausgedruckt werden, sodass ein eigenes Bilderbuch entsteht.

Bilderbuchgespräche und freier Ausdruck ★★
im Bild: Helle und dunkle Zukunft
Papa trug den kleinen Sami auf dem Rücken. Als ich müde war und weinte, erzählte mir Papa, dass wir einer hellen Zukunft entgegengingen.
- Was meint Ramas Vater mit *heller Zukunft*?
- Gibt es auch eine *dunkle Zukunft*?

Zur Vorbereitung des Gesprächs sammeln wir im Stuhlkreis Assoziationen zu den Wörtern *hell* und *dunkel*. So entsteht eine Liste, in der sich das Erleben und die Gefühle der Kinder in Verbindung zu diesen Wörtern spiegeln.

Im Anschluss kann jedes Kind seine Vorstellung zu Ramas Zukunft in einem Steinbild gestalten.

Akim rennt: eine Fluchtgeschichte

Eine realistische Fluchtgeschichte erzählt auch Claude K. Dubois. Akims Dorf wird bombardiert, er irrt allein durch die Trümmer, Soldaten nehmen ihn mit in ihr Lager. Bei einem Angriff kann er fliehen, schließt sich anderen Flüchtlingen an, kommt schließlich in ein Flüchtlingslager, wo er seine Mutter wiederfindet.

Lässt sich das traumatische Erleben von Flüchtlingskindern aus Kriegsgebieten auch nur annähernd nachvollziehen? Sicherlich nur schwer. Aber die wie hingeworfen wirkenden Bleistiftskizzen von Claude Dubois sind so emphatisch wie erschütternd, so schlicht wie überwältigend, dass uns der zerstörerische Wahnsinn von Krieg, Verfolgung und Flucht unmittelbar anspringt. *Akim rennt* ist ein wichtiges Buch für Kinder ab etwa 8 Jahren. Es sollte aber nur zusammen mit einem Erwachsenen angeschaut werden.

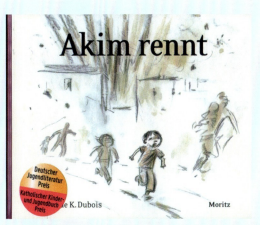

Akim rennt (Dubois)

 Weitere Bilderbuch-Leseempfehlungen finden Sie im Download-Material: M 18

Anmerkungen

1   https://www.meinbezirk.at/jennersdorf/c-leute/sei-du-selbst-die-veraenderung-die-du-dir-wuenschst-fuer-diese-welt_a769793 [30.10.2020].
2   Besprechungen zu Bilderbüchern mit dem Thema „Flucht" enthält der Band von Dieter Wrobel und Jana Mikota (Hrsg.): *Flucht-Literatur, Primarstufe und Sekundarstufe I.* Hohengehren 2017.
3   Als „Erlebnis" bezeichne ich etwas, das uns berührt und bewegt. Mit „Erfahrung" meine ich die gedankliche Verarbeitung dieses Erlebens. Wer viel erlebt hat, muss noch nicht viel begriffen haben. Zur Erfahrung führt erst die Reflexion des Erlebten.
4   Vgl. hierzu z. B. Heidi Rösch: Bilderbücher zum Thema Flucht, in: *Kinder nach der Flucht. Die Grundschulzeitschrift,* 303/2017, S. 32–35.
5   Zum Aspekt ausbeuterischer Wirtschaftsbeziehungen (vgl. Kap. 1.2.1) gibt es zurzeit kein empfehlenswertes Bilderbuch. Impulse für den Unterricht finden sich bei Ulrike Lerche: *Miteinander. Fair. Gerecht. Gemeinsam für Afrika, Unterrichtsmaterialien zum Thema Aufbau einer globalen Entwicklungspartnerschaft für die Grundschule.* Tönisvorst, 2013, https://www.gemeinsam-fuer-afrika.de/wp-content/uploads/2013/04/DFC-SK2013-UM-GS-RZ4-Web.pdf [22.12.2020]. Auch die Thematik „Eurowaisen", von ihren „im Westen" arbeitenden rumänischen oder ukrainischen Eltern zurückgelassene Kinder, wird nicht angesprochen. Dazu gibt es allerdings ein Bilderbuch (*Zug der Fische;* siehe Bilderbuch-Empfehlungen im Download-Material).
6   Vgl. Jochen Hering: Erzählen mit den Augen des anderen, in: ders.: *Kinder brauchen Bilderbücher.* Seelze, 2. Auflage 2018, S. 38 ff.
7   Vgl. ausführlich: Marco Holmer: Willibarts Wald, in: *Vom Glück der Kinder. In Bilderbüchern dem Glück begegnen, Betrifft Kinder Extra,* Weimar 2019, S. 21–22.
8   Großvater sagte: „Wirklich frei sind wir nicht. Wir dürfen nicht unsere Lieder singen, nicht unsere Tänze tanzen, nicht die Gebete sprechen, die wir gelernt haben." Gemeint ist hier wohl die Situation der Kurden in Syrien. Vgl. dazu: https://www.gfbv.de/de/news/minderheiten-in-syrien-504/ und: https://de.wikipedia.org/wiki/Kurden_in_Syrien [7.9.2019]. – Einfache Sachtexte für Kinder zu Kriegsursachen enthält der Band von Christine Schulz-Reiss: *Nachgefragt: Flucht und Integration. Basiswissen zum Mitreden,* Bindlach 2016, Kap. 2: „Woher und warum?"

8 Begegnungen mit dem Fremden

Man könnte wohl sagen, dass die lebendige Menschlichkeit eines Menschen in dem Maße abnimmt, in dem er auf das Denken verzichtet.
Hannah Arendt[1]

Seit es Menschen gibt, hat das Fremde ein doppeltes Gesicht. Einmal kommt es unserer Neugier entgegen, verkörpert die Sehnsucht nach neuen Erfahrungen und Herausforderungen. Das Bekannte und Vertraute kann – als das immer Gleiche – auch ermüden. Voll Offenheit schauen wir auf andere Länder und Menschen, auf ihre Art zu leben. Die Fremde und die Fremden begegnen uns als Bereicherung. Die Welt vielfältig. Wir wollen sie und uns neu kennenlernen! Denn das Fremde ist auch der Spiegel, in dem wir uns selbst genauer betrachten können. Wir schauen jetzt mit den Augen der anderen auf uns und das bislang Vertraute und stellen fest: Vieles wäre auch anders möglich (Schuluniformen zu tragen zum Beispiel).

Diese zum Nachdenken anregende Distanz kann allerdings auch in Ablehnung umschlagen. Das liegt unter Umständen daran, dass den Betreffenden überhaupt Offenheit für Anderes fehlt. Sie fühlen sich in solchen Begegnungen unsicher. Das Fremde wird als Bedrohung wahrgenommen, die Fremden werden ausgegrenzt. Oft geht das dann noch einher mit einer Herabsetzung und Geringschätzung des Anderen. Nur das Eigene („Bei uns macht man das so und nicht anders!") wird wertgeschätzt. Manchmal reicht schon fremdartiges Aussehen (die Hautfarbe zum Beispiel), um sagen zu können: „Der oder die gehören einfach nicht hierher!" Primitive Begründungen dafür („Die sind schmutzig!", „Die stehlen!") haben sich in der Geschichte schon oft wiederholt.

Abgrenzung anderen gegenüber kann allerdings auch zu Recht bestehen, etwa bei Vorstellungen zur Wertigkeit der Geschlechter. Immer noch gibt es Länder und Kulturen, in denen Männer mehr wert sind als Frauen. So ein Denken und das damit einhergehende Verhalten müssen in unserer Kultur als mit unseren Wert- und Rechtsvorstellungen nicht vereinbar abgelehnt werden. (Beispiele für berechtigte Abgrenzung: siehe Kap. 10.)

Bilderbuch	Schwerpunkt	Arbeitsmethoden
Schokolade und Sahne ★	Beurteilung anderer nach dem Äußeren	• pantomimisches Mit-Erzählen • Unterschiede: Listen vergleichen • ein Plakat gestalten
Der blaue Fuchs ★★	Fremdenfeindlichkeit; Ausgrenzung; für eigene Überzeugungen einstehen	• Mit-Erzählen mit dem Erzähltablett • Standbildarbeit • Interview mit einer literarischen Figur • Tagebuch schreiben
Frosch und der Fremde ★★★	Offenheit vs. Vorurteile; Freundschaft vs. Fremdenfeindlichkeit	• szenisches Nacherzählen • philosophisches Nachdenken
Kleines Nashorn, wo fährst du hin? ★	die Fremde als Ort neugieriger Sehnsucht	• Mit-Erzählen und Vorausdenken • einfache Sehnsuchtsgedichte schreiben

8.1 Schokolade und Sahne: Verschieden und doch gleich ★

In der Stadt, in der Martin lebte, legte ein Schiff mit Leuten aus allen Teilen der Welt an, beginnt das Bilderbuch *Schokolade und Sahne* von Ricardo Cie und „mEy!". Neugierig läuft Martin zum Hafen. Unter den Ankommenden ist auch Upendo, genauso groß wie Martin, aber mit dunkler Haut. So etwas hat Martin noch nie gesehen. Er muss sofort an Schokolade denken und beißt Upendo herzhaft in den Arm, um zu probieren. Das tut weh! Upendo wiederum wird von Martins Hautfarbe an Sahne erinnert. Er macht Martin den Probebiss nach. Auch das tut weh.

Und so dachte jeder, *während er seinen Arm rieb, dass sie sich doch sehr ähnlich wären. Weil sie gleich schmeckten, und zwar weder nach Sahne noch nach Schokolade, und die Bisse ihnen gleich weh taten.*

Schokolade und Sahne ist eine einfach gehaltene Geschichte über die erste Begegnung zweier Jungen, die einander aufgrund ihrer Hautfarbe völlig fremd vorkommen. Ganz naiv – wie im Märchen – wird ihr erster Kontakt symbolisch als Geschmacksprobe inszeniert. Dieser so fantastische wie offensichtlich dumme Zugang zum anderen ist der Kunstgriff der Geschichte, mit dem Vorurteile kindgerecht und witzig vorgeführt und bloßgestellt werden.²

Ideen für die praktische Arbeit

Mit-Erzählen mit Erzählpantomimen
Die einfache Geschichte lässt sich schon von Jüngeren entlang von Schlüsselwörtern (Spielwörtern) leicht pantomimisch miterzählen. Das steigert Konzentration, Zuhörlust und den kreativen Umgang mit Körpersprache. Einfache Schlüsselwörter wären *neugierig, genauso groß, probieren, beißen, Schmerz.* Schwieriger ist die Darstellung von *dunkel* und *hell.* Es ist daher wichtig, gemeinsam nach passenden Pantomimen zu den jeweiligen Spielwörtern zu suchen und sie einzuüben. Kreativ anregend für den expressiven Ausdruck mit dem Körper, mit Mimik, Händen und Füßen ist auch die Beschäftigung mit den Gebärden aus der deutschen Gebärdensprache.³

Zum einen lassen sich dazu leicht Filme im Internet finden, zum Beispiel: *https://gebaerdenlernen.de/index.php?article_id=201*
Zum anderen gibt es ein für Kinder sehr empfehlenswertes und im Comicstil gehaltenes *Bildwörterbuch der Gebärdensprache: Hand in Hand die Welt begreifen,* nach einer Idee von Sigrun Nygaard Moriggi (Leipzig, 5. Aufl. 2016)

Schokolade und Sahne (Cie/mEy!)

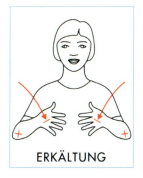
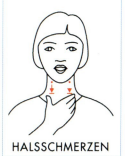

Aus: *Bildwörterbuch der Gebärdensprache: Hand in Hand die Welt begreifen,* nach einer Idee von Sigrun Nygaard Moriggi (Leipzig 5. Aufl. 2016, S. 152)

Wir schauen genau hin:
Unterschiede sind verschieden ★

An ihrer Hautfarbe können Martin und Upendo nichts ändern.
- Welche Unterschiede fallen dir noch ein, an denen sich nichts ändern lässt?

Es gibt zwischen Menschen auch Unterschiede, die sich ändern lassen.
- Fallen dir auch dazu Beispiele ein?
- Setzt euch in Gruppen zusammen und legt zwei Listen an!
- Vergleicht eure Listen miteinander.
- Seid ihr überall einer Meinung?

Ein Plakat gestalten:
Was unterscheidet uns? Worin sind wir gleich? ★★

Martin und Upendo sind – wie alle Menschen – verschieden und gleich. Wir können mit dem Bilderbuch unsere Gedanken zu Verschiedenheit und Gleichheit vertiefen.

Wir alle müssen essen und trinken. Aber was wir essen und trinken, das unterscheidet sich oft. Wir spielen auch gern. Aber was und womit wir spielen, das kann von Land zu Land verschieden sein. Dass wir Menschen trotz unserer Verschiedenheiten gleich und gleichwertig sind, diese Einsicht ist eine Grundvoraussetzung für einen wertschätzenden Umgang miteinander.

Ein mittelschönes Leben
(Kirsten Boie/Jutta Bauer, Hamburg 2011) macht auf gesellschaftliche Unterschiede aufmerksam.

Kinder aus unterschiedlichen Ländern unterscheiden sich zum Beispiel in ihrem Aussehen und ihrem Lieblingsessen. Alle Kinder lernen zum Beispiel lesen, und so heißt auch ein bekanntes Kinderlied von Klaus Neuhaus.[4]

Arbeitsanweisung:
- Gestalte ein Plakat mit dem Titel: „Kinder aus aller Welt – verschieden und gleich!"

MATERIAL

Wie gestalten wir ein Plakat?
- Ein Plakat braucht eine einfache und kurze Überschrift aus wenigen Worten.
- Die Überschrift soll sagen, worum es dir geht.
- Die Schrift sollte aus größerem Abstand zu lesen sein.
- Zu deiner Überschrift brauchst du ein passendes Bild.
- Farbkontraste sorgen dafür, dass ein Plakat sofort ins Auge fällt.

Manche Plakate sprechen sogar ohne Text und Titel zu uns.

Der blaue Fuchs (Benz)

8.2 Der blaue Fuchs: Aufstehen gegen Fremdenfeindlichkeit

Der blaue Fuchs – seine geliebte Teekanne Kamilla auf dem Rücken – sucht ein Zuhause. Es sollte nicht langweilig sein, nicht zu laut, nicht gebirgig und nicht sumpfig. Und schließlich, als er schon lang gereist ist und fast aufgeben möchte, kommt er zu einem großen Wald mit lauter Füchsen. *„Schau mal, wie schön es hier ist, Kamilla"*, ruft der blaue Fuchs begeistert. Die anderen Füchse, sämtlich rot, sind allerdings nicht begeistert. Aggressiv gehen sie mit aufgerissenen Mäulern auf den blauen Fuchs los: *„Verschwinde, du Blaubeere!"* – *„Wir wollen keine Tasse Tee mit dir trinken!"* – *„Hau bloß ab!"*

Auch als der Blaue sich angstschlotternd versteckt, lassen die Roten nicht nach. Sobald er eingeschlafen ist, wollen sie ihn so fürchterlich erschrecken, dass er nie wiederkommt. Nur der kleinste der roten Füchse fragt: *„Warum sagen wir nicht freundlich hallo?"* – *„Sei still, kleiner Fuchs! Das verstehst du nicht!"*, wird er zischend zurückgewiesen.

Aber der Kleine gibt nicht auf. Als die roten Füchse auf den schlafenden blauen Fuchs losgehen wollen, stellt er sich ihnen mit einem lauten *„Stoooopp!"* in den Weg. Das bringt die roten Füchse zur Besinnung. Verwundert hören sie ihrem Jüngsten zu.

„Schaut doch mal genau hin", fordert der sie auf. *„Der blaue Fuchs hat vier Pfoten, zwei Augen und eine schwarze Fuchsnasenspitze. Er ist ein Fuchs wie wir. Und außerdem trinkt er auch gerne Tee."* Die roten Füchse sehen sich an. Der kleine Fuchs hat ja recht. Sie entschuldigen sich beim blauen Fuchs. Und der hat endlich ein neues Zuhause gefunden.

Die Geschichte von Karolina Benz erzählt in teils comicartigen farbenfrohen Bildern auf einfache Weise vom Anderssein, von Ausgrenzung und vom Mut eines Einzelnen, sich gegen viele zu stellen, und zeigt: Es lohnt sich, für die eigenen Überzeugungen einzustehen. Und wie im Märchen – beispielsweise in Andersens *Des Kaisers neue Kleider* – ist es auch hier der Jüngste, der mit naiv-kindlichem Blick den Dingen auf den Grund geht: *„Schaut doch mal genau hin ... Er ist ein Fuchs wie wir."*

Ideen für die praktische Arbeit

Mit-Erzählen mit dem Erzähltablett ★

Zunächst schauen wir uns die ersten 3 Doppelseiten an. Wir erleben den blauen Fuchs auf seiner Suche nach einem neuen Zuhause, auf der er schließlich bei den roten Füchsen ankommt. Mit einfachen Mitteln gestalten wir ein Erzähltablett (vgl. Kap. 11.15). So haben wir die Bühne des Geschehens vor uns und können die Geschichte mitspielen. Wir brauchen dazu ein Stück Pappkarton im DIN-A3-Format und Mensch-ärgere-dich-nicht-Figuren. (Viele rote Figuren, eine blaue; die Figur des kleinen roten Fuchses taucht später auf. Wir müssen sie besonders kenntlich machen.) Aus Pappe und Papier basteln wir Bäume, Felsen und Berge, malen den Waldboden in Brauntönen an – fertig. Die Darstellung (Beispiel 4. Doppelseite:

Der blaue Fuchs
(Benz)

Prüfend starren die roten Füchse den Fremden an. Einen blauen Fuchs haben sie noch nie gesehen!) gibt immer auch Anlass, über Motive und Gefühle der Beteiligten zu reden und spielerisch zu überlegen, wie die Geschichte weitergeht.

Mit Standbildern Gefühle und Gedanken ★★
erkunden
Im Bilderbuch-Standbild stellen wir eine Figur oder eine Situation mit Körperhaltung, Mimik und Gestik nach. Das ermöglicht den Spielenden und dem Publikum einen Zugang zu Wahrnehmungen, Gedanken und Gefühlen der Figuren und fördert Einfühlungsvermögen (Empathie). Der kleine Fuchs hat sich schützend vor den blauen Fuchs gesetzt, die Pfoten nach vorn gestreckt. Das Publikum stellt Fragen:

- Kleiner Fuchs, warum guckst du so streng?
- Kleiner Fuchs, woran denkst du?
- Kleiner Fuchs, warum streckst du deine Pfoten nach vorn?
- Kleiner Fuchs, hast du Angst?

Ein Interview mit einer literarischen Figur: ★★★
Kleiner Fuchs, du bist sehr mutig
Die Kinder bereiten (in Partnerarbeit) ein Interview mit dem kleinen Fuchs vor.
- Kleiner Fuchs, woher hast du deinen Mut?
- Kleiner Fuchs, hast du gar keine Angst vor den großen Füchsen?
- Kleiner Fuchs, du kennst den blauen Fuchs doch gar nicht. Warum hilfst du ihm?

Aus der Geschichte bzw. dem Verhalten des kleinen Fuchses versuchen die Kinder, die möglichen Antworten abzuleiten. So entwickeln sie einen Blick für das Innenleben des Helden und dessen Perspektive.

Das Tagebuch vom blauen Fuchs ★★
Nehmen wir an, der kleine rote Fuchs hätte ein Tagebuch.
- Was hätte er da über den blauen Fuchs und die großen roten Füchse geschrieben?
- Geh in der Klasse herum und lass dir von jedem Kind ein Wort zu der Geschichte schenken (Beispiele: *mutig, für den Fremden, keine Vorurteile*). Mit diesen Wörtern kannst du eine Seite aus dem Tagebuch des blauen Fuchses schreiben.

Eine Schreibvorlage für einen Tagebucheintrag finden Sie im Download-Material: **M 10**

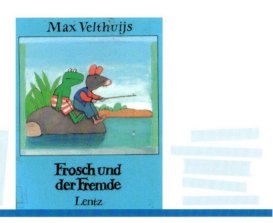

8.3 Frosch und der Fremde: ★★★ Offenheit gegen Fremdenfeindlichkeit

Die Geschichte *Frosch und der Fremde* von Max Velthuijs beginnt wie mit einem Paukenschlag: *Eines Tages war plötzlich ein Fremder da. Er schlug sein Lager am Waldrand auf. Schwein entdeckte ihn zuerst.* Und Schwein lief sofort zu seinen Freunden. *„Also, wenn ihr mich fragt"*, sagt Schwein, *„er sieht aus wie eine schmutzige dreckige Ratte." (…) „Mit Ratten muss man vorsichtig sein"*, sagte Ente. *„Die stehlen."* – *„Woher weißt du das?"*, fragte Frosch. – *„Jeder weiß das"*, sagte Ente unwirsch.

Frosch vertritt als sympathische Hauptfigur all diejenigen, die solchen Vorurteilen misstrauen und sich lieber selbst ein Bild machen. Am Waldrand ist ein Zelt aufgebaut. Ein Topf hängt über dem Feuer, es riecht gut und sieht gemütlich aus. Am nächsten Tag erzählt Frosch seinen Freunden davon. Aber die bleiben bei ihren Vorurteilen. Schwein sagt: *„Vergiss nicht, er ist eine dreckige Ratte."* Und Ente ergänzt: *„Ich wette, er wird uns alles wegessen und nichts arbeiten. Ratten sind frech und faul."*

Die Geschichte straft Schwein und Ente Lügen. Ratte ist fleißig, kann wunderbare Geschichten erzählen und bleibt auch bei weiteren Diffamierungen von Schwein und Ente ruhig und gelassen. Dem Frosch, der sich allmählich mit Ratte anfreundet, werfen die beiden vor: *„Du solltest dich nicht mit dieser dreckigen Ratte abgeben."*

Dann kommt die Wende. Schwein kocht, ist unvorsichtig, es brennt. Ratte hilft tatkräftig beim Löschen. Und als Hase in den Fluss fällt, ist Ratte ebenfalls zur Stelle. So sind auch Schwein und Ente irgendwann davon überzeugt, dass Ratte ganz anders ist als gedacht und gern bleiben kann.

Allerdings nimmt die Geschichte – ein Qualitätsmerkmal – nochmals eine überraschende Wende. Als Frosch eines Tages Ratte besucht, will er seinen Augen nicht trauen. Das Zelt ist zusammengepackt, Ratte bereit zur Weiterreise.

„Wohin gehst du?", fragte Frosch voller Verwunderung. *„Es ist Zeit, weiterzuziehen"*, sagte Ratte. *„Vielleicht gehe ich nach Amerika. Dort war ich noch nie."* Frosch war niedergeschmettert.

Auch für Schwein und Ente hinterlässt Ratte eine schmerzhafte Lücke. *Aber* – so der Schluss – *seine Bank war noch da, und die vier Freunde saßen dort oft zusammen und sprachen über ihren guten Freund Ratte.*

Frosch und der Fremde (Velthuijs)

Frosch und der Fremde (Velthuijs)

Bild zur Frage „Was ist ein Fremder?" (Mädchen, 2. Klasse)

> Ein Fremder ist jemand der einem unbekant ist. Und jemand dem man erst nicht vertraut weil man nie weiß was sich hinter einem Fremden verbirgt

Text zur Frage „Was ist ein Fremder?" (Mädchen, 2. Klasse)

Max Velthuijs zeichnet einfache Figuren, und er erzählt einfach. Seine Froschgeschichten (die der Beltz-Verlag zum Teil neu aufgelegt hat) sind kurze lehrhafte Erzählungen, die existenzielle und philosophische Themen aufgreifen. *Frosch und der Fremde* übt schon für Jüngere nachvollziehbar in kritisches Denken gegenüber Ausgrenzung ein. Vorurteile erweisen sich als haltlos und werden Lügen gestraft.

Aber müssen Fremde erst anderen helfen, um akzeptiert zu werden? Dieser Einwand gegenüber dem Buch wäre aus der Perspektive eines Erwachsenen gedacht. Für Kinder kommt es darauf an, ausgrenzendes, diffamierendes Verhalten in seiner Irrationalität im Handeln literarischer Figuren mitzuerleben. Trotzdem gehört die Geschichte damit nicht in die Kategorie eines pädagogisch belehrenden Bilderbuchs, denn: Sie ist nicht auserzählt (vgl. Kap. 2.2.2) und fordert zu weiterem Nachdenken auf: Warum sind Schwein und Ente so ablehnend? Warum ist Frosch so anders? Warum hat Frosch keine Angst, es sich mit seinen Freunden zu verderben? Und: Warum zieht Ratte weiter, wo er doch Freunde gefunden und sich beheimatet hat?

Ideen für die praktische Arbeit

Vor der Arbeit mit dem Bilderbuch ★

Es kann interessant sein, die Kinder vor der Begegnung mit der Geschichte zu ihren „Bildern" zu Fremden zu befragen. Kinder einer 2. Klasse (Grundschule, Niedersachsen) schrieben und malten zur Frage „Was ist ein Fremder?" unter anderem: „Ein Fremder ist ein Mensch, den man noch nie gesehen hat oder den man noch nie angesprochen hat." (1, Junge)

- „Ein Fremder ist, wenn ich jemanden das erste Mal sehe. Dann ist diese Person noch fremd für mich." (2, Mädchen)
- „Ein Fremder ist manchmal blöd, aber auch manchmal nett." (3, Junge)
- „Ein Fremder ist jemand, der einem unbekannt ist. Und jemand, dem man erst nicht vertraut. Weil man nie weiß, was sich hinter einem Fremden verbirgt." (4, Mädchen, vgl. Abb.)
- „Manche fremden Leute sind manchmal nicht so nett. Und deswegen nehmen sie anderen vielleicht etwas weg." (5, Mädchen)

Die ersten beiden Kommentare bleiben beschreibend, klären den Begriff. Der dritte Kommentar stellt zu Recht fest, Fremde sind mal so, mal so. Der vierte und fünfte Kommentar zeigen eine Mischung aus natürlicher Skepsis („Einen Fremden kennt man eben noch nicht!"), Misstrauen („Man weiß ja nie!") und einer vorsichtig formulierten Verdächtigung („Die, die anderen vielleicht etwas wegnehmen"). Offene Begegnungen werden so erschwert. Und damit sind wir auch schon mitten in unserer Geschichte. Es bietet sich an, die Beiträge der Kinder zu „Was ist ein Fremder?" im Klassenraum aufzuhängen. Am Ende der Arbeit mit unserem Bilderbuch kann jedes Kind seinen Beitrag ergänzen. So wird sichtbar, was die Kinder in der Geschichte bewegt hat und ob und wie sich das auf ihr Verständnis des Begriffs „Fremder" ausgewirkt hat.

Jaron mit Froschmaske, 2. Klasse, Bremen

Szenisches (Nach-)Erzählen mit Masken: ★ ★
Auseinandersetzung mit Vorurteilen
Die fremde Ratte hat am Waldrand ihr Zelt aufgeschlagen. Auf den ersten 13 Seiten (bis zum Wendepunkt: bei Schwein bricht ein Feuer aus) erfahren wir, was Schwein, Ente und Frosch von dem Fremden halten.

Auf große Plakate schreiben wir in Stichworten, was die drei sagen, denken, tun. Danach spielen wir das Gespräch zwischen den drei Freunden nach. Am Rand steht Ratte. Er hört zu und darf auch etwas dazu sagen. Im Stuhlkreis liegen 4 Masken. Wer an der Reihe ist, setzt sich die entsprechende Maske auf und darf dann reden.

Bastelvorschläge für Tiermasken finden sich im Internet:
- *https://www.kidsweb.de/winter/masken/tiermasken.html:* einfache Vorlagen für Masken zu Schwein und Ratte
- *https://froschblog.de/2016/02/01/kinderfastnacht-froschmasken-selbst-basteln/:* eine Froschmaske
- *https://www.youtube.com/watch?v=EgRW183LtRw:* ein Film zur Entenmaske

Philosophisches Nachdenken mit Kindern: ★ ★ ★
Fremde und Fremdenfeindlichkeit
Philosophisches Nachdenken ist ein Werkzeug beim Betrachten der Welt. Wir lernen zum Beispiel, über Begriffe und ihre Bedeutung nachzudenken. Wir lernen, Vermutungen, Meinungen und Tatsachen auseinanderzuhalten. Wir erleben, wie problematisch es sein kann, einzelne Erfahrungen zu verallgemeinern (Omas drängeln sich im Supermarkt vor!). Wir üben, Standpunkte zu begründen, die Begründungen im Dialog abzuwägen, kritisch auf voreilige Schlussfolgerungen zu schauen („Oh, Sie kommen aus Afrika. Dann sind Sie bestimmt nicht zur Schule gegangen!").

Eine unterhaltsame Einführung ins philosophische Nachdenken für alle, die sich mit dem Philosophieren mit Kindern nicht so recht vertraut fühlen, hat Hans-Bernhard Petermann geschrieben:
Kann ein Hering ertrinken? Philosophieren mit Bilderbüchern. Weinheim 2004.

Frosch und der Fremde (Velthuijs; Bildausschnitt)

Frosch und der Fremde ist ausgezeichnet geeignet, um mit Kindern ein Gespräch über *Fremde* und *Fremdenfeindlichkeit* zu führen. Dazu sind *produktive Fragen* wichtig und hilfreich (vgl. Kap. 11.4). Produktive Fragen helfen bei der Klärung von Begriffen (was ist eigentlich ein Fremder?), beim Vergleich mit eigenen Erfahrungen, beim kritischen Nachdenken und beim eigenständigen Suchen nach Antworten.

> **BEISPIEL**
>
> **Produktive Fragen zum Thema „Fremde und Fremdenfeindlichkeit"**
> - Was ist das Gegenteil von fremd?
>   (heimisch, vertraut, bekannt …)
> - Was ist das Gegenteil von „die Fremde"?
>   (die Heimat, das Zuhause, das Bekannte …)
> - Hast du dich schon einmal fremd gefühlt?
> - Wo war das? Erzähle!
> - Was war das für ein Gefühl? Erzähle!
>
> Kann man Fremde erkennen? Woran?
> - Stell dir vor, du bist in einem anderen Land, zum Beispiel in Ghana/Afrika.
> - Wärst du da als Fremder/als Fremde zu erkennen? Woran?
> - Wie wäre das in China?
> - Wenn alle Menschen auf der Welt gleich aussähen, gäbe es dann keine Fremden mehr?
>
> Am Anfang der Geschichte ist Ratte ein Fremder. Am Ende der Geschichte ist Ratte kein Fremder mehr.
> - Was ist passiert? Sieht er am Ende anders aus?
> - Am Anfang der Geschichte sind Schwein und Ente feindselig gegenüber Ratte. Obwohl sie ihn noch gar nicht kennengelernt haben. Hast du so etwas auch schon einmal beobachtet oder miterlebt?
> - Warum sind Schwein und Ente so ablehnend? Hast du eine Erklärung?
>
> Frosch ist anders als Schwein und Ente.
> - Was unterscheidet Frosch von seinen Freunden?
> - Ist Frosch etwas Besonderes?

8.4 Kleines Nashorn, wo fährst du hin? Die Fremde als Sehnsucht und Bereicherung ★

Der Held unserer Geschichte *Kleines Nashorn, wo fährst du hin?* von Meg McKinlay und Leila Rudge ist ein kleines Nashorn und lebt an einem Fluss. Tag für Tag fahren auf Booten Düfte und Klänge aus fernen Ländern vorbei und versetzen unseren Helden in Träumereien von der großen, weiten Welt. Die anderen Nashörner machen das, was Nashörner eben so machen, sie wälzen sich im Schlamm, lassen sich die Sonne auf den Rücken scheinen, fressen Gras und schubbern sich. Für die Sehnsucht des Kleinen haben sie kein Verständnis. „Wir haben alles, was ein Nashorn sich nur wünschen kann." – „Du bist ein Nashorn, du gehörst hierher."

Das kleine Nashorn stimmt dem zu. Aber es hört nicht auf zu träumen. Und dann, eines Tages, baut es ein Boot. Die anderen wollen es von seinen Plänen abbringen: „Du kannst nicht mit einem Boot fahren (…). Du bist ein Nashorn. Du kannst nicht rudern (…). Oder eine Karte lesen." – „Ja", sagt das kleine Nashorn jedes Mal, „ja, das stimmt."

Ängstlich rufen die Großen dem Kleinen noch bei der Abreise zu: „Das ist gefährlich. Du wirst dich verirren!" – „Ja, vielleicht", antwortete das Nashorn."

Und dann macht es sich trotz aller Warnungen – mit Schwimmweste – auf die Reise. Zuversichtlich sieht es kommenden Abenteuern entgegen. Verträumt blickt es in die Tiefe des Ozeans, segelt *bis in die fernsten Länder und noch weiter.* Und es sieht Dinge, *die es noch nie zuvor gesehen hatte, roch unbekannte Gerüche und hörte neue, überraschende Klänge. Es sah mehr, als sich ein Nashorn jemals hätte erträumen können.*

Schließlich macht es sich wieder auf den Heimweg. Bei den Nashörnern zuhause hat sich nichts verändert. Sie fragen auch nur kurz nach, ob es in der Fremde nicht sehr fremd und unheimlich gewesen sei. „Ja, manchmal", erwiderte das kleine Nashorn. „Das haben wir uns gedacht", sagten die Nashörner. *Sie drehten sich um und kümmerten sich wieder um den Schlamm und das Gras und die Bäume.*

Hier könnte die Geschichte zu Ende sein, aber eine leise Stimme meldet sich zu Wort. Es ist ein noch kleineres Nashorn, das fragt: *„Und hast du dich oft verirrt?"* – „Ja, ganz oft", erwidert das kleine Nashorn. *„Und wie war das?"*, fragt das noch kleinere Nashorn. *„Es war wunderbar"*, sagte das kleine Nashorn. *„Das habe ich mir gedacht"*, sagte das noch kleinere Nashorn. *Und es begann zu träumen.* Damit endet die Geschichte.

Die weite Welt, die Fremde und das Fremde tauchen in diesem Bilderbuch als Sehnsucht, nicht als Bedrohung auf. Das kleine Nashorn ist neugierig auf Unbekanntes und Überraschendes. Den Erwachsenen dagegen erscheint die Fremde beängstigend und gefährlich. Neugier gibt es bei ihnen nicht mehr. Sie haben sich im gewohnten Alltag eingerichtet. Das kleine Nashorn träumt von mehr, macht seinen Traum wahr und ermutigt ein noch kleineres Nashorn, ebenfalls seinen Traum zu leben.

Kleines Nashorn, wo fährst du hin? (McKinlay/Rudge)

Kleines Nashorn, wo fährst du hin?
(McKinlay/Rudge)

Kleines Nashorn, wo fährst du hin?
(McKinlay/Rudge; Bildausschnitt)

Ideen für die praktische Arbeit

Dialogisches Mit-Erzählen und Vorausdenken ★★

Die märchenhafte Geschichte vom kleinen Nashorn *(Es war einmal ein kleines Nashorn, das wollte sich die große weite Welt ansehen)* lädt zum Zuhören, Miterleben und Mitträumen ein. Wir unterbrechen die Geschichte deshalb nur an wenigen Stellen. Nach den vielen Einwänden der erwachsenen Nashörner heißt es auf der 4. Doppelseite: *Aber es hörte nicht auf zu träumen. Und der Fluss floss weiter und die Boote fuhren vorbei.*
- Wovon träumt das kleine Nashorn?
- Was unterscheidet die großen Nashörner vom kleinen Nashorn?
- Das kleine Nashorn hört nicht auf zu träumen. Was denkst du, wie wird es weitergehen?

In einer Reihe kleiner Episoden zeigen uns die anschließenden Bilder, was das kleine Nashorn auf seiner Reise erlebt. *Und als es alles gesehen hatte, (…) wendete das kleine Nashorn sein Segel und machte sich auf den Heimweg.* Hier unterbrechen wir ein zweites Mal:
- Wie wird das sein, wenn das kleine Nashorn nachhause kommt?
- Wie werden sich die großen Nashörner verhalten?
- Was wird das kleine Nashorn erzählen?
- Was denkst du?

Die Geschichte endet offen, mit den Träumen des noch kleineren Nashorns. Im letzten Bild schaut es einigen Fesselballons hinterher. *Und*

es begann zu träumen, verrät uns die Geschichte noch.
- Wie könnte es weitergehen?

Einfache Sehnsuchtsgedichte schreiben ★★
(Zu Haiku und Akrostichon vgl. Kap. 11.14.)
Mit einem Haiku, einem Dreizeiler aus 5, 7 und wieder 5 Silben, können wir Träume und Sehnsüchte in Worte fassen.
Hier ein Beispiel für ein Haiku:

Mit meinem Papa
selber ein Baumhaus bauen
das wär das Coolste.

Und zum Wort *Sehnsucht* (nach der Fremde) noch ein Akrostichon:

Süden
endlich
Hitze
noch abends
Sonnenstrahlen
und
China möchte ich sehen,
Haiti auch und
Trinidad.

Die Fremde als Sehnsucht und Bereicherung: ★
Eine Ausstellung
Eine Sehnsuchts-Ausstellung ist Impuls für die gemeinsame Arbeit zum Thema und Gespräche darüber. Das kleine Nashorn hat Sehnsucht nach der Ferne (Fernweh). Wonach haben wir Sehnsucht? Jede/jeder bringt einen Gegenstand zu seiner Sehnsucht mit und beschriftet ihn mit einem kleinen Aufsteller.

Da liegt dann vielleicht eine Muschel und auf dem Aufsteller steht: „Ich bin Djamila. Im Sommer war ich am Meer. Ich hab Sehnsucht nach dem Meer. Da ist es so frei. Ich möchte da nochmal hin." Neben der Muschel steht ein Dino. Der Aufsteller erzählt: „Das ist ein Geschenk von meinem Freund Faris. Der ist umgezogen. Ich habe Sehnsucht nach meinem Freund. Ich möchte ihn bald besuchen." Was ist in der Schachtel mit der Aufschrift „Chalk"? Anton hat dazu geschrieben: „Ich gehe gern bouldern. Chalk ist wichtig für die Hände. Wenn ich größer bin, möchte ich im richtigen Gebirge klettern."

Wenn wir alles auf einem Tisch ordnen, eine passende Decke unterlegen, Hintergrundbilder malen und das Ganze noch ausleuchten, haben wir eine wunderschöne Ausstellung. Jetzt kann in den kommenden Tagen immer ein Kind seinen Gegenstand und die Geschichte dazu vorstellen. Natürlich sind dazu auch noch Fragen der anderen Kinder erwünscht.

Anmerkungen

1 Hannah Arendt: *Menschen in finsteren Zeiten.* München 1989, S. 25.
2 Die kritische Auseinandersetzung mit Vorurteilen und Hautfarbe kann vertieft werden mit dem Bilderbuch *Als die Raben noch bunt waren* (Schreiber-Wicke/Holland). Eine ausführliche Rezension mit Praxishinweisen findet sich in: Jochen Hering: Krieg und Frieden im Bilderbuch, *Die Grundschulzeitschrift* Nr. 311, Okt. 2018, S. 39–43.
3 Zum einen lassen sich dazu leicht Filme im Internet finden, zum Beispiel: https://gebaerdenlernen.de/index.php?article_id=201 [31.10.2020]. Zum anderen gibt es ein für Kinder sehr empfehlenswertes und im Comicstil gehaltenes *Bildwörterbuch der Gebärdensprache: Hand in Hand die Welt begreifen,* nach einer Idee von Sigrun Nygaard Moriggi (Leipzig, 5. Aufl. 2016).
4 Text und Noten unter: https://www.ultimate-tabs.com/misc-children/alle-kinder-lernen-lesen-chords.

9 Neue Heimat Deutschland: Freundschaft beheimatet

*Ich schäme mich manchmal ein bisschen,
wenn sich meine Wörter verfehlen.*

Rabia, 10 Jahre[1]

Mitte 2020 lebten insgesamt 1,77 Millionen Flüchtlinge in Deutschland. Am Jahresende 2016 waren unter den Schutzsuchenden etwa 400.000 Kinder unter 18 Jahren. Weltweit sind etwa 40 Prozent aller Vertriebenen Kinder. Keine Kita und keine Grundschule ohne Flüchtlingskinder – meist mit einer Anhäufung in den schon durch Probleme belasteten Wohngebieten: Hier sind die Mieten niedriger, häufig befinden sich dort die Flüchtlingsunterkünfte, Menschen aus dem eigenen Herkunftsland haben dort schon ihr neues Zuhause gefunden.[2] Und was ist mit der neuen Heimat? Die zu finden ist deutlich schwieriger.

Wir wohnen auch in unseren Worten (vgl. Kap. 1.1.5). Und für alle, die aus anderen Ländern zu uns kommen, drückt sich der Heimatverlust zuerst und massiv als Sprachverlust aus. Ohne die Vertrautheit und Verbundenheit der Herkunftssprache sind unsere Möglichkeiten, uns auszudrücken und einzubringen – zumindest zunächst –, äußerst eingeschränkt. Für die zu uns kommenden Kinder sind Kita, Schule und Freundschaften mit Gleichaltrigen wichtige Brücken auf dem Weg in die neue Sprache und in die neue Heimat.

Aber es ist nicht nur die Sprache, die den Neuankommenden als Barriere im Weg steht und den Zutritt erschwert. Manchmal sind auch Menschen Barrieren, Menschen, die andere, ihnen Fremde, ausgrenzen. Über längere Zeiträume andauernde agressive Abwertung und Ausgrenzung bis hin zu seelischer und körperlicher Gewalt (Mobbing) finden vermehrt schon unter Grundschulkindern statt (vgl. https://zeichen-gegen-mobbing.de/zahlen [10.3.2021]). Dann braucht es bei denen, die Zeugen solchen Verhaltens werden, den Mut hinzuschauen, den Willen zum Miteinander und eine Portion Zivilcourage, um ausgrenzendem Verhalten und den Tätern und Täterinnen entgegenzutreten und den Opfern beiseitezustehen. In solchen Zusammenhängen sind Bilderbücher wichtige Vor-Bilderbücher.

Bilderbuch	Schwerpunkt	Arbeitsmethoden
Zuhause kann überall sein ★★	Flucht nach Deutschland; Sprache als Barriere in der neuen Heimat; Freundschaft und Ankommen	• Sprach- und Bildverstehen im dialogischen Mit-Erzählen • eine Wörterdecke gestalten
Am Tag, als Saída zu uns kam ★★★	poetische Begegnung der Erzählerin mit einem Flüchtlingsmädchen und seiner Sprache; Plädoyer für ein Leben ohne Grenzen	• mit allen Sinnen: Heimat riechen • Bilderbuchgespräche zur Bild- und Textentlastung • zu eigenen Bildern erzählen
Mein Weg mit Vanessa ★	Freundschaft und Miteinander – gegen Ausgrenzung und Mobbing	• dialogisches Mit-Erzählen entlang textloser Bilder • Erzählen mit Erzählkarten • perspektivisches Erzählen

9.1 Zuhause kann überall sein: ★★ Wörter sind wie warme Decken

Wildfang – ob das ein Mädchen oder Junge ist, bleibt offen – erzählt uns ihre / seine Geschichte in *Zuhause kann überall sein* von Irena Kobald und Freya Blackwood. Die erste Doppelseite spielt noch in Wildfangs Heimat, in der Zeit vor dem Krieg. Dann blättern wir um und lesen: *Um in Sicherheit zu sein, kamen wir in dieses Land.* Wildfang und ihre / seine Tante sind geflohen und im neuen Land ist alles fremd, das Essen, Tiere, Pflanzen, sogar der Wind und vor allem die Sprache. In diesem kalten *Wasserfall aus fremden Wörtern* friert es Wildfang, weshalb das Kind sich zuhause einkuschelt *in eine Decke aus meinen eigenen Wörtern und Geräuschen. Ich nannte sie meine alte Decke. Meine alte Decke war warm. Sie war weich und deckte mich ganz zu. In ihr fühlte ich mich sicher. Manchmal wollte ich gar nicht mehr hinausgehen …* Die bildhafte Sprache *(Wörterdecke, kalter Wasserfall aus fremden Wörtern)* wird von farblich kontrastierenden Bildern begleitet. Das fremde Asylland ist grau, abweisend. Wildfang und Tante dagegen strahlen in leuchtend warmem Orange.

Dann lernt Wildfang im Park ein einheimisches Mädchen kennen. Die Sprachlosigkeit steht zwischen ihnen: *Ich wollte ihr sagen, wie glücklich ich war, weil wir jetzt Freunde waren. Doch ich wusste nicht wie. Das machte mich traurig. Zu Hause versteckte ich mich unter meiner alten Decke. Ich fragte mich, ob ich wohl immer traurig sein würde.* Beim nächsten Treffen im Park bringt das fremde Mädchen Wildfang Schnipsel mit, kleine Wortbilder, mit denen sie die fremde Sprache lernen kann. So webt – um im Bild zu bleiben – die Freundin mit jedem Wortschnipsel an einer neuen Wörterdecke für Wildfang: *Nachts, wenn ich, eingewickelt in meine alte Decke, im Bett lag, flüsterte ich die neuen Worte immer wieder vor mich hin. Schon bald klangen sie nicht mehr so kalt und hart. Sie hörten sich warm und weich an. Ich webte mir eine neue Decke. (…) Die Decke wuchs und wuchs. Den kalten einsamen Wasserfall vergaß ich ganz. Heute ist meine neue Decke genauso warm und gemütlich wie meine alte.*[3]

Two blankets („Zwei Decken") lautet der Titel des australischen Originals. Und sowohl die symbolhaften Bilder[4] (eine über-lebensgroße Taube beispielsweise) als auch die poetisch bildhafte Sprache machen die Geschichte anspruchsvoll und eher für Ältere geeignet. Für Jüngere muss die Geschichte vereinfacht bzw. übersetzt werden (Textentlastung). Wenn die Erzählerin sich zuhause einkuschelt in eine Decke aus ihren eigenen Worten und Geräuschen, wenn sie manchmal gar nicht mehr hinausgehen, sondern einfach für immer unter ihrer alten Decke bleiben will, dann führt wörtliches Verstehen nicht weiter.

Zuhause kann überall sein (Kobald/Blackwood)

Zuhause kann überall sein (Kobald/Blackwood)

Ideen für die praktische Arbeit

Mit-Erzählen: Sprach- und Bildverstehen ★★★
und dialogisches

Bildhafte Sprache ist für Kinder – und besonders für nicht deutschsprachige Kinder aus anderen Ländern – nicht leicht zugänglich. Im Dialog können verständige Zugänge (Textentlastung) geschaffen werden.

Doppelseite 2:
- *Das Essen war fremd.* (Wir nennen Beispiele zu fremdem Essen aus dem eigenen Erleben.)
- *Sogar der Wind war fremd.* (Was ist ein fremder Wind? Wie könnte sich das anfühlen?)

Doppelseite 4:
- Die Erzählerin will gar nicht mehr nach draußen gehen und sagt: Ich möchte *einfach für immer unter meiner alten Decke bleiben*. Was meint sie damit?

Die ungewöhnliche (symbolische) Bildsprache des Buches braucht ebenfalls unsere Aufmerksamkeit beim Vorlesen.
- Auf der 3. Doppelseite sehen wir Menschen mit geöffneten Mündern, aus denen heraus kleine Gegenstände in die Luft fliegen. Was soll das bedeuten?
- Das Mädchen, das Wildfang kennenlernt, steht mitten im Park an einem Baum. Baum und Mädchen stehen in einem kleinen Boot? Warum das?
- Im ersten und im letzten Bild der Geschichte ist die Erzählerin radschlagend zu sehen. Ist das Zufall oder hat das etwas zu bedeuten?

Die Wörterdecke – eine Gestaltungsaufgabe ★

Stell dir vor, du freundest dich mit einem Kind an, das nicht deine Sprache spricht. Egal ob Junge oder Mädchen. Er oder sie braucht Wörter, um mit anderen zu sprechen. Welche Wörter aus deiner Sprache würdest du diesem Jungen / diesem Mädchen schenken?

Schreibe die Wörter auf kleine Wortbild-Schnipsel wie in der Geschichte.

Die Schnipsel kannst du zu einer Wörterdecke zusammenkleben.

Sprecht anschließend darüber, warum ihr eure Wörter wichtig findet.

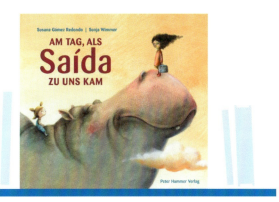

9.2 Am Tag, als Saída zu uns kam: … als hätte sie die Sprache verloren ★★★

Ich suchte ihre Wörter in allen Ecken, Winkeln, Löchern und Schubladen. Vielleicht gelang es den Wörtern und mir, Saídas Tränen zu trocknen. Das berichtet uns die Erzählerin vom *Tag, als Saída zu uns kam*. In immer neuen Episoden beteiligt sie uns an ihrer Suche nach Saídas Wörtern. Aber sosehr sich die Erzählerin auch anstrengt, sie findet keines von Saidas Wörtern. Stattdessen malt sie dann – es ist Winter – ein Willkommensbild in den Schnee. Die vorsichtige Annäherung der beiden Mädchen bildet den ersten Teil der Geschichte.

Saída kommt aus Marokko und spricht Arabisch. Sie hat ihre Sprache gar nicht verloren, begreift die Erzählerin. Sie hat eine andere Sprache. Und mit der gemeinsamen Erkundung ihrer unterschiedlichen Sprachen und Kulturen beginnt für die beiden Mädchen der zweite Teil der Geschichte. *Sie zeigte mit ihren kleinen Händen auf Dinge, und ich schrieb die Wörter an die Tafel oder in den Sand … Dann wiederholte sie die Wörter leise, damit der Klang in ihrem Gedächtnis und in ihren Lippen hängen blieb.*

Im dritten und letzten Teil der Geschichte – inzwischen ist es Frühling geworden – schauen wir in die Zukunft. Die Mädchen nehmen sich vor, irgendwann einmal nach Marokko zu reisen – *mit dem Schiff oder auf einem fliegenden Teppich.* Auf ihrer Reise wollen sie *Wörter suchen, die die Menschen zum Lachen und zum Sprechen bringen* und die ihnen helfen, *Freundschaften zu schließen.* Und vor allem wollen *Saída und ich dann das Wort Grenze über Bord werfen.*

Am Tag, als Saída zu uns kam von Susana Gómez Redondo und Sonja Wimmer ist ein anspruchsvolles und für ältere Grundschulkinder geeignetes Bilderbuch. Die Sprache ist poetisch-bildhaft *(In jeder Sprache gibt es Wörter, die so warm sind wie der Atem und so kalt wie Metall)* und auch die Bedeutung vieler Bilder muss entschlüsselt werden.

Ideen für die praktische Arbeit

Mit allen Sinnen arbeiten: Die Heimat riechen ★
Von Saída heißt es: *Sie duftete nach Orange, Datteln und Minze.* Das sind in Saídas Heimat alltägliche Gerüche. Mit zwei Duftlampen und Orange- und Minzöl können wir uns vor der Geschichte und während des Vorlesens in Saídas Heimat versetzen.

Verborgene Bedeutungen: Bild- und Textentlastung
Bilder und Text dieses Bilderbuches sind sperrig und müssen entschlüsselt werden. Das sollten wir vor der Lektüre gemeinsam mit den Kindern anbahnen. Die folgenden Aufgaben sind dabei hilfreich.

Ein Bilderbuchgespräch: ★★★
Was ist merkwürdig an diesen Bildern?
Um mit den poetischen Bildern dieses Bilderbuchs verständig umgehen zu können,
Wir führen die Kinder mit wenigen Worten in die Geschichte ein:
„Ein deutsches Mädchen lernt ein arabisches Mädchen kennen, das gerade erst nach Deutschland gekommen ist. Saida spricht noch kein Deutsch. Die Erzählerin, das deutsche Mädchen, möchte ihr helfen.

Am Tag, als Saída zu uns kam (Redondo/Wimmer)

Bildausschnitt aus Doppelseite 1:
Am Tag, als Saída zu uns kam
(Redondo/Wimmer)

Im Text zum Bild auf Doppelseite 1 heißt es: *Am Tag, als Saída zu uns kam, schien es mir, als hätte sie die Sprache verloren. Also suchte ich ihre Wörter … Vielleicht gelang es den Wörtern und mir, Saídas Tränen zu trocknen …*

- Wer ist auf dem Bild zu sehen? Was ist merkwürdig und anders als in der Wirklichkeit? Was könnte eine Schublade im Kopf bedeuten?, usw. Wir schauen uns weitere Bilder genauer an. Auf der nächsten Doppelseite durchsucht die Erzählerin mit einem Teleskopfernrohr die Taschen ihres Lehrers? Wieso macht sie das? Durch diese Bildbetrachtungen bekommen die Kinder allmählich ein Gespür für die in den Bildern verborgenen Bedeutungen.

Poetische Sprache in Alltagssprache übersetzen ★★★

So sperrig wie die Bildebene ist auch die bildhafte Sprache. In Gruppen erhalten die Kinder einen der folgenden Sätze zugeteilt. Aufgabe ist es, die Sprachbilder in verständliche Alltagssprache zu übersetzen.

Am Tag, als Saída zu uns kam
(Redondo/Wimmer; Bildausschnitt)

- *Ich suchte ihre Wörter. Vielleicht gelang es den Wörtern und mir, Saídas Tränen zu trocknen.*
  „Ich wollte mit ihr sprechen, um sie zu trösten."
- *Aber sosehr ich mich auch anstrengte, ich fand keines von Saídas Wörtern.*
  „Ich hab geredet und geredet, aber Saída hat mich nicht verstanden."
- *Und wir erfuhren, dass es in jeder Sprache Wörter gibt, die so warm sind wie der Atem und so kalt wie Metall. Wörter, die verbinden, und Wörter, die trennen.*
  „In jeder Sprache gibt es liebe Wörter und böse Wörter. Es gibt Wörter, um Freundschaft zu schließen, und Wörter, um zu streiten."
- *An manchen Tagen malten Saída und ich die Wörter bunt an und ließen sie wie Schmetterlinge fliegen.*
  „An manchen Tagen dachten Saída und ich uns lustige Wörter aus. Wir mussten lachen. Wir hatten Spaß."

Erst nach der Erarbeitung verborgener Bedeutungen lesen wir den gesamten Text.

Erzählen zu eigenen Bildern: Grenzen ★★★

Die Geschichte endet mit einem Ausblick: *Irgendwann werden Saída und ich mit dem Schiff oder auf einem fliegenden Teppich in ihre Heimat (…) reisen. Auf dem Weg nach Afrika werden wir noch mehr Wörter suchen, die die Menschen zum Lachen und zum Sprechen bringen (…) und helfen, Freundschaften zu schließen. Und ich glaube, dass Saída und ich dann das Wort Grenzen über Bord werfen.*

- Von welcher Grenze reden die beiden?
- Was für Grenzen gibt es?
- Warum wollen die beiden Mädchen das Wort „Grenze" über Bord werfen?
- Nach dem Gespräch malen die Kinder ihr Bild mit dem Titel *Grenzen*. Anschließend erzählen sie, worum es auf ihrem Bild geht.

9.3 Mein Weg mit Vanessa: Füreinander eintreten ★

Mein Weg mit Vanessa von Kerascoet greift einen schwierigen Alltagskonflikt auf. Die Geschichte erzählt einfühlsam und eindringlich von Ausgrenzung und davon, für andere einzutreten und so anderen und sich selbst ein Stück Geborgenheit zu schenken. Wer von den beiden Mädchen auf dem Titelbild *Vanessa* ist, verrät die Geschichte nicht.

Die neue Schülerin – erkennbar an ihrem blauen Kleid – bleibt auf dem Schulhof abseits und wird dann auf dem Nachhauseweg von einem Jungen aggressiv angegangen. Das Mädchen im gelben Kleid beobachtet den Vorfall. Es geht der anderen traurig und betroffen bis zu deren Zuhause nach, ohne sie aber anzusprechen.

Selbst zu Hause angekommen versinkt unsere Heldin in Nachdenklichkeit. Am nächsten Morgen holt sie das Mädchen im blauen Kleid zu Hause ab. Hand in Hand machen die beiden sich auf den Weg zur Schule, immer mehr Kinder schließen sich an, bis schließlich eine Traube von Kindern fröhlich lachend gemeinsam in die Schule strömt, angeführt von den beiden Protagonistinnen. Die Geschichte zeigt, wie aus etwas zunächst Kleinem etwas Großes werden kann. Den aggressiven Jungen sehen wir auf der letzten Doppelseite mit wütend verschlossenem Gesicht isoliert am Bildrand stehen.

Das textlose Bilderbuch von Kerascoët ist comicähnlich gestaltet, mit prägnanter Farbgebung, ausdrucksstarker Mimik und Gestik. So bekommen die Bilder eine eindrucksvolle erzählerische Bedeutung. Sie geben deutliche Hinweise auf das Geschehen und fordern schon Jüngere zum eigenständigen Erzählen auf.

Mein Weg mit Vanessa (Kerascoët)

Ideen für die praktische Arbeit

Dialogisches Mit-Erzählen entlang textloser Bilder: Die innere Handlung ★

Wollen wir beim Erzählen der Geschichte nicht beim bloß Sichtbaren und damit auf der Oberfläche des Geschehens bleiben, müssen wir uns auch in das Innenleben der handelnden Figuren hineindenken und fühlen. Ohne Text ergeben sich beim Erzählen rasch unterschiedliche Sichtweisen. Nehmen wir zum Beispiel das Verhalten des blonden Jungen gegenüber dem Mädchen im blauen Kleid (vgl. nächstes Bild). Der Junge verhält sich sichtbar aggressiv. Aber warum tut er das? Was könnte er für einen Grund haben?

ℹ️
Beispiel: Der aggressive Junge hat etwas gegen dunkelhäutige Kinder.
Einwand: In der Klasse sind noch andere dunkelhäutige Kinder, die lässt er aber in Ruhe. Im Bild ist zu sehen, dass der blonde Junge schlecht gelaunt ist. Er hat jemanden gesucht, an dem er seine schlechte Laune auslassen kann. Das ist eine Vermutung zu den Motiven des Jungen. Sie könnte stimmen.

Zu Bildern erzählen regt zum Austausch an. Was sehen wir? Wie verstehen wir es? Warum macht er oder sie das? Es geht nicht um richtig oder falsch. Es geht um nachdenkliche Gespräche, in denen wir uns einer möglichen Geschichte

Der aggressive Junge
(Kerascoët: *Mein Weg mit Vanessa*; Bildausschnitt)

Mein Weg mit Vanessa
(Kerascoët; Bildausschnitt)

⬇ Die Erzählkarten finden Sie im Download-Material: **M 11, M 12**

nähern. Dabei lernen wir auch unsere eigenen Gedanken und die der anderen (besser) kennen. Die Perspektive anderer auf ein Geschehen wahrzunehmen, Handlungsmotive zu verstehen (soziale Kognition) und mit anderen zu fühlen (Empathie) werden so geübt.

Erzählen mit Erzählkarten ★

Die folgenden zwei Erzählkarten (siehe Kap. 11.11) beziehen sich auf unterschiedliche Phasen kindlicher Erzählentwicklung.[5] Die Fragen bieten einen roten Faden für das jeweils erzählende Kind.

Mein Weg mit Vanessa:
einfache Erzählkarte

- Welche Figur aus der Geschichte hat dir gefallen?

- Erzähle, was sie gemacht hat.

- Welche Figur aus der Geschichte magst du nicht? Erzähle!

- Hast du etwas Ähnliches auch schon einmal erlebt? Erzähle!

- Wem würdest du die Geschichte gern vorlesen?

Mein Weg mit Vanessa:
herausfordernde Erzählkarte

- Wer sind die Hauptfiguren in der Geschichte?

- Wer kommt noch in der Geschichte vor?

- Was findest du an dieser Geschichte wichtig?

- Was hat dich an der Geschichte überrascht?

- Wie geht die Geschichte zu Ende?

Bildvorlage für ein Standbild; aus: *Mein Weg mit Vanessa* (Kerascoët; Bildausschnitt)

Aus verschiedenen Perspektiven erzählen ★★★

Ausgesprochen anspruchsvoll ist es, die Geschichte aus der Perspektive unterschiedlichster Akteure zu erzählen. Fangen wir zunächst mit einzelnen Bildern an und schauen auf das Bild weiter oben, auf dem unsere Heldin am Morgen das Mädchen im blauen Kleid von zuhause abholt.

Was denken und fühlen die beiden Mädchen in diesem Moment? Von den Figuren, zu denen wir erzählen wollen, sollten jeweils Bilder im Stuhlkreis liegen. Wer etwas erzählen möchte, greift sich eines der Bilder und erzählt dazu in Ich-Form:

„Ich hole das Mädchen im blauen Kleid von zu Hause ab. Ich hab gestern den ganzen Tag daran gedacht, wie …" Oder: „Das Mädchen im gelben Kleid hat mich gerade von zuhause abgeholt. Es hat gesagt …"

Wer möchte, sucht sich eine Figur aus dem Bilderbuch aus und erzählt aus ihrer Perspektive. Spannend wäre zum Beispiel auch die Erzählung des Geschehens aus der Perspektive eines unbeteiligten Mitschülers.

Wie kommt es, dass es zu demselben Ereignis unterschiedliche Geschichten gibt? Ein Gespräch darüber kann bei Kindern früh die Erkenntnis anbahnen, dass wir alle die Welt aus unserer jeweiligen Brille anschauen, deren Glas zum Beispiel von Wertvorstellungen (Ich mag es nicht, wenn andere ausgegrenzt werden!), Empathie für andere (Ich möchte auch nicht gemobbt werden!) oder aktuellen Interessen (Ich spiele jeden Tag Fußball und hab keine Zeit für andere!) gefärbt ist.

Anmerkungen

1 Quelle: *Kinder nach der Flucht. Die Grundschulzeitschrift*, 303 2017, S. 1 (Editorial).
2 Ein Beispiel hierzu: In den gutbürgerlichen Stadtteilen des Bremer Ostens (Schwachhausen, Horn-Lehe, Borgfeld) gab es 2015 keine Flüchtlingsunterkünfte. Vgl. https://www.weser-kurier.de/bremen/bremen-stadt_artikel,-Hier-wohnen-Fluechtlinge-_arid,1183756.html [20.9.2019].
3 An dieser Stelle würde ich in der Arbeit mit Kindern dieses Bilderbuch abschließen. Der letzte Gedanke *(Egal … welche Decke ich benutze, denn ich bin immer ich!)* geht von dem mir hier wichtigen Thema „Sprache" als Heimat, wie es für Kinder zugänglich ist, weg bzw. weit darüber hinaus.
4 Zum Umgang mit ungewöhnlicher Bildsprache im Bilderbuch siehe Jochen Hering: *Kinder brauchen Bilderbücher. Erzählförderung in Kita und Grundschule.* Seelze, 2. Aufl. 2018, Kap. 7.3: Die Sprache der Bilder (S. 154–166).
5 Vgl. ebd., S. 76ff., Kap. 4: *In der Werkstatt des Erzählens. Wie sich Erzählfähigkeit entwickelt.*

10 Wie willst du leben? Nicht alles ist willkommen

„Alle Menschen sind frei und gleich an Würde und Rechten geboren. Sie sind mit Vernunft und Gewissen begabt und sollen einander im Geist der Brüderlichkeit begegnen."

Menschenrechtsdeklaration Art. 1[1]

Wer seine Heimat verlässt und in ein anderes Land geht, nimmt seine Wertvorstellungen und seine vertrauten Gewohnheiten mit, Festtage und religiöse Zugehörigkeit. Tischsitten und Essgewohnheiten, Kleidung und Musik.

Diese Vielfalt zu respektieren ist Grundlage jeder *Willkommenskultur*[2]. Dieses *Willkommen* ist aber nicht bedingungslos. Es findet dort seine Grenze, wo es den Regeln und Wertvorstellungen der neuen Heimat widerspricht. Das ist zum Beispiel der Fall, wenn das Rechtsempfinden der Familie über staatliche Gesetze gestellt und Selbstjustiz verübt wird. Und das ist auch der Fall, wenn die Gleichheit von Mann und Frau oder das Recht auf sexuelle Selbstbestimmung nicht anerkannt werden (was allerdings auch unter den hier lebenden Inländern nach wie vor verbreitet ist, vgl. Kap. 1.2.3).

Das scheinen eher Themen für Erwachsene zu sein. Sie kommen aber schon im Alltag jüngerer Kinder vor. Und Kita und Schule müssen kindgemäße Antworten für die entsprechenden Fragen und Konflikte bieten. Für die Arbeit mit Kindern heißt das:

- Wie lassen sich Themen wie „Selbstjustiz" im Horizont von Kindern behandeln?
- Wie lassen sich offene Gespräche fördern? Moralisierendes Abwerten und Verurteilen fördert keine kritische Auseinandersetzung!
- Wie müssen Geschichten aussehen, die konstruktive Lösungsmöglichkeiten bieten?[3]
- Wie eröffnen wir Kindern Handlungsmöglichkeiten?

Geeignet für diese Arbeit sind die sogenannten **Dilemmageschichten** (Lawrence Kohlberg[4]). Die Protagonisten, von denen erzählt wird, sind in ein Dilemma geraten. Diese Zwickmühle lässt keine vollständig befriedigende Lösung zu. Der Protagonist muss vielleicht eine Freundschaft gefährden, um bei seinem Standpunkt zu bleiben. Oder er greift zu einer Unwahrheit, um einem Unrecht aus dem Weg zu gehen. Die Geschichten verwickeln uns als Leserinnen oder Leser in eine Auseinandersetzung über richtig und falsch. Sie zwingen zum Nachdenken, zum Betrachten unterschiedlicher Perspektiven, zu einer eigenständigen moralischen Entscheidung. Nach Kohlberg wird so – in Gesprächen und im spielerischen Handeln (Rollenspiele) – schon früh die Entwicklung moralischer Urteilsfähigkeit angeregt.[5]

Es geht in diesem Kapitel um große (Gleichberechtigung) wie kleine (Umgang mit Abfall) Themen, die allesamt Alltagserfahrungen von Kindern berühren. *Aufräumen ist Mädchensache* und *Das machen doch die Müllmänner* sind Geschichten, die schon in der Kita und dem ersten Jahr in der Grundschule erzählt werden können. Die beiden anderen Geschichten *(Das erledigen wir selbst; Ein Liebespaar)* sollten eher ab Klasse 2 behandelt werden.

Dilemmageschichten – Erzählanlässe, Gespräche und Rollenspiele – Planen, ohne zu verplanen
Dilemmageschichten sind „sperrig" und offene Gespräche nur begrenzt planbar. Dennoch macht es Sinn und ist hilfreich, auch solche Gespräche vorzubereiten bzw. methodisch zu begleiten.

Zunächst (1) wird die Geschichte noch einmal nacherzählt (Haben alle alles verstanden?). Danach (2) können sich die Kinder im Stuhlkreis frei äußern, von vergleichbaren eigenen (oder medialen) Erfahrungen berichten. Sie erzählen, wie sie sich in der Situation verhalten würden, beziehen zu Motiven der Personen Stellung. So entsteht ein Kaleidoskop von Gedanken.

Um diese Vielfalt zu bündeln und Einzelnes zu vertiefen, können (3) die Beiträge der Kinder in *Stichworten* auf Karteikarten festgehalten werden (*Gesprächs-Bilder,* vgl. Kap. 11.19).

Werden diese Karten (4) anschließend in der Mitte des Stuhlkreises ausgebreitet und (5) nach inhaltlichen Gesichtspunkten „geklumpt" (geordnet), haben alle das Gespräch vor Augen.[6] Jetzt kann gezielt weiterdiskutiert werden.

Wenn Kinder selbst „klumpen", gehen sie nicht unbedingt abstrakt wie Erwachsene nach Kategorien und Oberbegriffen (Müllsorten), sondern narrativ vor. Für den achtjährigen Justus gehörten „blind" und „Gift für Tiere" zusammen, weil „die Menschen blind sind, dass der Abfall oft giftig für die Tiere ist und die dann sterben" (Justus, Bremen 2020).

Offene Gespräche sind von spontanen Einfällen und auch Themenwechseln geprägt. Um das

Gesprächs-Bilder, Ausschnitt zum Thema „Müll"

Interesse von Beginn an auf den Kern der Geschichte zu richten, können wir auch mit einem **Erzähltablett** (vgl. Kap. 11.15) arbeiten.

Für die Auflösung des in Dilemmageschichten angelegten Konfliktes bieten sich Rollenspiele an. Im Spiel werden Lösungen lebendig sichtbar und wir fördern die Fähigkeit zu Rollenübernahme und Empathie.

Bilderbuch	Schwerpunkt	Arbeitsmethoden
Aufräumen ist Mädchensache ★	Geschlechtergleichheit	<ul><li>Stuhlkreisgespräch</li><li>Alter-Ego-Rollenspiel</li></ul>
Das erledigen wir selbst ★★	Einhaltung von Regeln und Gesetzen, Selbstjustiz	<ul><li>perspektivisch Nacherzählen</li><li>im Rollenspiel Weitererzählen</li></ul>
Das machen doch die Müllmänner ★	Einhaltung von Regeln im Umgang mit Müll; soziale Akzeptanz	<ul><li>Erzählen mit dem Erzähltablett</li><li>Rolleninterviews</li><li>im Rollenspiel weitererzählen</li></ul>
Ein Liebespaar ★★★	Akzeptanz unterschiedlicher sexueller Orientierungen	<ul><li>verständig Nacherzählen</li><li>eine Gegengeschichte vorlesen</li></ul>

10.1 Aufräumen ist Mädchensache ★

Es schellt. Einige Kinder springen auf! „Stopp!", ruft Frau Korf. „Ihr seht doch, wie es hier aussieht. Denkt an unsere Aufräumregel! Erst aufräumen, dann gehen! Ich muss kurz ins Lehrerzimmer, bin aber gleich wieder da." Liv, Melek und Louis sind wie so oft die Ersten, die sich sofort an die Arbeit machen: Schnipsel aufheben, Tafel wischen, die Bücher aus der Klassenbücherei wieder ins Regal einräumen und natürlich Blumen gießen nicht vergessen.

„Was ist mit dir, Murat?", fragt Liv. Murat ist neu in der Klasse. Bestimmt kennt er die Regeln noch nicht.

„Was soll sein?", antwortet Murat.

„Wieso bleibst du sitzen und machst nicht mit?" Liv guckt ihn an.

„Aufräumen ist Mädchensache, oder?", meint Murat.

Louis hat das gehört. „Keine schlechte Idee", meint er und grinst. Dann setzt er sich wieder hin.

„Was meint ihr dazu, Mädels?" Liv guckt Melek, Mia, Ella, Amira und alle anderen Mädchen in der Klasse an. Jetzt grinsen die Mädchen ebenfalls. Dann lassen sie Besen, Kehrblech und Schnipsel einfach fallen und setzen sich auch.

Die Tür geht auf. Frau Korf ist wieder da. „Was ist denn hier los?", fragt sie.

„Das kann Murat erklären", ruft Liv.

„Dann mal los, Murat", sagt Frau Korf. Murat guckt Frau Korf an. Aber er sagt nichts.

Was steckt in der Geschichte?

Murat hat sich in ein Dilemma gebracht. Zunächst hat er ganz selbstverständlich und selbstbewusst seine gewohnte Überzeugung kundgetan: *Aufräumen ist Mädchensache*. Hier ist er eventuell von einem traditionellen Frauenbild in seiner Familie geprägt. Und Louis hat sich rasch mit ihm zusammengetan. Wer räumt schon gern auf?

Aber dann begegnen die beiden dem Widerstand der Mädchen, die einfach die Arbeit einstellen. Als dann Frau Korf in die Klasse kommt, ist die natürlich überrascht, ohne zu wissen, was los ist. Murat soll jetzt das Ganze erklären. Dass er nichts sagt, zeigt: Er ist sich bewusst, dass seine Regel *Aufräumen ist Mädchensache* in der Klasse wohl nicht gilt. Hier gilt die Gleichheit der Geschlechter beim Aufräumen. Was soll er jetzt tun? Und auch für Louis ist die Situation nicht einfach. Er hat die Gelegenheit schlicht genutzt und sich von den geltenden Regeln abgesetzt.

Ideen für die praktische Arbeit

Die Geschichte ist eine alltagsnahe Diskussionsgrundlage. Es geht einmal um die Gleichberechtigung von Mädchen und Jungen. Und es geht

⬇ Abbildung im Download-Material: **M 13**

um die Bedeutung von Regeln, in denen sich diese Wertvorstellung spiegelt. Die Geschichte eröffnet Kindern Handlungsspielräume. Sie können zum Beispiel Plakate zu ihnen wichtigen Regeln gestalten und dann in der Klasse aushängen.[7]

Ein Stuhlkreisgespräch ★

Zum Einstieg in die Geschichte können wir mit einem Erzähltablett arbeiten (siehe Kap. 11.15).

Wir können aber auch mit dem Vorlesen der Geschichte beginnen, danach äußern sich die Kinder frei im Stuhlkreis. Sie werden das Verhalten der beteiligten Personen spontan kommentieren, sich moralisch und wertend äußern (*Murat ist blöd!*, oder auch: *Murat ist cool!*), von anderen Erfahrungen mit Nicht-Gleichberechtigung berichten, eigenen und solchen aus Nachbarschaft oder Freundeskreis. Dabei wird sich herausstellen, dass traditionelles Rollendenken auch bei deutschen Familien durchaus verbreitet ist. Die Kinder machen sich vielleicht Gedanken darüber, wie es jetzt in der Klasse weitergeht, was Liv, Louis, Murat und Frau Korf jetzt tun könnten oder tun werden. So entsteht ein Kaleidoskop von Ideen und Überlegungen, das wir mit Fragen und Impulsen anregen und vertiefen können:

- In der Klasse von Frau Korf gibt es eine Aufräumregel. Murat hat eine andere Regel im Kopf. Woher hat Murat seine Regel? Was denkst du?
- Louis findet Murats Regel gut. Warum? Was denkst du?
- Wie verhalten sich Liv und die anderen Mädchen?
- Warum setzen die anderen Mädchen sich auch sofort hin?
- Warum sagt Murat nichts zu Frau Korf? Was denkst du?

Erzähltablett
Aufräumen ist Mädchensache

Ein Alter-Ego-Rollenspiel: ★★★
Murat 1 und Murat 2

Wer in ein Dilemma verstrickt ist, versucht vielleicht zunächst, sich in einem inneren Monolog mit den widerstreitenden Positionen auseinanderzusetzen. Dieser innere Monolog kann mit der *Alter-Ego-Technik* (Technik des anderen Ichs) sichtbar gemacht werden. Dabei steht spielerisch ein zweites Ich hinter dem Ich, das den Monolog leitet. Das zweite Ich widerspricht und vertritt andere Auffassungen. Im Alter-Ego-Rollenspiel kann dieser Widerstreit sichtbar gemacht werden. Vorbereitung des Spiels:

- Murat 1 findet: *Aufräumen ist etwas für Mädchen.*
- Murat 2 merkt: *Die Mädchen räumen aber nicht allein auf.*
- Murat 1 findet: *Zuhause bei mir macht auch nur meine Mutter die Hausarbeit.*
- Murat 2 weiß: *Frau Korf hat eine andere Meinung.*
- Murat 1 denkt: *Aber Louis hat sich auch hingesetzt.*

Und so weiter.

Abbildung im Download-Material:
M 14

10.2 Das erledigen wir selbst

Schulschluss. Eugen und Leo überqueren den Schulhof. Eugen hat seinen Lieblingsdino in der Hand. Da versperren ihnen zwei Fieslinge aus der Vierten den Weg. Eugen versteckt den Dino hinter seinem Rücken.

„Na komm", sagt der eine Fiesling. „Leih uns den mal. Nur bis morgen."
Eugen schüttelt den Kopf.

„Kriegst ihn doch wieder", sagt der andere. „Oder willst du Streit?"

Eugen schüttelt wieder den Kopf. Er will weglaufen. Aber einer von den Fieslingen stellt ihm ein Bein. Der andere hält Leo fest. Eugen fällt hin. Seine Hände sind aufgeschrammt. Die Fieslinge sind weg und sein Dino auch.

„Das erzählen wir morgen Frau Korf", sagt Leo. „Ich weiß, in welche Klasse die beiden gehen."

Eugens ältere Brüder zuhause sagen etwas anderes.

„Deiner Lehrerin erzählst du nichts, Eugen. Das erledigen wir selber. Die schnappen wir uns. Das machen die nicht noch mal."

Eugen mag seine älteren Brüder sehr. Sie spielen beide im Fußballverein.

Am nächsten Morgen wartet Leo wie immer an der Ecke.

„Komm, wir gehen jetzt gleich zu Frau Korf", sagt er.

„Ach, lass doch", sagt Eugen.

Leo wundert sich. „Frau Korf muss das wissen. Sonst machen die aus der Vierten doch weiter mit so was."

Eugen sagt nichts. Er weiß nicht, was er jetzt machen soll.

Was steckt in der Geschichte?

Was Eugen passiert ist, gehört zum Alltag in Kita und Grundschule: Größere bedrohen Kleinere, nehmen ihnen etwas weg. Da ist es wichtig, Erwachsene einzubeziehen, die Regeln und Gesetze vertreten und durchsetzen. Genauso wichtig ist es, solche Vorfälle öffentlich zu machen und öffentlich zu besprechen. Das schützt Schwächere, weil es deutlich macht, dass sie nicht allein sind und dass auf die Einhaltung von Regeln und Gesetzen geachtet wird. Es schützt auch, weil es Mut macht, sich in Konflikten wie diesem hier an andere zu wenden. Und das offene Gespräch über solche Geschehnisse ist wichtig, um nach Hintergründen zu schauen. Niemand ist ja grundlos rücksichtslos und gewalttätig.

Den Brüdern von Eugen schwebt allerdings etwas anderes vor. Sie wollen das Recht in die eigene Hand nehmen. Das mag ganz harmlos gemeint sein. Vielleicht wollen Eugens Brüder ja nur mit den beiden Fieslingen reden, sie von ihrem Unrecht überzeugen und davon, dass sie den Schaden wiedergutmachen müssen. Sätze wie *„Die schnappen wir uns. Das machen die nicht noch mal!"* lassen aber eher vermuten, dass die Größeren jetzt selbst ihre körperliche Überlegenheit einsetzen wollen. Und Selbstjustiz widerspricht den Regeln und Gesetzen unseres Landes (Paralleljustiz).

Für Eugen ist die Situation nicht einfach. Er mag seine Brüder. Deren Vorstellungen zur Lösung des Konfliktes sind aber andere als die seines Freundes Leo (und sicherlich auch andere als die von Frau Korf). Was soll Eugen also jetzt tun?

Ideen für die praktische Arbeit

Nacherzählen der Geschichte aus ★★
unterschiedlichen Perspektiven
Nacherzählt werden kann die Geschichte einmal von Eugen (Opfer), dann von Leo (der mit dabei war), von einem der Fieslinge (Täter) und von einem von Eugens Brüdern (Eugen hat ihnen das Geschehen berichtet). Dazu bilden wir Gruppen, die ihre jeweilige Nacherzählung vorbereiten und sie dann in der Gesamtgruppe vorstellen.

Ein Rollenspiel: Was soll Eugen tun? ★★
Die folgenden Einstiegsszenen für ein Rollenspiel zielen in unterschiedliche Richtungen möglicher Konfliktlösungen.

Spielszene 1. Leo ist mit Eugen zum Lehrerzimmer gegangen. Er klopft an die Tür. Frau Korf kommt heraus. „Na, ihr beiden?", fragt sie. „Was möchtet ihr?" – „Eugen ist etwas passiert", sagt Leo. Und schiebt Eugen ein Stück vor. Eugen schluckt. Dann sagt er: …

Spielszene 2. Eugen hat mit Frau Korf gesprochen. Jetzt wird es ein Treffen mit den beiden Fieslingen, Leo, Eugen und dem Schuldirektor geben.
Als Eugen nach Hause kommt, warten seine beiden Brüder schon auf ihn. Sie fragen Eugen sofort: „Hast du herausbekommen, wo die beiden wohnen?" Eugen sagt: …

Spielszene 3. Eugen hat den ganzen Morgen so getan, als sei ihm schlecht. So hat er sich um ein Gespräch mit Frau Korf herumgemogelt. Jetzt kommt er nach Hause. Seine Brüder fragen ihn: „Na, hast du herausbekommen, wo die beiden wohnen?" Eugen antwortet: …

10.3 Das machen doch die Müllmänner! ★

Isabell ist zu Besuch bei ihrer Kusine Marie. Marie wohnt auf einer Insel in der Nordsee. Hier kennt jeder jeden. Alle paar Meter grüßt Marie jemanden. So etwas kennt Isabell aus der Großstadt nicht.

Marie und Isabell haben eine gemeinsame Liebe, ihre Skateboards. Jeden Nachmittag gehen sie zum Skatepark am Strand. Da gibt es Rampen, Blöcke, Schüsseln und eine Halfpipe. Sie üben und üben. Auch heute sind die beiden wieder auf dem Weg dahin.

Gerade nimmt Isabell einen Schokoriegel aus der Tasche und bricht ihn in zwei Hälften. Ein Stück steckt sie sich in den Mund, das andere

Abbildung im Download-Material:
M 15

Erzähltablett „Müll"

hält sie Marie hin. „Hier, magst du?" Das Papier wirft sie auf die Straße.

„Warum guckt Marie jetzt so komisch?", denkt Isabell im selben Moment.

„Iss was?", fragt sie.

„Na, das Papier." Marie zeigt auf den Müllschnipsel.

„Was ist damit?" Isabell guckt fragend.

„Willst du das nicht aufheben?", meint Marie.

„Entspann dich", lacht Isabell. „Das machen die Müllmänner doch wieder sauber."

In dem Moment kommt eine Nachbarin vorbei.

„Du hast da was weggeworfen. Heb das mal rasch auf!", sagt sie freundlich zu Isabell. Sie zeigt auf das Papier.

Isabell steht auf ihrem Skateboard. Sie stößt sich kräftig mit dem Fuß ab.

„Los komm", ruft sie Marie zu. „Jetzt lass doch das blöde Papier!"

Die Nachbarin ist weitergegangen. Marie hat auch schon einen Fuß auf ihrem Skateboard. Sie zögert.

Was steckt in der Geschichte?

Unser Umweltverhalten wird von unterschiedlichen Faktoren beeinflusst. Ein generell ausgeprägtes Verantwortungsgefühl beispielsweise wirkt sich positiv aus. Das Verhalten von Freunden und der Familie spielt als Vorbildverhalten eine große Rolle. Und es sind die persönlichen Kosten, die nicht zwangsläufig finanzieller Art sein müssen, sondern auch Image, Anerkennung bzw. Ablehnung einschließen, die uns beeinflussen.[8] In überschaubaren sozialen Räumen herrscht eher ein gemeinsames Verantwortungsgefühl und das Verhalten der Einzelnen in der Öffentlichkeit wird anerkennend oder ablehnend behandelt, anders als in der anonymen Großstadt. Und genau diese beiden Welten stoßen, personifiziert durch Isabell und Marie, aufeinander. Marie und die Nachbarin sprechen Isabell direkt an. Aber Isabell reagiert nicht. Sie fühlt sich einfach nicht selbst verantwortlich für ihren Abfall, dafür sind doch die Müllmänner da. Das bringt Marie, die sich, warum auch immer, gegenüber Isabell nicht klar positioniert, in ein Dilemma.

Ideen zur praktischen Arbeit

Ein Erzähltablett als Einstieg ★
in die Geschichte

Auf unserem Erzähltablett (siehe Kap. 11.15) liegt ein Bild mit einer Strandansicht. Davor liegen zerknülltes Bonbonpapier und eine Augenklappe.

Wir beschreiben zunächst die Dinge auf dem Erzähltablett.

Dann fragen wir:
- Was hat das zu bedeuten?
- Wie gehören diese Dinge zusammen?
- Erzählen sie vielleicht eine Geschichte?
- Was für eine Geschichte könnte das sein?

Die Kinder sammeln Ideen und erzählen: ★★
Rollen-Interviews

Wir haben die Geschichte gelesen. Bevor wir uns mit einer möglichen Auflösung des Dilemmas beschäftigen, schauen wir uns die Beteiligten genauer an. Dazu legen wir drei Gegenstände in die Mitte des Stuhlkreises. Das könnten zum Beispiel sein:
- eine grüne Kappe für Marie,
- eine rote Kappe für Isabell,
- eine Einkaufstasche für die Nachbarin (Frau Sander).

Alle dürfen jetzt Fragen stellen, zum Beispiel:
- Marie, findest du ein Stück Bonbonpapier auf der Straße schlimm?
- Frau Sander, warum sprechen Sie Isabell wegen des Bonbonpapiers an?
- Isabell, was denkst du, wozu Müllmänner da sind?

Wer für Marie, Isabell oder Frau Sander antworten will, steht auf, setzt sich die grüne oder rote Kappe auf oder nimmt die Einkaufstasche und antwortet dann.

Wer mit der Antwort nicht einverstanden ist, meldet sich mit seinen Einwänden.

Im Dialog spielerisch weitererzählen ★★

Beginn der Spielszene:
Marie hat Isabell eingeholt. „*Wo bleibst du denn so lange?*", ruft sie ihrer Kusine zu. „*Ich hab dein Papier noch aufgehoben*", sagt Marie. „*Du machst die Müllmänner ja arbeitslos*", lacht Isabell.
Marie sagt: … Isabell antwortet: …

10.4 Ein Liebespaar ★★★

Seit zwei Wochen wohnt Kwame in Sebastians Straße. Kwame ist neu in Deutschland. Er spricht erst wenige Worte Deutsch. Er ist genauso alt wie Sebastian und genauso fußballbegeistert. Und für Fußball muss man nicht viel Deutsch können. Jeden Nachmittag kicken die beiden auf der Straße, üben Ballstoppen, Dribbeln, Pässeschlagen. Kwame ist ein richtig guter Fußballer. Sebastian kann sich gar nicht mehr vorstellen, wie es früher ohne Kwame war.

Auch heute kicken sie wieder auf der Straße. Gerade will Sebastian den Ball zu Kwame schlenzen, da kommen ihnen zwei junge Männer entgegen. Sie gehen Hand in Hand. Kwa-

Abbildung im Download-Material:
M 16

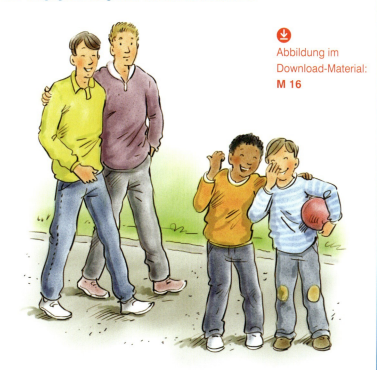

me guckt. Er stößt Sebastian an. Dann schaut er weg, dreht sich um, hält sich die Hand vor den Mund und lacht. Sebastian schaut seinen Freund an. Dann muss er auch lachen. Beide halten sich jetzt die Hand vor den Mund.

Die beiden jungen Männer laufen direkt an Kwame und Sebastian vorbei. Einer der beiden dreht sich kurz zu ihnen um: Er grinst freundlich. „Na, habt ihr noch nie ein Liebespaar gesehen?", fragt er. Kwame und Sebastian hören auf zu lachen. Sie schauen verlegen auf den Boden.

Was steckt in der Geschichte?
In vielen Staaten auf der Welt ist Homosexualität immer noch verboten und wird hart bestraft. Wer sich in einem Land wie zum Beispiel Ghana öffentlich zu seiner Homosexualität bekennt, dem drohen Misshandlungen durch Bürgerwehren und Gefängnis.[9] In unserem Land dagegen haben homosexuelle Menschen inzwischen die gleichen Rechte wie alle anderen auch. Vorurteile sind allerdings nach wie vor lebendig.[10]

Kwame ist in unserer Geschichte der Auslöser. Er muss lachen über das männliche Liebespaar. Er scheint von heimatlichen Überzeugungen (und denen seiner Familie) geprägt zu sein. Und sein Freund Sebastian ist anfällig für das abfällige Verhalten. Er lässt sich von Kwame „anstecken" und lacht mit.

So spiegelt die Geschichte mit ihren beiden Protagonisten die Diskriminierung, die – immer noch – Menschen entgegenschlägt, die nichts anderes als ihr Recht auf sexuelle Selbstbestimmung wahrnehmen.

Ideen für die praktische Arbeit

Verständig nacherzählen ★★
Die Auseinandersetzung mit gleichgeschlechtlicher Liebe ist für Kinder (und auch für viele

Aus: *Der Junge im Rock* (Brichzin/Kuprin)

Erwachsene bei uns) ein anspruchsvolles, weil mit Vorurteilen aufgeladenes Thema. Daher sollte die Geschichte nach dem Lesen oder Vorlesen zunächst noch einmal in Ruhe nacherzählt werden. Fragen und Impulse wie die folgenden können die Aufmerksamkeit auf wichtige Punkte des Geschehens richten:
- Was erzählt die Geschichte über Kwame?
- Kwame ist noch fremd in Deutschland. Haben sich Kwame und Sebastian zufällig getroffen?
- Was passiert auf der Straße?
- Wie verhält sich Kwame?
- Wie verhält sich Sebastian?
- Ist das ein besonderes Liebespaar, das Kwame und Sebastian begegnet?
- Einer der beiden Männer dreht sich noch einmal um? Warum? Was sagt er?
- Wie verhalten sich Kwame und Sebastian am Ende der Geschichte?
- Wie geht es Kwame und Sebastian am Ende?

 Einen Schreibimpuls für einen Brief an Kwame finden Sie im Download-Material: **M 17**

Eine Gegengeschichte vorlesen:
Der Junge im Rock

Vorurteile und Aversionen können schon bei Kindern verwurzelt sein. Sinnvoller als argumentative Gespräche über Jungen, Mädchen und Gleichberechtigung, über gleichgeschlechtliche Zuneigung und Liebe oder auch „nur" geschlechterunkonformes Verhalten kann das Vorlesen einer Geschichte sein, die ganz selbstverständlich von einem Jungen handelt, der einfach nur im Rock herumlaufen möchte. Das findet er bequemer und schließlich dürfen Mädchen doch auch Hosen anziehen. Davon erzählt die Geschichte *Der Junge im Rock*.[11] *„Meine Beine bekommen viel Luft"*, sagt Felix immer. Im neuen Kindergarten wird er aber wegen seines roten Rocks gemobbt: *Die Kinder lachen. – „Du siehst aus wie ein Mädchen"*, *rufen sie und zeigen mit Fingern auf ihn. – „Echte Jungs ziehen Hosen an und dunkle Farben. So lassen wir dich nicht mehr mitspielen."*

Zum Glück hat Felix einen empathischen und selbstbewussten Vater. Denn der kauft sich jetzt ebenfalls einen Rock und zieht ihn an. Und damit wendet sich das Geschehen.

Anmerkungen

1 Quelle: https://www.menschenrechte.jugendnetz.de/menschenrechte/artikel-1-30/ [16.1.2021].

2 Dieser Begriff – schreibt die Ezyklopädie Wikipedia – „bezeichnet erstens eine positive Einstellung von Bürgern, Politikern, Unternehmen, Bildungseinrichtungen, Sportvereinen und anderen Institutionen zu Migranten. Zweitens drückt der Begriff den Wunsch aus, dass Migranten allen Menschen, denen sie begegnen, willkommen sein mögen." (https://de.wikipedia.org/wiki/Willkommens-_und_Anerkennungskultur, [29.4.2020]). Vgl. zu unterschiedlichen ethischen Auffassungen in der Diskussion um Zuwanderung, Migration und Flüchtlinge Konrad Ott: *Zuwanderung und Mora.,* Stuttgart 2016.

3 Politische Bildung als Erziehung zur demokratischen Teilhabe braucht Anknüpfung an Handlungsmöglichkeiten, um nicht zum passiven Konsum von Informationen/Wertvorstellungen anzuleiten.

4 Vgl. hierzu die Einführung in Kohlbergs Theorie in: Jochen Hering: *Die Welt fragwürdig machen. Philosophisches Nachdenken mit Kindern im Grundschulalter.* Baltmannsweiler 2004, S. 66–79.

5 Vgl. Lawrence Kohlberg: Moralstufen und Moralerwerb. Der kognitiv-entwicklungstheoretische Ansatz (1976), in: Wolfgang Edelstein u. a. (Hrsg.), Entwicklungspsychologie und pädagogische Praxis, Weinheim 2001, S. 35–61.

6 Zur Visualisierung von Gesprächen mithilfe der Metaplan-Technik gibt es zahlreiche Hinweise und Arbeitsblätter im Internet, zum Beispiel vom Niedersächsischen Landesinstitut für schulische Qualitätsentwicklung (Hrsg.): *Umsetzung bewährter Methoden der Moderation mit digitalen Medien.* Hildesheim, o. J. (https://www.nibis.de/uploads/1chaplin/Kool.2.WEB-pdf.pdf [22.5.2020]).

7 In einer meiner früheren Grundschulklassen gab es an einem unserer drei Computer das Plakat „Mädchencomputer – Nur für Mädchen". Diese Regel wurde notwendig, weil die Jungen schon montags früh auf allen Nutzerlisten eintrugen und die Mädchen zu kurz kamen.

8 Vgl.: Welche Faktoren beeinflussen das Umweltverhalten von Kindern und Jugendlichen? http://www.schattenblick.de/infopool/umwelt/fakten/ufaju060.html [18.5.2020].

9 Verantwortlich sind dafür unter anderem auch die muslimischen und christlichen Kirchen dort. Homosexualität gilt vielen ghanaischen Christen als unbiblisch, abnormal, schmutzig und als den Betroffenen – auch mit Gewalt – auszutreibend. Vgl. https://www.tagesschau.de/ausland/homosexuelle-ghana-101.html; vgl. auch https://www.morgenpost.de/politik/article216959633/Wo-Homosexuellen-noch-Peitschenhiebe-und-Todesstrafe-drohen.html [beides 16.5.2020].

10 Wer den Sachintergrund zum Thema vertiefen möchte, findet dazu Texte auf den folgenden Webseiten: https://www.helles-koepfchen.de/?suche=homosexualit%E4t; https://www.religionen-entdecken.de/lexikon/h/homosexualitaet [beides 20.5.2020].

11 Kerstin Brichzin/Igor Kuprin: *Der Junge im Rock*. Zürich 2018.

11 Arbeitsmethoden im Überblick

Die Glieder der Erkenntnis, das Auge, das des Leibes Licht ist, wollen durch Taten entwickelt werden. In Untat verkümmern sie.

Johann Wolfgang Goethe[1]

Leitgedanken

Wenn ich auf meine Arbeit in der Schule zurückblicke, dann war mein Unterricht immer dann befriedigend und erfolgreich (gemessen an der engagierten Beteiligung der Schülerinnen und Schüler), wenn ich nicht unterrichtete, sondern wenn die Kinder und ich zusammen an etwas arbeiteten. Wir haben, um Beispiele zu nennen, unsere Schulwege kartiert (Sachunterricht), eine Gedichtmappe angelegt und gestaltet (Deutsch und Kunst), Gegenstände zu schwierigen Adjektiven (ein altes Kabel für *biegsam*, ein morscher Ast für *rau* usw.) gesammelt (Deutsch, Wortschatzerweiterung), Tiergeschichten für eine gemeinsame Lesekartei geschrieben (Sachunterricht, Deutsch), ein Plakat für den Flohmarkt gestaltet (Deutsch, Kunst, Sachunterricht) und vieles mehr. In den meisten Fällen beteiligte ich mich wie alle anderen auch an der gestellten Aufgabe und immer wieder schaute man mir neugierig über die Schulter. Eine Aufgabe, die auch der Lehrer mit Freude bearbeitet, da könnte ja etwas dran sein!

Mit Kindern ernsthaft zu arbeiten statt Buchwissen zu vermitteln ist eine nach wie vor aktuelle Forderung des Reformpädagogen Célestin Freinet.[2] Darüber hinaus wird immer dann freudig und nachhaltig gelernt, wenn Interessen und Bedürfnisse der Lernenden einbezogen sind, wenn sie sich ausprobieren können und Erfolgserlebnisse haben. *Lernen mit Kopf, Herz und Hand* hieß das bei Pestalozzi und: „Der Mensch wird zum Menschen, indem er sein Herz, seine handwerklichen Fähigkeiten und seinen Geist bildet."[3]

Die neueren Ergebnisse der Gehirnforschung bestätigen das. Gelernt wird, wenn ein Kind (wie natürlich Jugendliche oder Erwachsene auch) die Möglichkeit hat, „die Inhalte, um die es in der Schule (oder der Kita, J. H.) geht, mit seiner ganz individuellen Lebenserfahrung in Verbindung zu bringen"[4], wenn Wissen eigenständig und handelnd angeeignet wird und mit positivem Erleben und Kompetenzerfahrungen verknüpft ist.[5]

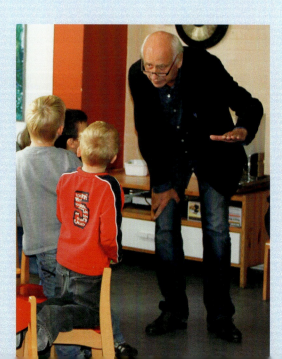

Der Autor in einer Bremer Kita

Eine Froschmaske aus einer einfachen Papiertüte ermöglicht szenisches Erzählen (vgl. Kap. 11.22)

Das stellt in wenigen Worten den Rahmen für die Arbeitsideen und Arbeitsmethoden im Praxisteil dieses Buches dar. Denn neben der Auswahl geeigneter Bilderbücher für lebendige Bilderbuchgespräche, literarische Erlebnisse und literarische Geselligkeit hängt der fruchtbare Austausch zwischen Bilderbuch und Kind von den Methoden ab, mit denen im Unterricht bzw. in der Kita gearbeitet wird.

Das griechische Wort *methodos* kann wörtlich mit „Weg zu etwas hin" übersetzt werden. Das heißt bildlich gesprochen, mit der jeweiligen Methode begibt sich das Kind auf eine Reise in die Geschichte hinein. Das dialogische Mit- und Nacherzählen beispielsweise hilft beim Verständnis dessen, was auf der Handlungsebene passiert (Bild- und Textverstehen). Standbildarbeit und szenisches Spiel fördern das emotionale Mit- und Nacherleben der Ereignisse (Empathie). Philosophische Gespräche tragen zum Nachdenken über Begriffe bzw. die Dinge des Lebens bei (was macht ein Haus zu einem Zuhause?). Rollenspiele fördern perspektivisches Denken (soziale Kognition) und Konfliktfähigkeit. Die Gestaltung eines Erzähltabletts, eines Memorys oder einer Theatermaske erweitern künstlerische Ausdrucksfähigkeiten und handwerkliche Kompetenzen.

Arbeitsmethoden

Bei allen Bilderbüchern des Praxisteils begegnen Sie durchgehend einer vielfältigen Mischung von Arbeitsmethoden. Die folgende Übersicht stellt Ihnen in knapper Form die „Grundidee" dieser Methoden vor und gibt Ihnen Hinweise für die praktische Umsetzung. Dabei wird oft auf Beispiele in den Bilderbüchern verwiesen, die im Praxisteil dieses Buches (Kapitel 3 – 10) behandelt werden.

Gegliedert ist dieser Teil in sieben Abschnitte, wie unten aufgeführt.

Abschnitt	Arbeitsmethoden	Inhalt
1	Methoden 11.1 – 11.11	Verfahren der dialogischen Bilderbucharbeit, von der entschleunigten Bilderbuchbetrachtung bis zu Interviews mit literarischen Figuren und zum Erzählen mit Erzählkarten
2	Methoden 11.12 – 11.16	Kreatives (assoziatives) Erzählen und Schreiben: eigene Episoden erfinden, ein Haiku schreiben, Textvorlagen für den eigenen Ausdruck nutzen
3	Methoden 11.17 – 11.19	Philosophisches Nachdenken mit Kindern: Gespräche und Dilemmageschichten
4	Methoden 11.20 – 11.21	Handwerklich-künstlerischer Ausdruck: Gestaltungsaufgaben vom Diorama bis zum Steinbild
5	Methoden 11.22 – 11.23	Szenisches Erzählen mit Masken, Stabfiguren und Standbildern
6	Methoden 11.24	Arbeit mit allen Sinnen: Hörspaziergänge und Geruchspfade
7	Methoden 11.25	Recherchieren

11.1 Bilderbuchbetrachtung

Grundlegend für die Bilderbucharbeit ist die genaue Betrachtung des Dargestellten. Das braucht Entschleunigung, woran viele Kinder im Umgang mit einem Bildmedium nicht mehr gewöhnt sind! Wer nur schnell umblättert („zappt"), dem werden die Bilder nicht zum kinogleichen Erlebnis. Zu verweilen, Einzelheiten zu entdecken, die nächste Seite in der Fantasie vorwegzunehmen, das will gelernt sein. Basis dafür ist eine dialogische Bilderbuchbetrachtung (vgl. Kapitel 11.5).

Anregungen für entschleunigte Bilderbuchbetrachtungen enthält der Band von Marlies Koenen: *Sprache anfassen. Ein Werkstattbuch.* Weimar 2009, S. 95–102.

So geht's:
- Zunächst das Titelbild anschauen: Was siehst du? Was fällt dir auf? Was gefällt dir?
- Wer sind die Hauptpersonen? Worum könnte es in der Geschichte gehen?
- Entschleunigung mit einer Bilderbuchlupe: Aus einem Stück Pappe im Bilderbuchformat werden Kreise (ca. 5 cm) ausgeschnitten. Bedecken wir die Bilderbuchseiten jeweils mit dem Blatt, regt das zur Spekulation über das gesamte Bild an.

11.2 Textentlastung

Wortschatz und Satzstruktur: Ein komplexer Wortschatz und eine komplexe Satzstruktur erschweren das Verständnis einer Geschichte. Wichtig ist,

- schwierige Begriffe vorher zu klären (Schlüsselwörter, Weltwissen);
- komplexe Satzgefüge in einfache Satzreihen umzuformulieren.

Bildhafte Sprache: Das Verständnis bildhafter Sprache ist – von einfachen Tiermetaphern wie *stark wie ein Bär* abgesehen – in der Regel erst älteren Kindern möglich. Jüngere nehmen Metaphern noch wörtlich *(der Soldat war ein harter Brocken).*[6] In einem Dialog, der Sprachbilder anhand eigener Erfahrungen anschaulich macht, kann das Verständnis bildhafter Sprache mit Älteren angebahnt werden (vgl. Kap. 9.1).

So geht's:
Lexikalische Textentlastung:
Bilder zu schwierigen Begriffen (*Sumpf;* vgl. *Post vom Erdmännchen*, Kap. 4.4) vorher anschauen. Adjektive wie *schlampig* (*Gordon und Tapir*, Kap. 5.3) oder Verben wie *duften* (*Pudel mit Pommes*, Kap. 7.2) erzählend an Beispielen klären.

Syntaktische Textentlastung durch Vereinfachung:
Beispiel (*Schokolade und Sahne*, Kap. 8.1):
Dort am Kai stand Upendo.
Der Junge war genauso groß wie Martin.
Aber er hatte dunkle Haut.
Der vereinfachte Text lässt sich hochklappbar über den Originaltext kleben, sodass der bei Bedarf wieder zur Verfügung steht.

Zu Metaphern erzählen:
Beispiel *zähes Schweigen* (*Am Tag, als Saida zu uns kam,* Kap. 9.2:): Wer kennt Essen, das *zäh* ist? Was ist ein *zäher* Läufer?
Und ein *zähes Schweigen*?

11.3 Bildentlastung

Surrealistisch-märchenhafte Bilder können
- naiv-real wahrgenommen werden: Das Verstehen bleibt beim Gezeigten. Buchstaben mit Schmetterlingsflügeln (*Am Tag, als Saída zu uns kam*, Kap. 9.2) sind dann Zauberwesen.
- im übertragenen Sinn aufgenommen werden: Manche Wörter machen uns leicht und fröhlich wie Schmetterlinge.

Je jünger Kinder sind, desto mehr bleiben sie dem konkret Abgebildeten verhaftet.

So geht's:
Bei surrealistischen Bildern benennen wir, was uns irritiert: „Ein Kopf hat doch keine Schubladen. Eine Frau reicht mit ihrem Kopf nicht bis in die Wolken." (Vgl. *Am Tag, als Saída zu uns kam.*) Wir fragen:
- Was denkst du über eine Schublade im Kopf?
- Was denkst du über …?

(Surrealistische Bilder finden sich auch in: *Meine liebsten Dinge müssen mit*, Kap. 6.3; *Nusret und die Kuh*, Kap. 6.5.)

11.4 Dialogisches Mit-Erzählen einer Geschichte

Der Begriff des *dialogischen Mit-Erzählens* unterstreicht – im Unterschied zum *dialogischen Vorlesen* – die aktive Rolle der das Bilderbuch betrachtenden und kommentierenden Kinder. Die Bilder stellen das Geschehen anschaulich vor Augen, die Handlung ist an Schlüsselbildern entlang „aufgehängt". Und das Kind selbst erschafft eine lebendige Geschichte, indem es die einzelnen statischen Bilder in einen inneren Film verwandelt (Kopfkino). In Mimik, Gestik und Körperhaltung der Figuren spiegelt sich schon für Jüngere verständlich die innere Handlung (Gefühle und Motive). Das schafft Impulse, zu kommentieren, zu fragen, zu erzählen. Von Bildern werden auch literarisch ungeübte Kinder angesprochen und allmählich – dialogisch unterstützt – zu Erzählerinnen und Erzählern der jeweiligen Geschichte.

Hinzu kommt: Der Dialog als Unterrichtsmethode betrachtet Sachthemen wie *Heimat* und *Zuhause* nicht als Lehrstoff, sondern als Sachverhalte, die gemeinsam mit den Kindern besprochen und geklärt werden. So kommen Vorwissen (und Vorurteile), Erlebnisse, Fragen, Vorstellungen und Einstellungen zur Sprache.

Bilderbuchdialoge sind vielfältig.[7] Zunächst kann es um das Verständnis einer Geschichte gehen (1), oder die Aneignung von Weltwissen wird unterstützt (2). Der Austausch mit den Vorstellungen anderer steht im Mittelpunkt (3). Das Gespräch richtet sich auf Konflikte und die Qualität unterschiedlicher Konfliktlösungen (4). Wir verfolgen ein Geschehen aus unterschiedlichen Perspektiven, wollen Motive verstehen (soziale Kognition, 5), fühlen mit den Figuren (Empathie, 6). Auch ein tieferes Verständnis von Bildsprache kann im Dialog angebahnt werden (7).

Zu den Prinzipien und Techniken dialogischen Vorlesens vgl. ausführlich: J. Hering: *Kinder brauchen Bilderbücher. Erzählförderung in Kita und Grundschule,* Seelze, 2. Aufl. 2018, S. 190 ff.

So geht's:
Sieben Prinzipien dialogischen Mit-Erzählens
(Beispiel: *Gordon und Tapir*, Kap. 5.3)
(1) Folge den Interessen des Kindes.
  Kind: So ein Zimmer wie Gordon hätte ich auch gern.
  Erw.: Was gefällt dir an Gordons Zimmer?

(2) Stelle offene Fragen, damit das Kind eigenen Gedanken folgen kann:
Erw.: Wie Tapir hier auf dem Bild guckt …!
Erw.: Was war deine Lieblingsseite?
(3) Stelle produktive Fragen, die das Kind beantworten kann.
Erw.: Was fällt dir in der Küche der beiden auf?

Zum Begriff der produktiven Frage: Jos Elstgeest: *Die richtige Frage zur richtigen Zeit*, in: *Die Grundschulzeitschrift,* Heft 98, 1996, S. 22.

(4) Gib dem Kind beiläufig die Hilfe, die es braucht.
Kind: Gordons Freundin ist … so wie ein Elefant.
Erw.: Stimmt, Gordon hat ein Flusspferd zur Freundin.
(5) Gehe auf Fragen/Anmerkungen mit weiterführenden Fragen/Anmerkungen ein. Ermuntere das Kind zum genauen Hinschauen und Nachdenken.
Kind: Tapir liegt im Bett und denkt nach. Gordon auch.
Erw.: Richtig. Hast du eine Idee, worüber die beiden nachdenken?
Kind: Tapirs neues Zimmer gefällt mir gut.
Erw.: Was genau gefällt dir denn daran so gut?
(6) Freue dich über Fragen und Kommentare und zeig das.
Kind: Das ist witzig. Gordon hat eine Vogelanlage für Musikhören.
Erw.: Das finde ich auch witzig.
(7) Hab selbst Freude an der Literatur. Sei ein Vorbild.
Denn: Es macht keinen Sinn, Kinder zu erziehen, sie machen einem sowieso alles nach.

11.5 Mit-Erzählen mit Erzählpantomimen

Eine einfache Methode des Mit-Erzählens ist die gestisch-mimische Begleitung der Geschichte. Pantomimen fördern das Eintauchen in die Geschichte und den kreativen Körperausdruck (Körpersprache). Je häufiger diese Methode benutzt wird, umso freier werden sich die Kinder fühlen und ihrem spielerischen Ausdruck eigene Elemente hinzufügen. Die Methode bietet sich auch an für spielerische Wortschatzarbeit.

Den Hinweis auf diese Methode verdanke ich Marco Holmer, Schauspieler und Erzähler (http://www.vertellen.nl/de/verteller-de).

Ein wunderbares Buch zur Praxis des Erzählens mit Kindern und Erwachsenen ist Christel Oehlmanns *Garantiert erzählen lernen. Ein Übungsbuch.* Hamburg 1995.

So geht's:
Beispiel: *Wo das Herz zu Hause ist* (Kap. 5.1).
Vor dem Vorlesen werden die in der Geschichte vorkommenden Spielwörter (z. B. *erschöpft*) festgelegt und angespielt, ein Zeichen (z. B. eine Handbewegung) für „Achtung! Jetzt kommt das Spielwort" wird verabredet.
Vor allem schwierige Wörter *(Die Maus wird irre)* werden vorher im Stuhlkreis ausprobiert.

11.6 Mit Bildern nacherzählen

Entlang der Bilder lässt sich eine Handlung leichter wiedergeben. Gerade für erzählschwache

Kinder ist das eine zu bewältigende Erzählaufgabe. Im Nacherzählen müssen notwendig die Leerstellen einer Geschichte (vgl. Kap. 2.2.2) ausgefüllt werden. Die subjektive Aneignung des Erzählten durch die Kinder wird sichtbar.

So geht's:
Reihum erzählen die Kinder zu den Bildern.
Wird das Nacherzählen in Erzählabschnitte entlang der Dramaturgie eingeteilt,
wird strukturiertes Erzählen gefördert.
Bei ungeübten Kindern bietet sich paarweises Erzählen mit gegenseitiger Unterstützung an.
Variante: Ein erzählungsgeübtes Kind darf sich einen Souffleur / eine Souffleuse aussuchen, als Hilfe, sobald es ins Stocken gerät.

11.7 Dialogisches Mit-Erzählen – Vorausdenken

Die Unterbrechung der Handlung ist der Impuls, antizipierend weiterzudenken. Unterbrechungen bieten sich an nach mehreren Episoden, vor einem Wendepunkt, vor der Auflösung der Geschichte (Förderung der Wahrnehmung von Geschichtenschemata).

Antizipierendes Denken macht Vorstellungen sichtbar. Beispiel: Der blöde Pudel (*Pudel mit Pommes*, Kap. 7.2) hat die Pudel-Flüchtlinge nicht ins Haus gelassen. Wie geht es jetzt weiter?

So geht's:
Ein einfacher Impuls:
- Wir blättern nicht weiter. Wir warten.
Mögliche Frageimpulse:
- Was wird auf der nächsten Seite zu sehen sein?
- Was macht … wohl als Nächstes?
- Glaubst du, … probiert es noch einmal?
usw.
Beispiel: *Pudel mit Pommes*:
Die Insel der Pudel ist vertrocknet (Klimawandel). Die Flüchtlinge landen auf der Insel der wohlhabenden Pudel. Wie geht es weiter? (Gedanken über den Umgang mit Flüchtlingen werden sichtbar.)

11.8 Weiterdenken im szenischen Spiel

In der theaterpädagogischen Arbeit steht die Auseinandersetzung mit zwischenmenschlichen Prozessen im Mittelpunkt. Im Schutz der Rolle können Haltungen und Handlungsmöglichkeiten (Was tun? Wie soll es weitergehen?) ausprobiert werden. Ziel ist nicht eine gelungene Aufführung, sondern die reflektierende Auseinandersetzung mit den eigenen Vorstellungen und denen der Gruppe.

Die Antizipation einer Handlung ist ausgesprochen förderlich für die Erzählkompetenz. Mehr dazu in: Jochen Hering: *Kinder brauchen Bilderbücher.* Seelze, 2. Auflage 2018, Kap. 5.3: *Fernsehen, Spielkonsole und Bilderbuch im Vergleich*, S. 115–121.

Empfehlenswert zur theaterpädagogischen Arbeit: Karin Babbe (Hrsg.): *Wind unter den Flügeln. Ein Theaterbuch für Kindergarten, Grundschule und Hort.* Weimar 2009.

So geht's:
Vor dem Spiel erzählen die Kinder noch einmal alles, was sie bis zur Unterbrechung der Handlung über die Protagonisten erfahren haben (Erarbeitung einer Rollenbiografie).

Beispiel: *Pip und Posy sagen Gute Nacht* (Kap. 6.1).
- In was für einer Situation stecken die beiden?
- Wie wird Pip sich verhalten? Und Posy?

Das Spiel: Die Kinder stellen eine mögliche Konfliktlösung dar.

Nach dem Spiel: Publikum und Spielerinnen/Spieler tauschen sich über die dargestellten (Konflikt-)Lösungen aus.

11.9 Bilderbuchgespräche

Bilderbücher mit lebensweltlichen Themen regen zu Gesprächen über eigene Erlebnisse und Erfahrungen an (Als „Erlebnis" bezeichne ich etwas, das uns berührt und bewegt. Mit „Erfahrung" meine ich die gedankliche Verarbeitung dieses Erlebens. Wer viel erlebt hat, muss noch nicht viel begriffen haben. Zur Erfahrung führt erst die Reflexion des Erlebten.)

Gespräche sind offen. Und Beiträge dazu sind (meist) nicht richtig oder falsch. Sie sind bedenkenswert und müssen Nachfragen standhalten. Nicht auf alles haben wir eindeutige Antworten.

So geht's:
Impulse und Nachfragen lenken die Aufmerksamkeit von der Geschichte auf die eigene Lebenswelt. Ein Beispiel zu *Gordon und Tapir* (Kap. 5.3): Hattest du auch schon einmal Streit wegen deines Zimmers? – Kennst du Menschen, die so verschieden sind wie Gordon und Tapir?

11.10 Interview mit einer literarischen Figur

Wie richtige Personen lassen sich auch literarische Figuren interviewen. Das Besondere hierbei: Wir müssen – abgeleitet aus der Geschichte und stellvertretend für die Protagonisten – die Antworten selbst geben.

Die Idee stammt aus:
Susanne Helene Becker (Hrsg.):
99 neue Lesetipps. Bücher für Grundschulkinder.
Seelze 2012.

So geht's:
Die Kinder notieren zunächst Interviewfragen. Danach überlegen sie, wie mögliche Antworten aussehen könnten. Manche Antworten bleiben spekulativ. Sie füllen Leerstellen im Sinne der Interviewenden.
Beispiel (*Der blaue Fuchs*, Kap. 8.2):
Frage: „Kleiner Fuchs, du kanntest den blauen Fuchs doch gar nicht und hast ihm geholfen. Warum?"
Antwort: „Ich finde es nicht gut, wenn viele gegen einen alleine sind."

11.11 Erzählen mit Erzählkarten

Literarisch und sprachlich ungeübten Kindern (auch Kindern mit Deutsch als Zweitsprache) fehlt oft die Sicherheit, mit der Aufgabe „Erzähl doch mal!" kompetent umzugehen. Sie ziehen sich rasch zurück und verstummen.

Diese Kinder brauchen eine Erzählaufgabe, die sie bewältigen können. Erzählkarten sind eine grundlegende Hilfestellung, um ins Erzählen hineinzufinden.
- **Die einfache Erzählkarte:** Sie ist für die Anfänge des Erzählens geeignet. Die Erzählimpulse sind offen, lassen den Kindern sehr viel Raum, sich mit ihren jeweiligen Fähigkeiten zu beteiligen.

- **Die herausfordernde Erzählkarte:** Mit dieser Erzählkarte werden die Kinder in strukturiertes Erzählen eingeführt.
- **Die Erzählkarte „Rätselgeschichten":** Bilderbücher entschleunigt zu betrachten, bei Details zu verweilen, will gelernt und geübt sein. Rätselgeschichten fordern und fördern genaues und konzentriertes Hinschauen. Die Freude am Enträtseln macht Lust auf mehr.

So geht's:
Die einfache Erzählkarte (vgl. Kap. 9.3):
- Welche Figur aus der Geschichte hat dir gut gefallen? Warum?
- Wen aus der Geschichte magst du nicht? Warum?
- Hat dich die Geschichte an etwas erinnert?
- Hast du etwas Ähnliches auch schon einmal erlebt?
- Hast du eine Frage zu der Geschichte?
- Wie heißt deine Frage?

Die herausfordernde Erzählkarte (vgl. Kap. 9.3):
- Wo spielt deine Geschichte?
- Wer kommt in deiner Geschichte vor?
- Wie fängt deine Geschichte an?
- Was passiert danach?
- Was passiert Besonderes in deiner Geschichte?
- Wie hört die Geschichte auf?
- Was behältst du in Erinnerung?

Rätselgeschichten (vgl. Kap. 3.2):
- Such dir ein Bild aus einem Bilderbuch aus.
- Erzähle deine Geschichte als Ich-Geschichte.
- Gib einen Hinweis darauf, wo die Geschichte spielt. Verrate nicht zu viel!
- Erzähle von etwas, das gerade passiert.
- Erzähl noch von etwas Besonderem, das auf deinem Bild zu sehen ist.

11.12 Eigene Episoden erfinden

Episodik: Auf dem Weg zum Höhepunkt wiederholt sich – spannungssteigernd – das Gleiche in jeweils neuem Gewand.

Episoden sind Teil eines formelhaften Erzählens, das schon von Jüngeren durchschaut wird. Wer sich eine eigene weitere Episode ausdenkt, hat sowohl die Thematik als auch das Erzählmuster handelnd begriffen.

So geht's:
Stadtmaus und Landmaus in *Wo das Herz zuhause ist* (Kap. 5.1) vertauschen für einen Urlaub Heimat und Zuhause. Sie kommen aber in der Fremde nicht zurecht.
Die Landmaus gerät fast in eine Mausefalle. Welche Gefahren könnten noch auf die Landmaus lauern?
Nach einem Ideenaustausch arbeitet jedes Kind an Bild und Text zu der Episode seiner Wahl.

11.13 Analoge Geschichten erzählen

Bilderbücher sind inspirierende Vorlagen für analoge Geschichten. Dabei muss die Struktur der Vorlage übertragen werden. Das setzt ein inhaltliches wie dramaturgisches Verständnis der Vorlage voraus. Diese Aufgabe wird in der Regel erst von Älteren bewältigt.

Mehr zum Thema inspirierende Bilderbücher und eigene Bildgeschichten in:
Jochen Hering: *Kinder brauchen Bilderbücher. Erzählförderung in Kita und Grundschule.* Seelze, 2. Aufl. 2018, S. 225 ff.

So geht's:
Wir tauschen Figuren der Geschichte aus.
Den neuen Text gestalten wir auf dem Hintergrund der Vorlage.
In *Der Junge und der Fisch* (Kap. 4.3) versucht der Protagonist vergeblich, einem Fisch in der Badewanne ein neues Zuhause zu geben.
Wie sähe eine Geschichte mit einem Maulwurf aus?
- Wir schlagen das Original auf. Was ist zu sehen?
- Was könnte in der neuen Geschichte im Bild zu sehen sein?
- Und wie lautet jetzt der neue Text?
- Aus einer Sachgeschichte wie *Mein erster Kuchen* wird „Mein erster Schokoaufstrich" (vgl. Kap. 3.3).

11.14 Assoziatives Schreiben (und Erzählen)

Bei einer gezielten Frage rufen wir vertrautes Wissen („Muster") ab. Bei offenen Impulsen (wie einem Bild) laufen wir frei durch unseren Kopf und sammeln hier und da einen Gedanken, eine Idee auf. Wir assoziieren.

Um beim Schreiben frei zu assoziieren, nutzen wir entsprechende Techniken, die durch ihr Wechselspiel von Begrenzung (Vorgabe einer Schreibregel) und Spontaneität unseren Schreibfluss fördern. Mit diesen Verfahren lassen sich auch Schreibblockaden überwinden.

Assoziative Verfahren führen zu subjektiven Texten, in denen sich der biografische Hintergrund der Schreibenden spiegelt. Das macht diese Texte geeignet für den Austausch untereinander und für weiterführende Gespräche.

Statt assoziativ zu schreiben, lässt sich natürlich auch *assoziativ erzählen*. Eine geeignete Technik hierzu ist die Arbeit mit Gegenständen als Erzählimpuls (vgl. *Willibarts Wald*, Kap. 7.3).

So geht's:
Clustern: ist eine assoziative Schreibtechnik, bei der Assoziationsketten zu Ideennetzen verknüpft werden. In die Mitte eines leeren Blattes schreiben wir unser Themenwort oder kleben ein entsprechendes Bild auf. Rundherum notieren wir dann unsere Einfälle. Ideen, die zusammengehören, werden mit Strichen verbunden.
Nach etwa 5 oder 10 Minuten „Clustern" entsteht – meist jedenfalls – im Kopf eine Miniaturgeschichte, die – zur Überraschung aller, die das erste Mal „clustern" – direkt in die Feder fließt.

Ein wunderbar anregendes Praxisbuch dazu ist Gabriele L. Rico: *Garantiert schreiben lernen. Sprachliche Kreativität methodisch entwickeln. Ein Intensivkurs auf der Grundlage der modernen Gehirnforschung.* Reinbek 1984.

So geht's:
Akrostichon: Wir schreiben die Buchstaben eines Wortes untereinander. Jeder Buchstabe bildet den Anfang eines Wortes oder auch den Anfang einer Textzeile. Die Schreibaufgabe wird anspruchsvoller, wenn die Worte bzw. Textzeilen hintereinandergelesen Sinn und Zusammenhang ergeben (vgl. *Hier sind wir*, Kap. 3.1).
Wem zu einem Buchstaben nichts einfällt, der kann ein „Brückenwort" benutzen (*Immer fleißig für das „I"*). Ein Kästchen mit solchen „Brückenwörtern" ist hilfreich.

Die Wörterdose als Schreibimpuls:
Eine *Wörterdose* mit Wörtern zur jeweiligen Geschichte oder Schreibaufgabe regt Assoziationen und Schreibideen an (vgl. *Die Rabenrosa*, Kap. 4.2).

Die Gegenstandgeschichte: Zufällig ausgewählte Gegenstände liegen vor uns. Gedanken treiben bei ihrem Anblick durch unseren Kopf. Auch Erzählungeübte finden damit zu einer Geschichte. Die Methode weitet unser Denken aus, ein neuer Blick auf das Geschehen oder eine Figur wird möglich (vgl. *Willibarts Wald*, Kap. 7.3).

Die Ausstellung: Zum Thema eines Buches wird ein Gegenstand mitgebracht. So entsteht eine Ausstellung, die mit ihren Gegenständen zum Erzählen und Nachfragen einlädt. Die Ausstellung ist beides: Assoziative lebensgeschichtliche Annäherung an ein Thema und Erzählanlass (vgl. *Kleines Nashorn, wo fährst du hin?*, Kap. 8.4).

Das Haiku: Das Haiku ist ein Kurzgedicht aus 3 Zeilen mit jeweils 5, 7 und wieder 5 Silben. Das Haiku teilt einen Sachverhalt oder Erlebtes konkret mit. Die letzte Zeile kann einen überraschenden Charakter haben (vgl. *Zusammen unter einem Himmel*, Kap. 3.4).

11.15 Erzählen mit dem Erzähltablett

Das leicht herzustellende Erzähltablett gehört mit zu den assoziativen Erzähl-, Schreib- und Nachdenkimpulsen. Ein Arrangement von Gegenständen regt die Fantasie an, macht auf den Kern einer Geschichte aufmerksam, fördert Konzentration und Entdeckungslust.

Das Tablett sollte nicht überladen sein. Wenige Gegenstände und ihre Beziehung zueinander sollen zum Spekulieren einladen.

Das Erzähltablett bietet sich auch als Einstieg in philosophische Dilemmageschichten an (vgl. *Aufräumen ist Mädchensache*, Kap. 10.1).

Eine andere Form dieser Methode ist das Mitspiel-Erzähltablett. Hier wird die Bühne eines Bilderbuchs nachgestaltet und die Geschichte im Figurenspiel begleitet (vgl. *Pudel mit Pommes*, Kap. 7.2).

Ein Erzähltablett kann auch als Impuls zum freien Erzählen/Schreiben genutzt werden.

Die Inspiration zur Arbeit mit dem Erzähltablett habe ich Christel Oehlmanns *Garantiert erzählen lernen – Ein Übungsbuch* (Hamburg 1995) entnommen (vgl. hier vor allem S. 179–224).

So geht's:

Freies Erzählen zum Erzähltablett: Beim Bilderbuch *Gordon und Tapir* (Kap. 5.3) könnten wir mit einem Tablett beginnen, das – als offener Impuls – einen Pinguin im Urwald und einen Tapir am Südpol zeigt, darunter eine Hausnummer mit Klingelschild und den Namen der beiden.

Mitspielen mit dem Erzähltablett: Diese Erzählmethode ist für Bilderbücher mit überschaubarer Handlung und wenigen Protagonisten geeignet (z. B. *Der blaue Fuchs*, Kap. 8.2). Auf ein Stück festen Karton (DIN A3) wird der Ort der Handlung (die Bühne) aufgemalt. Die Figuren werden aus Pappe ausgeschnitten, manchmal reichen auch einfache Spielfiguren *(Mensch ärgere dich nicht)*. Die Fantasie der Kinder stört das nicht.

Nacherzählen mit dem Erzähltablett: Unterstützt von Bühne, Figuren und Requisiten kann eine Geschichte nach dem Vorlesen handgreiflich nacherzählt werden. So wird lustvolles Erzählen gefördert.

11.16 Nach Vorlage eines Textmusters schreiben

Wer sich durch „Nachschreiben" ein Textmuster aneignet, besitzt damit – als implizites Wissen – eine Handlungsanleitung zum Schreiben (grundlegende Schreibkompetenz).

Das Rezept ist eine einfache Sachtext-Vorlage, die sich auch kreativ auf andere Themen und Kontexte übertragen lässt.

Der Tagebucheintrag ist eine subjektiv gestaltete literarische Textsorte.

Die Liste ist eine ausgesprochen einfache Textsorte (Aufzählung von Dingen oder Tätigkeiten, meist in Stichworten), die aber – zum Beispiel in Gedichtform – durchaus literarischen Charakter annehmen kann (vgl. Bertolt Brecht, *Vergnügungen*).

Die hier vorgestellten Textsorten sind schon in den beiden ersten Jahren der Grundschule zu bewältigen.

So geht's:
Allgemeine Überlegungen: Wir schauen uns unsere Vorlage an und fragen:
- Welche Absicht hat diese Textsorte?
- Wie ist unsere Vorlage aufgebaut?
- Was ist typisch für diese Textsorte?
- Wie wird diese Textsorte sprachlich abgefasst?

Im Anschluss an unsere Beobachtungen und die genauere Wahrnehmung der Vorlage schreiben wir unseren eigenen Text entlang der Vorlage.

Kochrezept: Ein Kochrezept informiert darüber, wie wir etwas backen, braten oder kochen. Es besteht aus zwei Teilen:
- einer Liste mit Zutaten und notwendigen Werkzeugen
- einer Vorgangsbeschreibung

Typischerweise ist die Vorgangsbeschreibung chronologisch und knapp gefasst *(zuerst …, danach …)*. Die Sätze sind als Anweisungen verfasst, manchmal persönlich *(du schneidest)*, manchmal unpersönlich *(schneide)* formuliert. Das Rezept beginnt und endet oft mit einer Formel:
- Beginn: Hier kommt mein liebstes Vanillekuchenrezept.
- Ende: Guten Appetit für dich und deine Gäste!

Vor Beginn des Schreibprozesses kann es hilfreich sein, eine Sammlung von Sachwörtern anzulegen.

Das Textmuster „Rezept" kann auch auf andere Themen übertragen werden (vgl. das Heimwehrezept zu *Pip und Posy sagen Gute Nacht,* Kap. 6.1).

Liste: Die einfache Textsorte „Liste" lässt sich variieren. Wir können sie sortieren, zum Beispiel danach, was man bei einem Umzug mitnehmen/nicht mitnehmen kann (vgl. *Meine liebsten Dinge müssen mit,* Kap. 6.3). Eine Liste kann auch in die Form eines kleinen Textes oder Gedichtes gekleidet werden. Wir gehen so vor: Aus den einzelnen Wörtern unserer Liste machen wir Sätze, die wir auf ein Blatt untereinanderschreiben.
Wir schneiden das Blatt in Streifen, auf jedem Streifen steht einer unserer Sätze.
Wir verschieben die Sätze, bis uns die Reihenfolge gefällt.

Steckbrief: Der Steckbrief stellt wichtige Dinge zu einer Person listenartig zusammen. Wir können zunächst mit einem Steckbrief von uns selbst beginnen. Interessant wäre die Unterscheidung in äußere Merkmale, Lebensumstände, Charaktereigenschaften, Vorlieben, Wünsche. Damit hätten wir eine –

mögliche – Struktur dieses Textformates vor Augen. Anschließend schreiben wir zu unserer literarischen Figur (z. B. zu *Nusret und die Kuh*, Kap. 6.5) einen Steckbrief.

Tagebucheintrag: Im Tagebuch wendet sich der Schreibende in einer Art Selbstgespräch an sich selbst. Er hält Erlebnisse und Begegnungen fest, denkt schreibend darüber nach, äußert seine Gefühle, Wünsche und Ängste. Das Tagebuch ist eine Hilfe, Gedanken und Gefühle zu klären. Ein Tagebuch wird in der Ich-Form geschrieben. Es gibt keine festgelegte Gliederung. Es gibt auch keinen festgelegten Sprachstil. Schreib so, wie du auch mit dir selbst reden würdest (vgl. *Heimat ist da, wo das Herz zu Hause ist,* Kap. 5.1).

11.17 Philosophisches Nachdenken mit Kindern

Weltverstehen gründet sich unter anderem auf die Klärung von Begriffen, auf logisches Denken und auf die kritische Überprüfung von Behauptungen, Begründungen, Schlussfolgerungen, m. a. W. darauf, sich seines Verstandes als Werkzeug zu bedienen. Geschichten und Bilder als „verdichtete Erfahrungen" liefern anschauliche Vorlagen, Kinder in diese nachdenkliche Weltbetrachtung einzuüben.

So geht's:
Begriffe genau betrachten:
- „Ist ein Zelt auch ein Haus?"
- „Was macht – unabhängig von seinem Aussehen – ein Haus aus?"

Der klärende Umgang mit Begriffen und ihrer Bedeutung ist Grundlage für Gespräche über abstrakte Begriffe wie Heimat oder *Zuhause* (vgl. *Haus*, Kap. 4.1)

Selbstreflexion und Offenheit: Philosophisches Nachdenken überprüft scheinbare Gewissheiten, Wahrheiten und Behauptungen anhand eigener Erfahrungen (vgl. *Frosch und der Fremde*, Kap. 8.3).
Erfahrungsorientierte Fragen und Impulse fördern Selbstreflexion.

11.18 Dilemmageschichten

Eine besondere Methode des Philosophierens stellt die Arbeit mit Dilemmageschichten dar (vgl. Kap. 10). Lawrence Kohlberg hat die Arbeit mit solchen Geschichten zur Förderung moralischer Entwicklungsprozesse „erfunden". Dilemmata enden offen mit einem inneren (moralischen) Konflikt der Beteiligten. Dadurch fordern sie die Zuhörenden zu Stellungnahmen und entsprechenden Begründungen heraus. Sie tragen so bei zur Formulierung eines eigenen Standpunktes und seiner Reflexion.

Vgl. die Einführung in Kohlbergs Theorie in: Jochen Hering: *Die Welt fragwürdig machen. Philosophisches Nachdenken mit Kindern im Grundschulalter.* Baltmannsweiler 2004, S. 66–79.

So geht's:
Nacherzählen mit produktiven Fragen und Impulsen: Das Verständnis von Dilemmageschichten hängt von der genauen Wahrnehmung des Geschehens ab. Ein mit Fragen und Anregungen angeregtes Nacherzählen unterstützt diese Wahrnehmung (vgl. hierzu die Geschichte *Ein Liebespaar*, Kap. 10.4).

Perspektivisches Nacherzählen: Hier wird zunächst die genaue Betrachtung der am Konflikt Beteiligten gefördert. Dazu wird das Geschehen noch einmal der Reihe nach von den jeweils Beteiligten aus deren Blickwinkel vorgestellt. Das kann arbeitsteilig in Kleingruppen vorbereitet werden. Die anschließende Präsentation wird dann wieder vom Publikum kritisch diskutiert. Perspektivisches Nacherzählen ist eine sinnvolle Vorbereitung für Vorschläge zur Konfliktlösung. (Vgl. die Geschichte *Das erledigen wir selbst*, Kap. 10.2; vgl. auch das philosophische Bilderbuch *Der Junge und der Fisch,* Kap. 4.3.)

Philosophische Gespräche: Das gemeinsame Nachdenken steht im Mittelpunkt. Unterschiedliche Gedanken dürfen nebeneinander stehen bleiben, da es oft keine letzten, richtigen Antworten auf philosophische Fragen gibt. Das erfordert Zurückhaltung von den beteiligten Erwachsenen. Ihre Aufgabe besteht darin, mit vorsichtigen Impulsen (produktiven Fragen) zu genauem Hinschauen, zu eigenen Gedanken und deren Begründung zu ermutigen.

Begriffe klären mit produktiven Fragen:
Am Beispiel von *Haus* (Kap. 4.1):
- Wozu sind Häuser da?
- Ist ein Haus aus Schnee auch ein Haus?
- Was muss ein Haus (oder ein Schmusetier, ein Freund usw.) haben, damit es ein Haus (ein Schmusetier, ein Freund usw.) ist?

Selbstreflexion und Offenheit: Am Beispiel von *Frosch und der Fremde* (Kap. 8.3):
Die Aufmerksamkeit weckende Frage:
- Woher hat Schwein sein Wissen über Ratten?

Auf eigene Erfahrung zielende Fragen:
- Warum verhalten sich Schwein und Ente feindselig gegenüber Ratte? Kannst du dich in die beiden hineinversetzen?

Das Problem einkreisende Fragen:
- Was unterscheidet Frosch von seinen Freunden?

Auf Lösungen/alternatives Handeln angelegte Fragen:
- Was könnte Ente beim nächsten Mal anders machen?

Rolleninterviews: Auch diese Methode dient der vertieften Wahrnehmung des Geschehens. Wir legen Symbole für die Protagonistinnen/Protagonisten der jeweiligen Geschichte in die Mitte des Stuhlkreises (vgl. *Das machen doch die Müllmänner*, Kap. 10.3). Jede/jeder kann einer der Figuren aus der Geschichte Fragen stellen. Wer dann eine Antwort geben will, nimmt sich das betreffende Symbol und schlüpft in die jeweilige Rolle. Anschließend können Einwände gemacht werden.

Weitererzählen im Rollenspiel: Die genaue Betrachtung der Protagonisten vor dem Spiel ist für eine realitätsnahe Ausgestaltung wichtig. Einstiegsszenen fokussieren auf den Spielgedanken und helfen auch rollenspielunerfahrenen Kindern, leicht ins Spiel zu finden (vgl. *Das erledigen wir selbst*, Kap. 10.2).

Das Alter-Ego-Rollenspiel: Wir stellen mit zwei Spielerinnen bzw. Spielern den inneren Monolog einer in ein Dilemma geratenen (zwiegespaltenen) Person vor: ihre Wünsche, Bedenken, Ängste (vgl. *Aufräumen ist Mädchensache*, Kap. 10.1).

11.19 Gesprächs-Bilder – offene Gespräche bündeln

Der offizielle Ausdruck für diese Methode lautet Metaplan-Technik (eine Moderationsmethode). Mit Stichworten können wir ein offenes Gespräch auf Karteikarten „nachzeichnen", dokumentieren und ordnen. Wir haben also unsere Diskussion anstrengungsfrei vor Augen, können einzelne Aspekte vertiefen, anderes ergänzen, es fällt leichter, Zusammenhänge herzustellen.

So geht's:
Jedes Kind bekommt 3 Karteikarten. Zu einem Thema wie z. B. *„Klimawandel"* (vgl. *Pudel mit Pommes*, Kap. 7.2) schreiben alle die ihnen wichtigen Stichworte auf ihre Karteikarten (Beispiele: „Meeresspiegel steigt"; „Es wird wärmer; zu viele Autos"; „mehr Sonnenenergie nutzen" usw.). Anschließend werden die Karten nacheinander in die Mitte des Stuhlkreises gelegt (oder an eine Moderationstafel geheftet).
Dabei kommt es darauf an, die Karten inhaltlich zu „Klumpen" (Clustern) zu ordnen (z. B. nach: Ursachen; Auswirkungen; Was tun?).
Das „Klumpen" kann nach einiger Übung auch von den Schülerinnen und Schülern übernommen werden.

11.20 Handwerklich-künstlerischer Ausdruck

Zu den Aufgaben in der Kindheit gehört die Entwicklung des Werksinns.[8] Werksinn beschreibt das Interesse an handwerklichen Fähigkeiten und das Bedürfnis des Kindes, etwas herzustellen, einen Kuchen oder ein Mikadospiel. Dieser Werksinn wird auch beim künstlerischen Ausdruck gebraucht. Bei der Anfertigung eines Plakates oder bei der Gestaltung eines Dioramas erleben Kinder, wie sie nichtsprachlich Ideen ausdrücken können.

Hinzu kommt: Schon Jüngere können im Bild, in der nichtsprachlichen Ausdeutung von Welt, mehr zur Sprache bringen als auf der verbalen Ebene. Sie erleben die Freude am gestaltenden Ausdruck und, die – auch emotionale – Wirkung künstlerischer Darstellungen. Und sie machen dabei eine Selbsterfahrung. Sie sind ihr Werk!

Aufgabe der Erwachsenen ist es, Kinder in ihrer Freude am gestalterischen Ausdruck zu unterstützen. Das braucht u. a. einen Rahmen, in dem Kinder ihrer Schaffensfreude nachgehen können. Dazu gehört auch, ihnen Gestaltungsmöglichkeiten (künstlerische und handwerkliche Methoden) zu zeigen und Materialien zur Verfügung zu stellen.

Empfehlenswert hierzu: Martin Merz:
Kreativ mit Form & Farbe. Zeichnen, malen, drucken, gestalten mit Kindern ab 6. Linz 1998.

In der Arbeit ist ein Wechsel von nachahmendem Üben und freiem Ausdruck förderlich. In der Nachahmung eignen wir uns ein Ausdrucksrepertoire an, das wir dann – im freien Umgang mit dem Material – für den eigenen künstlerischen Ausdruck nutzen können.

Kita und Grundschule sind elementare Orte, die Ausdrucks- und Gestaltungsfähigkeit von Kindern zu fördern. Ohne diese frühe Förderung stehen uns später nur begrenzte Ausdrucksmittel zur Verfügung.

So geht's:
Das Diorama: Hier kann auf kleinem Raum ein Stück Wirklichkeit oder Fantasie gestaltet werden, der heimatliche Lebensraum eines Tieres zum Beispiel oder ein Willkommenshaus (vgl. *Zusammen unter einem Himmel*, Kap. 3.4).
Material: ein Karton (z. B. ein Schuhkarton, Naturmaterial wie Zweige, Blätter usw.). Restmaterialien von zuhause (Alufolie, Wattebäusche, Stofffetzen, Bilder aus Illustrierten, Spiel- und Tierfiguren).
Werkzeug: Schere und Lineal, (Farb-)Stifte, Wasserfarben, Kleber und Klebeband.

Vorgehen:
- Wo spielt unsere Geschichte/Szene? Gestalte entsprechend Boden, Decke, Wände, Rückseite.
- Wer spielt in der Geschichte mit? Aus Knetgummi entstehen kleine Figuren.
- Was passiert in unserer Geschichte? Was ist zu sehen?

11.21 Erzählen zu eigenen Bildern

Das freie Malen zu einem Bilderbuch erlaubt, spielerisch und eigensinnig (siehe Kasten) eigenes Erleben, Gefühle, Wünsche, Ängste zum Ausdruck zu bringen. Dazu braucht es Zeit, inspirierendes Material, Werkzeug.

Der schöpferische Ausdruck lässt sich nicht auf Knopfdruck herstellen. Ein Malatelier in der Klasse und frei verfügbare Arbeitszeiten (Wochenplanarbeit) bieten einen Rahmen.

> **Eigensinnig**
> „Die immer wiederkehrende Gestaltung des eigenen Ausdrucks meint etwas Eigen-Sinniges, in das kein anderer hineinzureden hat …" Bei Eckhardt Schiffer findet sich dieser wohltuende Blick auf den kindlichen Eigensinn (Eckhardt Schiffer: *Warum Huckleberry Finn nicht süchtig wurde. Anstiftung gegen Sucht und Selbstzerstörung bei Kindern und Jugendlichen.* Weinheim, 5. Aufl. 1996, S. 35).

So geht's:
Kratzbilder: Kratzbilder sind einfach und überraschend effektvoll. Deckende Farben in mehreren Schichten kräftig übereinandergemalt überdecken jeweils die unteren Farbschichten. Durch Kratzen bringen wir sie wieder zum Vorschein.
Wir brauchen Ölkreide oder Wachsmalstifte in verschiedenen Farben und glattes Papier, auf dem die Farbe gut deckt.
Für das Vogelnest in *Rabenrosa* (Kap. 4.2) bemalen wir unser Blatt zunächst mit schwarzer Kreide. Dann überdecken wir das Schwarz mit Streifen von Grün und Braun. Anschließend können wir die schwarzen Zweige des Vogelnestes auf dem Baum hervorkratzen.

Memory: Mit einem Memory können wir einen Inhalt spielerisch bearbeiten. Ideen dazu wären:
- Häuser und Menschen, die dort wohnen (vgl. Kap. 3.2)
- interkulturelle Gebräuche (vgl. Kap. 5.2)
- Tiere und ihre „Nischen"/Heimaten (vgl. Kap. 6.4).
- Wörter mit gleicher Bedeutung aus verschiedenen Sprachen (vgl. Kap. 9.1)

Material:
- Blankokarten (leicht online zu bekommen)
- Bilder/Bildausschnitte zur Memory-Idee

Wer ein Memory herstellt, setzt sich mit einem Sachverhalt auseinander (Recherche). Gleichzeitig ist das Memory Lernmedium für die Spielenden.

Mikado: Dieses weltweit verbreitete Geschicklichkeitsspiel lässt sich leicht aus Naturmaterial (Zweigen, Ästen) herstellen.
Die Stäbe müssen an den Enden angespitzt und farblich gekennzeichnet werden. An *Werkzeug* brauchen wir: eine Gartenschere, ein Schnitzmesser, eine einfache Schere/einen Pinsel.
Material: Zweige/Äste, buntes Isolierband/Farbe. Spielanleitungen finden sich im Internet.

Plakate: Ein Plakat will öffentlich eine Botschaft vermitteln, informieren (Termin eines Flohmarktes), werben (für ein Produkt) oder es enthält eine politische Botschaft (Fluchtursachen).

Beachte bei der Gestaltung Folgendes:
- Ein einprägsamer Titel aus wenigen Worten.
- Eine auch mit Abstand zu lesende Schrift.
- Bilder machen ein Anliegen anschaulich.
- Mit Farbkontrasten fällt ein Plakat sofort ins Auge.

Zuerst fertigen wir einen Entwurf in kleinem Format, den wir dann auf ein großes Blatt übertragen.

Steinbilder: Steine sind anziehend. Wir sammeln sie sogar. Und Bilder aus gelegten Steinen haben eine besondere Ausdruckskraft (vgl. *Ramas Flucht*, Kap. 7.4). Beim Nachgestalten probieren wir uns in der Arbeit mit dem Material und seinen Möglichkeiten aus. Wir brauchen geeignete Bilder als Vorlage, Kartonpapier (DIN A4), flache Kieselsteine (Siebkies aus einer örtlichen Baustoffhandlung). Das fertige Bild kann mit der Handykamera festgehalten werden. Danach können wir Steinbilder zu eigenen Ideen und Themen gestalten.

11.22 Szenisches Erzählen mit Tiermasken und Stabfiguren

Szenisches Erzählen will ein Geschehen anschaulich vor Augen stellen. Dazu werden entsprechende Rollen verteilt. Hinzu kommt eine Erzählerin/ein Erzähler, die/der den Handlungsrahmen (wo sind wir?, wer sind die Spielenden? usw.) vorstellt.

Mit (Tier-) Masken können die Spielenden hinter der Maske vom Spiel zurücktreten. Das verlangt weniger an schauspielerischem Geschick (die Mimik entfällt) und macht die Herausforderung niedrigschwelliger.

Alternativ zur Maske kann eine Geschichte mit einfachen Stabfiguren begleitet werden. Auch das ist ein niedrigschwelliger Einstieg ins theatrale Arbeiten. Die Figur mit der Hand entsprechend zur Geschichte zu bewegen reicht schon aus. Die Identifikation mit einer Rolle beim szenischen Erzählen vertieft die Begegnung mit dem Thema und den Figuren.

So geht's:
Erzählen mit Tiermasken: In *Frosch und der Fremde* (Kap. 8.3) stellt uns eine Erzählerin das Geschehen vor. Spieler und Spielerinnen begleiten hinter ihren Masken den Kern der Geschichte (Fremde und Vorurteile) pantomimisch.
Vorlagen für Tiermasken finden sich im Internet. Wir können aber auch einfache Papptüten-Masken bauen. Dazu malen wir nur das Gesicht unseres Protagonisten auf die umgedrehte Papiertüte, schneiden Löcher für die Augen aus – fertig.

Erzählen mit Stabfiguren: *Stabfigur* meint hier eine sehr einfache Variante einer Puppenspielfigur. Wir brauchen dazu ein Stück Kartonpapier und einen Holzstab (etwa 30 cm lang, 1 × 1 cm stark).
Unsere Figur wird zunächst abgepaust (Butterbrotpapier) und dann auf Karton übertragen. Alternativ kann eine zugeschnittene Kopie aus dem Bilderbuch auf Karton aufgeklebt werden. Danach wird die Figur mit Klebstoff an unserem Holzstab befestigt.
Wir erzählen mit unserer „lebendigen" Stabfigur in der Hand. Dabei bewegen/beleben wir sie entsprechend der Geschichte (Beispiele: *aufgeregt* = hin und her; *böse* = aufstampfend).

11.23 Standbildarbeit

Im Bilderbuch-Standbild stellen die Spielenden eine Situation, eine Figur oder Beziehungen zwischen Figuren mit Körperhaltung, Mimik und Gestik nach. Im Austausch mit dem Publikum (warum hast du die Fäuste geballt?, warum guckst du so?, hast du Angst? usw.) ermöglicht das sowohl den Spielenden als auch den Zuschauenden einen vertieften Zugang zu den Gedanken und Gefühlen der Figuren. Im Dialog zwischen Spielenden und Publikum werden Sprechbereitschaft und allgemeine sprachliche Entwicklung spielerisch gefördert. Gleichzeitig wird das körpersprachliche Ausdrucksrepertoire erweitert.

So geht's:
Standbildarbeit Variante 1: Ein Spieler/eine Spielerin hat ein Bild ausgewählt und friert sich selbst in der entsprechenden Haltung ein.
Das Publikum beschreibt, was es sieht, und stellt Fragen (am Beispiel *Der blaue Fuchs*, Kap. 8.2):
- „Kleiner Fuchs, du hast dein Maul so weit aufgerissen. Bist du wütend?"

Der Spieler des kleinen Fuchses antwortet.

Standbildarbeit Variante 2: Zwei Kinder haben sich für eine Szene entschieden. Sie bitten ein Kind oder mehrere auf die Bühne und formen sie – wie Knetmasse – entsprechend der Bildvorlage. Danach kann das Publikum Fragen stellen:
- „Kleiner Fuchs, deine Pfoten sind zu Fäusten geballt. Wie fühlst du dich?" usw.

Auch hier beantwortet der Spieler/die Spielerin des kleinen Fuchses die jeweiligen Fragen.

11.24 Mit allen Sinnen – Hörspaziergänge, Klangteppiche und Geruchspfade

Nutzen wir unsere Sinnesorgane nicht, verkümmern sie, der Muskulatur vergleichbar.⁹ Das Erleben wir bei Kindern, die nicht wissen, was „elastisch" ist, nicht wissen, wie eine Melone riecht, nie bewusst auf den Geräuscheteppich einer Wiese gelauscht haben. Ohne die sinnliche Wahrnehmung der Welt fehlen uns die Erlebnisse und Erfahrungen, von denen die Schule dann später abstrahieren möchte.

Unser Sehsinn wird heute meist überbeansprucht, anderes vernachlässigt. Lernen mit allen Sinnen bezieht die anderen Sinneserfahrungen mit ein, Geräusche und Klänge (wie hört sich Heimat an?), Gerüche und unseren Geschmackssinn (wie riecht und schmeckt meine Heimat?).

So geht's:
Hörspaziergänge und Klangteppiche: Für Ausflüge mit dem Ohr brauchen wir nur ein Handy (bzw. ein einfaches Aufnahmegerät).
Wir begeben uns z. B. an eine Verkehrskreuzung oder in einen Wald/Stadtpark und fangen die entsprechenden Geräusche und Klänge ein (vgl. *Heimat ist da, wo das Herz zu Hause ist*, Kap. 5.1). Spielen wir diese Hörreisen und Klangteppiche anschließend vor, schulen wir auf vergnügliche Weise unseren Hörsinn als Zugang zur Welt.

Geruchspfade: Unser Geruchssinn – wahrscheinlich der älteste unserer Sinne – ist eng mit unserem Gedächtnis und unseren Erinnerungen verknüpft und andersherum: Gerüche helfen dabei, Dinge in der Erinnerung fest zu verankern.¹¹
Mit einer Gewürzstraße riechen (und schmecken) wir typische Gerüche (und Geschmäcker) aus verschiedenen Ländern (vgl. *Nasengruß & Wangenkuss*, Kap. 5.2).

11.25 Recherchieren

Im Umgang mit Sachthemen brauchen wir Informationen. Woraus wird Schokolade gemacht? Wir können (1) eine Konditorei besuchen und dort vor Ort nachfragen. Wir können (2) in eine Bücherei gehen und entdecken das Buch *Woher kommt Kakao und wie macht man Schokolade?* Es wäre (3) möglich, mit einer Kindersuchmaschine (z. B. Klexikon https://klexikon.zum.de/) unter dem Stichwort „Schokolade" im Internet zu recherchieren. Recherchieren ist eine kognitive Tätigkeit: Wir tragen Informationen zusammen und ordnen sie. Abschließend können wir das Ergebnis unserer Recherche präsentieren.

Die Herstellung eines Memorys ist eine produktionsorientierte Möglichkeit, Kindern die Bedeutung des Recherchierens zu vermitteln (s. Kap. 11.21 zu *Memory*).

So geht's:
Wollen wir uns Informationen vor Ort verschaffen, müssen wir klären, wer zu unserem Thema/Suchbegriff kompetent Auskunft geben kann (beim Thema „Flucht" z. B. eine Flüchtlingsfamilie als Interviewpartner). Im Internet finden sich diverse Vorschläge und Arbeitsblätter zur Vorbereitung und Durchführung eines Interviews.[12] In der Bücherei fragen wir bei der Auskunft, wo wir Bücher zu unserem Thema finden. Hilfreich sind Bücher, die ein Schlagwortverzeichnis haben.
Bei der Internetrecherche müssen wir zunächst eine Suchmaschine (z. B. https://www.helles-koepfchen.de/) aufrufen. Danach geben wir unseren Suchbegriff (z. B. „Klimawandel") ein und erhalten entsprechende Texte („Wer oder was verursacht den Klimawandel?"). Manchmal ist der Suchbegriff eindeutig, in anderen Fällen probieren wir mögliche Suchbegriffe aus.
Texte, Bilder, Filme kann jeder ins Internet stellen. Was dort steht oder gezeigt wird, muss nicht wahr sein. Überprüfe, von wem die Seite stammt. Ein Text über „Tempolimit auf der Autobahn" von einer Sportwagenfirma kann sich sehr vom Text eines Umweltschützers unterscheiden.

Ausgesprochen empfehlenswert ist es, mit den Schülerinnen und Schülern vorab gemeinsam den folgenden Text durchzuarbeiten:
https://www.klicksafe.de/fileadmin/media/documents/pdf/Broschren_Ratgeber/iabc_Recherchetipps.pdf, hrsg. von der Landeszentrale für Medien und Kommunikation Rheinland-Pfalz.

Anmerkungen
1. Zit. nach Hugo Kükelhaus: *Organismus und Technik. Gegen die Zerstörung der menschlichen Wahrnehmung.* Frankfurt/Main 1984, S. 15.
2. Vgl. hierzu z.B. Jochen Hering/Walter Hövel: *Immer noch der Zeit voraus. Kindheit, Schule und Gesellschaft aus dem Blickwinkel der Freinetpädagogik.* Bremen 1996.
3. http://kindheitspaedagogik-portal.de/wissenschaftliche-texte/geschichte-und-theorie-von-erziehung-und-bildung/pestalozzi-mit-kopf-herz-und-hand [5.11.2020].
4. Manfred Spitzer: *Lernen. Gehirnforschung und die Schule des Lebens.* Heidelberg 2009, S. 416.
5. Ebd. S. 417 und S. 180 ff.
6. Vgl. hierzu: *Metaphernerwerb: eine empirische Studie bei Kindern im Alter von sechs bis vierzehn Jahren:* https://www.metaphorik.de/sites/www.metaphorik.de/files/journal-pdf/vogt-indefrey_metaphorik-27.pdf [14.4.2020].
7. Der Fokus liegt auf der Auseinandersetzung mit dem Inhalt des Erzählten. Aspekte der Sprachförderung bleiben hier unberücksichtigt.
8. Vgl. Erik H. Erikson: *Identität und Lebenszyklus.* Frankfurt/Main 1966, S. 98 ff.
9. Vgl. Hugo Kükelhaus: *Organismus und Technik. Gegen die Zerstörung der menschlichen Wahrnehmung.* Frankfurt/Main 1984, S. 41 ff.
10. John Locke: *Versuch über den menschlichen Verstand,* zit. n. https://www.getabstract.com/de/zusammenfassung/versuch-ueber-den-menschlichen-verstand/8477 [30.3.2020].
11. Vgl. den knappen Artikel des Max-Planck-Instituts unter: https://www.ds.mpg.de/2495238/Gerueche_und_Erinnerungen [14.4.2020]; Alltagsforschung: *Warum wecken Gerüche Erinnerungen* unter: https://www.alltagsforschung.de/gerueche-wecken-erinnerungen/ [14.4.2020].
12. Vgl. https://www.planet-schule.de/wissenspool/filmbildung-in-der-grundschule/inhalt/unterricht/interview.html. Die Vorschläge zu Interviews vor der Kamera lassen sich auf Interviews mit Notizblock oder Audiogerät übertragen.

Schlusswort: Die Welt, wie sie ist, und eine (un-)beschwerte Kindheit

Bildung am Lebensanfang könnte die derzeitige und zukünftige Gesellschaft wirklich verändern.

Maria Montessori[1]

Bilderbücher spiegeln Themen alltäglicher kindlicher Lebenswelt: Auf dem Heimweg findet der Bär drei Pilze. Sein Freund Wiesel brät sie liebevoll in der Pfanne. Die beiden setzen sich zu Tisch. Und dann? – ... kommt es zum Streit um den dritten Pilz. *Zwei für mich, einer für dich*[2] erzählt vom Teilen und Abgeben, einem Konflikt, der jedem Kind vertraut ist. In *Schau mal, was ich kann!*[3] zeigt das kleine Känguru dem großen Känguru immer wieder ein neues Kunststück und bekommt stets eine bestärkende zugeneigte Antwort. Größer zu werden und sich mit Stolz immer neue Fähigkeiten anzueignen ist auch ein wichtiger Teil unserer Kindheit. In *Gute Nacht, Gorilla!*[4], einer witzigen Geschichte aus dem Zoo, geht es aus kindlicher Sicht darum, nicht allein einschlafen zu müssen. Und die Geschichte von *Ramons Atelier*[5] zeigt, dass es nicht wichtig ist, Bilder zu malen, die andere schön oder nicht schön finden. Es geht vielmehr darum, sich selbst und seine Sicht auf die Welt bewertungsfrei ausdrücken zu dürfen.

Ein großer Teil der aktuellen Bilderbücher bewegt sich im Rahmen einer Kindheit, in der es um die Interessen, alltäglichen Fragen und Konflikte der jungen Leserinnen und Leser geht. Bei allen Belastungen ist diese Kindheit im Kern unbeschwert, spiegelt keine heile, aber eine kindgerechte Welt, wie wir sie möglichst vielen Kindern wünschen. Auch viele der Bilderbücher aus diesem Band gehören hierher. *Pip und Posy sagen Gute Nacht* (siehe Kap. 6.1) beispielsweise behandelt den Entwicklungsschritt, zum ersten Mal für eine Nacht das Zuhause zu wechseln und bei einem Freund oder einer Freundin zu übernachten. Selbst *Mein Weg mit Vanessa* (Kap. 9.3), das Ausgrenzung thematisiert, gehört – so widersinnig das im ersten Moment klingen mag – noch zur unbeschwerten Kindheit, das heißt zu den Erfahrungen, die Kindern in Kita oder Grundschule – und sei es als Außenstehende – zwangsläufig gegenüberstehen, die wir ihnen nicht ersparen, bei deren Bewältigung wir ihnen aber helfen können und oft auch müssen.

Bilderbücher dagegen wie *Zuhause kann überall sein, Flucht*[6] oder *Ramas Flucht* (Kap. 7 und 9) konfrontieren uns mit Lebensumständen (Krieg, Hunger, Naturzerstörung) und Kindheiten, in denen das Unbeschwerte zunächst nicht mehr vorkommt. Daran können wir kurzfristig nichts ändern. Globale Wirtschaftsgerechtigkeit und ein friedliches Miteinander der Völker liegen in der Zukunft.

Kinder haben die Welt, wie sie ist, nicht verschuldet. Aber sie wachsen in diese Wirklichkeit hinein. In den nächsten Jahren werden, das ist anzunehmen, weiter Flüchtlingsfamilien zu uns ins vergleichsweise sichere Europa und nach

Deutschland kommen. Auch ihre Kinder werden Kitas und Grundschulen besuchen.

Wie können wir kindgerecht damit umgehen? „Die Dosis macht das Gift", sagt die Medizin. Und mir scheint es wichtig, Kinder nicht mit Problemen zu überfrachten. Sinnvoller ist es, auf die jeweiligen Fragen der Kinder zum Thema *Heimat und Zuhause* mit dazu passenden Bilderbüchern einzugehen. Warum fühle ich mich bei meiner Oma auch zuhause, bei meiner Tante aber nicht?, wäre eine Frage, die eine genauere Betrachtung dessen, was ein *Zuhause* ausmacht, auslösen könnte. Die Bilderbücher aus den Kapiteln 4, 5 und 6 wären dazu geeignet. Warum kommen Menschen aus Syrien und Afrika zu uns?, wäre eine Frage, auf die die Bilderbücher aus dem Kapitel 7 Antworten geben.

Nutzen wir Bilderbücher als Teil solcher Gespräche über die Welt, überfordern wir auch jüngere Kinder nicht, sondern stellen uns ihren Fragen. Dabei sollte unsere Arbeit sich nicht auf die Lektüre beschränken. Wichtig scheint mir, Kindern ihnen zugängliche und durchaus auch bescheidene Handlungsmöglichkeiten zu eröffnen. Wir malen ein Plakat zum Thema *Auf die Erde aufpassen*. Wir üben im szenischen Spiel Konfliktlösungen im Umgang mit Verschiedenheit.

Und wir gestalten ein *Willkommenshaus für bedrohte Tiere*. Aktives Gestalten stärkt das Vertrauen in die eigene Selbstwirksamkeit und übt früh ein in gesellschaftliche Teilhabe.

Wünschen wir uns, dass auch in Zukunft engagierte Bilderbücher auf den Markt kommen. Und wünschen wir den Kindern in Kita und Grundschule, dass sie Erzieherinnen und Erziehern, Lehrerinnen und Lehrern begegnen, die ihnen von früh an Wege aufzeigen, mit Empathie für andere die Welt Stück für Stück ein wenig besser zu machen.

Sie hat es bitter nötig.

Bremen, Januar 2021
Jochen Hering

Anmerkungen

1 https://gedankenportal.de/magazin/die-besten-maria-montessori-zitate.html [19.1.2021].
2 Mühle, Jörg: *Zwei für mich, einer für dich.* Frankfurt/Main 2018.
3 Nikolaus Ober / Angela Holzmann: *Schau mal, was ich kann!* Wien 2018.
4 Peggy Rathmann: *Gute Nacht, Gorilla!* Frankfurt/Main, 2006.
5 Peter H. Reynolds: *Ramons Atelier. Malen kann jeder.* Hildesheim 2018.
6 Niki Glattauer / Verena Hochleitner: *Flucht.* Wien 2016.

Literatur

Das folgende Literaturverzeichnis enthält Bilderbücher, die in diesem Band thematisiert werden. Auf empfehlenswerte Fachliteratur wird jeweils im Text hingewiesen – diese Titel sind hier nicht noch einmal aufgeführt.

Eine ergänzende Empfehlungsliste mit Kurzrezensionen zu Bilderbüchern, die in diesem Band nur erwähnt wurden oder erst nach der Arbeit an diesem Buch erschienen sind, finden Sie im Download-Material: **M 18**
Eine Empfehlungsliste mit weiteren Sachbüchern zum Thema *Heimat und Zuhause* für die Klassenbücherei finden Sie als Download-Material: **M 19**

Aggrey, James/Erlbruch, Wolf: *Der Adler, der nicht fliegen wollte.* Wuppertal, 7. Aufl. 2010
Baltscheit, Martin: *Eul doch!.* Hamburg 2016
Bansch, Helga: *Mein lieber Papa.* Wien 2009
Bansch, Helga: *Die Rabenrosa.* Wien 2015
Bansch, Helga: *Achtung Ziesel!* Wien 2017
Bauer, Jutta: *Steht im Wald ein kleines Haus.* Frankfurt/Main 2012
Beedie, Duncan: *Willibarts Wald.* Bamberg 2018
Benz, Karolina: *Der blaue Fuchs.* Ravensburg 2018
Bergstrom, Gunilla: *Gute Nacht, Willi Wiberg.* Hamburg 2009 (zuerst 1972)
Boie, Kirsten/Birck, Jan: *Bestimmt wird alles gut.* Leipzig, 3. Aufl. 2016
Brichzin, Kerstin/Kuprin, Igor: *Der Junge im Rock.* Zürich 2018
Brière-Haquet, Alice/Barroux: *Mein erster Kuchen.* Berlin 2014

Carle, Eric: *Die kleine Spinne spinnt und schweigt.* Hildesheim 1984
Chambers, John/Wilson, Henrike: *Neues Zuhause gesucht.* Hamburg 2018
Cie, Ricardo/mEy!: *Schokolade und Sahne.* Aschaffenburg 2017
Damm, Antje: *Plötzlich war Lysander da.* Frankfurt/Main 2017
Damm, Antje: *Was wird aus uns? Nachdenken über die Natur.* Frankfurt/Main 2018
Dubois, Claude K.: *Akim rennt.* Frankfurt/Main 2013
Dubuc, Marianne: *Bus fahren.* Weinheim 2015
Ellis, Carson: *Zuhause.* Zürich 2016
Freund, Wieland/Schulz, Tine: *Zuhause gesucht.* Weinheim 2018
Frey, Regina/Rappo, Petra: *Ginting und Ganteng.* Zürich 2020
Glattauer, Niki/Hochleitner, Verena: *Flucht.* Innsbruck 2016
Gómez Redondo, Susana/Wimmer, Sonja: *Am Tag, als Saída zu uns kam.* Wuppertal 2016
Gravett, Emily: *Post vom Erdmännchen.* Frankfurt/Main 2014
Greder, Armin: *Die Insel.* Frankfurt/Main 2015
Hegarty, Patricia/Abbott, Greg: *Alle sind willkommen.* München 2017
Heine, Helme: *Der Hase mit der roten Nase.* Weinheim 1987
Horstschäfer, Felicitas/Vogt, Johannes: *Haus.* Hildesheim 2015
Izagirre, Koldo/Olariaga, Antton: *Schmutzige Füße.* Aschaffenburg 2016
Jeffers, Oliver: *Hier sind wir. Anleitung zum Leben auf der Erde.* Zürich, 6. Aufl. 2019
Jones, Richard/Walden, Libby: *Heimat ist da, wo das Herz zu Hause ist!* Schriesheim 2017
Kerascoet: *Mein Weg mit Vanessa.* Hamburg 2018

Kittelberger, Kai: *Wo ist Papa?* Weinheim 2009
Kobald, Irena/Blackwood, Freya: *Zuhause kann überall sein.* München, 4. Aufl. 2015
Lindenbaum, Pija: *Pudel mit Pommes.* Hamburg 2017
Lionni, Leo: *Frederick.* München 1967
Maar, Nele/Ballhaus, Verena: *Papa wohnt jetzt in der Heinrichstraße.* Zürich 2002
McKinlay, Meg/Rudge, Leila: *Kleines Nashorn, wo fährst du hin?* Stuttgart 2018
Merz, Christine/Nascimbeni, Barbara: *Wir haben dich immer lieb.* Frankfurt 2011
Meschenmoser, Sebastian: *Gordon und Tapir.* Stuttgart, 2. Aufl. 2014
Mühle, Jörg: *Zwei für mich, einer für dich.* Frankfurt/Main 2018.
Mueller, Dagmar H./Ballhaus, Verena: *Herbst im Kopf.* München 2006
Neuendorf, Sarah: *Die Welt, die dir gefällt, Berliner Label Gretas Schwester.* München 2019
Ohmura, Tomoko, *Bitte anstellen!* Frankfurt/Main 2012
Raab, Dorothee/di Chiara, Francesca: *Ach, so heißt das! Mein Zuhause: Lern-Bilderbuch.* Berlin 2008
Recheis, Käthe/Bydlinski, Georg/Sancha, Alicia: *Das Entchen und der große Gungatz.* Innsbruck, 2. Aufl. 2017
Reynolds, Peter H.: *Ramons Atelier. Malen kann jeder.* Hildesheim 2018
Ruurs, Margriet/Badr, Nizar Ali: *Ramas Flucht.* Hildesheim 2017
Sahiri, Sepideh/Völk, Julie: *Meine liebsten Dinge müssen mit.* Weinheim 2018
Sanna, Francesca: *Die Flucht.* Zürich 2016
Scheffler, Axel: *Pip und Posy sagen Gute Nacht.* Hamburg 2017
Scheffler, Axel/Petty, Kate: *Rosie pflanzt Radieschen.* Weinheim 2004
Schneider, Sylvia/Weber, Matthias: *Papa wohnt nicht mehr bei uns.* München 2004
Schreiber-Wicke, Edith/Holland, Carola: *Als die Raben noch bunt waren.* 17. Aufl., Stuttgart 2012
Sendak, Maurice: *Wo die wilden Kerle wohnen.* Zürich 1967
Steinhövel, Dirk: *Nicht um die Ecke.* Frankfurt/Main 2018
Székessy, Tanja: *Mio war da!* Leipzig 2019
Teckentrup, Britta: *Zusammen unter einem Himmel.* München 2017
Teckentrup, Britta: *Die kleine Maus und die große Mauer.* München 2018
Thor, Annika/Jönsson, Maria: *Das Mädchen von weit weg.* Hamburg 2016
Tuckermann, Anja/Zaeri, Mehrdad & Krappen, Uli: *Nusret und die Kuh.* München 2016
V., Sarah/Claude K. Dubois: *Stromer.* Frankfurt/Main 2017.
Velthuijs, Max: *Frosch und der Fremde.* München 1993
Velthuijs, Max: *Der Junge und der Fisch.* Zürich 2018 (zuerst 1969)
Wagner, Anke/Eriksson, Eva: *Timo und Pico ziehen um.* Zürich 2012
Weninger, Brigitte: *Auf Wiedersehen, Papa.* Bargteheide 2008
Wolfsgruber, Linda: *Wir.* Wien 2017

Sachbilderbücher

Kostrzewa, Anne/Vigh, Inka: *Nasengruß & Wangenkuss. So macht man Dinge anderswo.* Frankfurt/Main 2017
Schaffer, Lena: *Wir gehen zur Schule. Von Kenia bis Amerika.* Hildesheim, 2. Aufl. 2019

Unter **www.friedrich-verlag.de** finden Sie Materialien zum Buch als Download.
Bitte geben Sie den achtstelligen Download-Code in das Suchfeld ein.

DOWNLOAD-CODE: `d31464hz`

Hinweis:

Mit dem Download-Material möchten wir Sie zusätzlich in Ihrer Arbeit unterstützen. Sie finden dort Geschichten, Text- und Spielvorlagen, Arbeitsblätter und Empfehlungslisten für eine Klassenbücherei.

Durch den Kauf dieses Buches (ISBN 978-3-7727-1464-1) haben Sie das Recht erworben, das ergänzende Download-Material in Ihren derzeitigen und zukünftigen Lerngruppen und Klassen einzusetzen und zu vervielfältigen. So können Sie etwa einzelne Seiten ausdrucken und verteilen oder mit Beamer oder Whiteboard verwenden.

Was Sie **nicht** dürfen:
- das Download-Material oder Teile davon an Kolleginnen und Kollegen weitergeben.
- das Download-Material oder Teile davon in Netzwerke einstellen, wie etwa Schulserver oder Cloud-Systeme, sodass Kolleginnen und Kollegen darauf Zugriff erhalten.
- die Lizenzinformation und Quellenhinweise auf dem Download-Material entfernen.
- bei einer Bibliotheksausleihe des Buches das Download-Material herunterladen.

Bitte tragen Sie im Sinne dieser Lizenz dazu bei, dass wir weiterhin digitales Ergänzungsmaterial für Lehrerinnen und Lehrer bereitstellen können. Der Verlag behält sich dabei vor, auch gegen urheberrechtliche Verstöße vorzugehen.

Unsere Autorinnen und Autoren sowie der Verlag wünschen Ihnen viel Erfolg bei der Nutzung der Materialien!

Haben Sie Fragen zum Download?
Dann wenden Sie sich bitte an den Leserservice der Friedrich Verlags GmbH.
Schreiben Sie uns oder rufen Sie uns an!

Sie erreichen unseren Leserservice
Montag bis Donnerstag von 8–18 Uhr
Freitag von 8–14 Uhr
Tel.: 05 11/4 00 04-150
Fax: 05 11/4 00 04-170
E-Mail: *leserservice@friedrich-verlag.de*

Wir freuen uns über Ihre Rückmeldungen und helfen Ihnen gerne weiter!